中国城市化发展质量研究

——以西部地区为例

王　彬　著

知识产权出版社
全国百佳图书出版单位
—北京—

图书在版编目（CIP）数据

中国城市化发展质量研究：以西部地区为例/王彬著. —北京：知识产权出版社，2021.1

ISBN 978-7-5130-7270-0

Ⅰ.①中… Ⅱ.①王… Ⅲ.①城市化—发展—研究—西南地区②城市化—发展—研究—西北地区 Ⅳ.①F299.21

中国版本图书馆CIP数据核字（2020）第208275号

责任编辑：石红华　冯彤　　**责任校对：**潘凤越
封面设计：梁震宇　　**责任印制：**孙婷婷

中国城市化发展质量研究
——以西部地区为例
王彬　著

出版发行：知识产权出版社有限责任公司　　**网　址：**http://www.ipph.cn
社　址：北京市海淀区气象路50号院　　**邮　编：**100081
责编电话：010-82000860转8130　　**责编邮箱：**shihonghua@sina.com
发行电话：010-82000860转8101/8102　　**发行传真：**010-82000893/82005070/82000270
印　刷：北京建宏印刷有限公司　　**经　销：**各大网上书店、新华书店及相关专业书店
开　本：787mm×1092mm　1/16　　**印　张：**18.5
版　次：2021年1月第1版　　**印　次：**2021年1月第1次印刷
字　数：325千字　　**定　价：**88.00元
ISBN 978-7-5130-7270-0

前 言

当代中国经济发展已经进入到新时代，质量问题成为新时代的大问题。西部地区与中东部地区相比，城市化发展水平和质量相对比较低，而较低的城市化水平与质量已经难以适应经济发展的要求。如何以提高城市化的发展质量为导向，引领区域经济社会科学发展、集约发展和高端发展，成为亟待破解的理论课题与实践命题。

我国西部地区由四川、重庆、云南、贵州、广西、西藏、陕西、青海、甘肃、宁夏、新疆、内蒙古 12 个省（直辖市、自治区）组成，国土总面积约 686 万平方公里。区域内虽拥有富饶的矿产资源和能源储备，却是国内最脆弱的生态环境。自改革开放以来，西部的城市化水平和质量有了较快的发展和提升。随着“西部大开发”战略的逐步实施，国家不断加大对西部地区的政策倾斜和资金投入，西部地区城市发展水平和质量得到了显著提升，其城市化发展水平和质量进入到一个新的发展阶段，表现在城市经济实力得到增强、城市数量增长迅速、城市建成区面积不断扩张、城市建设质量逐步提升、城市人口占总人口的比重持续上升。党的十八大以来出台的关于推进新型城镇化的一系列政策，为西部地区城市化水平和质量的发展提供了良好机遇。

西部地区作为我国提升城市化发展质量的重要区域，凝集和浓缩了中国城市化发展质量的种种特征、规律和共性，将之作为城市化发展质量研究的典型区域进行深入翔实的研究，具有非常重大的理论价值和现实意义。从理论价值来看，通过总结分析西部地区城市化发展的演变规律，构建西部地区城市化发展质量综合测度模型，将协调性引入城市化质量评价体系，并对西部地区城市化发展质量进行省际差异与趋势分析，这进一步延伸和拓展了城市化质量的相关研究，夯实了新型城镇化质量发展理论。此外，还完善了区域经济学和城市经济学中的城市发展理论研究的知识网络体系，为我国城市化质量评价体系和省际城市化质量差异的协调与测度提供了理论依据。从现实意义来看，研判西部地区城市化发展质量的阶段新趋势、新特点，统筹推进西部地区人口城市化发展质量、经济城市化发展质量、社会城市化发展质量、空间城市化发展质量、城乡协调发展质量、城市生态环境质量的提高，是推动西部地区区域协调发展的有力支撑，是解决西部地区“三农问题”的重要途径，是推动西部地区城乡发展一体化、提高西部地区城市可持续发展能力的重要抓手，为西部地区城市化的可持续健康发展提供了科学决策依据，也为促进不同区域城市化发展提供了方法论。

本研究大体包括12个方面，第一章为研究的背景思路等；第二章对国内外相关研究成果进行梳理，主要包括城市化发展质量的内涵、评价指标体系、定量测度、影响因素等方面的研究；第三章分析西部地区城市化发展质量现状，主要包括西部地区城市化发展质量的阶段、基本情况等；第四章构建城市化发展质量的综合评价体系，主要包括评价指标的选取、评价指标体系的基本内容以及指标权重的确定；第五章分析西部地区城市化发展质量的总体评价与时空分异特征，主要包括城市化发展质量的总体判断、阶段性特征、分类特征以及与城市规模及城市化水平的关联特征等；第六章分析西部地区城市化“质”与“量”的协调性，主要包括整个西部地区和各省的城市化“质”与“量”的协调性；第七章分析西部地区省际城市化差异形成因素，主要包括基于灰色关联度的省际城市化差异形成因素分析和省际城市化发展质量的趋同分析；第八章预测西部地区城市化发展质量趋势，主要包括基于灰色关联度预测模型的西部地区和各省的城市化发展质量预测及结果分析；第九章提升西部地区城市化发展质量环境分析；第十章总体思路，主要包括西部地区提升城市化发展质量的思路以及路径选择等；第十一章提出提升西部地区城市化发展质量的重点，主要从加快推进新型城镇化、创新驱动产业转型升级、完善基础设施、绿色低碳发展以及加强公共服务设施建设、改革开放等方面进行阐述；第十二章针对主要研究结论提出对策建议，主要提出了投融资保障、人才保障、产业支持、土地保障以及基本公共服务等方面的对策建议；第十三章为结论与展望。

目 录

第一章 绪 论……………………………………………………………… 1
1.1 研究背景 ………………………………………………………… 1
1.2 研究意义 ………………………………………………………… 2

第二章 国内外相关研究成果综述……………………………………………… 6
2.1 城市化发展质量的内涵研究综述 ……………………………………… 6
2.2 城市化发展质量评价指标体系研究综述 ………………………………… 9
2.3 城市化发展质量的定量测度研究综述…………………………………… 11
2.4 城市化发展质量总体评价研究进展……………………………………… 12
2.5 城市化发展质量的影响因素及调控机理研究综述………………………… 13
2.6 城市化发展质量差异分析方法研究进展………………………………… 17
2.7 城市化发展质量预测方法研究进展……………………………………… 17
2.8 城市化发展质量的提升路径及相关对策 ………………………………… 18

第三章 西部地区城市化发展质量现状分析 …………………………………… 20
3.1 西部地区城市化发展质量阶段分析……………………………………… 20
3.2 西部地区城市化发展质量基本情况……………………………………… 27

第四章 构建城市化发展质量综合评价体系 …………………………………… 36
4.1 评价指标的选取……………………………………………………… 36
4.2 评价指标体系的基本内容……………………………………………… 38
4.3 评价指标数据处理…………………………………………………… 46
4.4 权重的确定………………………………………………………… 47

第五章　西部地区城市化发展质量的总体评价与时空分异特征分析 ……… 55

5.1　西部地区城市化发展质量的总体判断 …… 55

5.2　西部地区城市化发展质量的阶段性特征 …… 57

5.3　西部地区城市化发展质量的空间分异特征 …… 58

5.4　西部地区城市化发展质量的分类特征 …… 59

5.5　西部地区城市化发展质量子系统的分要素特征 …… 69

5.6　城市化发展质量与人口城市化发展水平的关联特征 …… 104

5.7　本章小结 …… 106

第六章　西部地区城市化“质”与“量”的协调性分析 …… 110

6.1　西部地区城市化“质”与“量”的协调性分析 …… 110

6.2　分省城市化“质”与“量”的协调性分析 …… 126

6.3　本章小结 …… 146

第七章　西部地区省际城市化发展质量差异形成因素分析 …… 148

7.1　基于灰色关联度分析西部地区省际城市化发展质量差异形成因素 …… 148

7.2　西部地区省际城市化发展质量的趋同分析 …… 162

7.3　本章小结 …… 173

第八章　西部地区城市化发展质量趋势预测 …… 175

8.1　灰色关联度预测模型 …… 175

8.2　模型检验 …… 177

8.3　预测结果 …… 179

第九章　提升西部地区城市化发展质量环境条件 …… 181

9.1　西部地区城市化高质量发展环境分析 …… 181

9.2　制约西部地区城市化高质量发展的不利因素 …… 184

第十章　提升西部地区城市化发展质量总体思路 …… 195

10.1　提升城市化发展质量的思路 …… 195

10.2　提升城市化发展质量的路径选择 …… 197

10.3　城市化发展趋势和城市化发展质量动力 …………………… 200
10.4　质量提升目标 ………………………………………………… 202

第十一章　提升西部地区城市化发展质量的重点 ……………… 204
11.1　加快西部地区新型城镇化发展，提升城市发展质量 ……… 205
11.2　创新驱动西部地区产业转型升级，提升产业发展质量 …… 212
11.3　加快西部地区城市基础设施建设，提升空间城市化质量 ……… 223
11.4　加快西部地区城市绿色低碳发展，提升城市生态环境质量 …… 228
11.5　加强西部地区公共服务设施建设，提升社会城市化质量 ……… 237
11.6　创新西部地区城市管理，提升城市管理质量 ……………… 246
11.7　深化西部地区改革开放，提升城市对外开放水平 ………… 248

第十二章　提升西部地区城市化发展质量的对策建议 ………… 255
12.1　完善西部地区投融资保障政策 …………………………… 255
12.2　完善人才支撑体系 ………………………………………… 258
12.3　完善西部地区产业支持政策 ……………………………… 261
12.4　完善西部地区土地保障政策 ……………………………… 264
12.5　完善西部地区基本公共服务政策 ………………………… 268

第十三章　结论与展望 ………………………………………… 270
13.1　主要结论 …………………………………………………… 270
13.2　不足和展望 ………………………………………………… 274

参考文献 ………………………………………………………… 276

后　记 ………………………………………………………… 287

第一章 绪 论

1.1 研究背景

城市是人类文明的标志，是区域经济、政治和社会发展核心，发挥着辐射和带动效应。城市化是指人口不断向城市流动、城市规模扩大以及由此引发的一系列经济、社会、人口、文化等诸方面的变化过程，其本质是经济结构、社会结构和空间结构的变迁。城市化是一个必然趋势，它一方面体现了物质文明的进步，另一方面也推动着精神文明的前进，是人类进步必经阶段，是社会结构变革的重要线索，城市化的过程不仅表现在城市数量的增长、城市规模的扩大、城市人口比例的提升，更是一个资源要素在城乡地域间优化配置的过程，在这个过程中涉及经济、社会、生态、空间等方面的系统演化。城市化与社会发展联系紧密，一方面，城市化指标可以衡量城市化发展程度，另一方面，城市化也是社会发展的主要动力。城市化是衡量国家和地区经济、社会、文化、科技水平的重要标志，也是衡量国家和地区组织程度、管理水平的重要标志。

当代中国经济发展已经进入到新时代，质量问题成为了新时代的大问题。中共中央在十九大报告中明确提出，实施区域协调发展战略，加大力度支持革命老区、民族地区、边疆地区、贫困地区加快发展，强化举措推进西部大开发形成新格局，建立更加有效的区域协调发展新机制。要健全城乡发展一体化体制机制，坚持走中国特色新型城镇化道路，推进以人为核心的城市化，推动大中城市和小城市协调发展、产业和城市融合发展，以城市群为主体构建大中小城市和小城市协调发展的城市格局，加快农业转移人口市民化，促进城市化和新农村建设协调推进。优化城市空间结构和管理格局，增强城市综合承载能力。同时，要大力实施乡村振兴战略，科学制定规划，健全城乡融合发展体制机制，依靠改革创新壮大乡村发展新动能，缩小城乡差距。《国家“十三五”规划纲要》也明确提出要“积极稳妥地推进城市化，不断地提升城市化的质量和水平，将城市化质量明显提高视为全面建成小康社会的发展目标，要紧紧地围绕城市化发展质量来开展城市化工作”。城市化发展质量逐步成为国内理论界和相关政策机构关注的热点，如何以提高城市化的发展质量为导向，引领区域经济社会科学发展、集约发展和高端发展，[1] 成为了亟待破解的理论课题与实践命题。

西部地区城市化水平快速提升，但与东部地区相比，西部地区的城市化发展水平和质量相对比较低，反思西部地区 70 余年来的城市化进程，仍热衷于粗放型的发展模式，城市化发展质量问题仍然突出。如土地资源浪费、市民化率较低、环境污染、城市拥堵、医疗教育资源不均、基础设施建设落后等，这些问题制约了西部地区城市化发展，影响了其发展质量。西部地区较低的城市化水平与质量已经难以适应经济发展的要求，不但严重阻挡了西部地区的经济社会发展，也限制了我国经济社会的全局进展。因此，在提高西部地区城市化水平同时，如何提升西部地区城市化发展质量成为亟待研究的重大科学命题。

1.2 研究意义

1.2.1 理论意义

从理论发展视角看，研究城市化发展质量是对城市化理论的发展与完善。城市化发展质量是一个综合、系统且复杂的概念，如何全面考察城市化发展质量，使评估结果准确、科学同时又具有可操作性，是一个直观的但又较难操作的问题。通过总结分析西部地区城市化发展的演变规律，构建西部地区城市化发展质量综合测度模型，将协调性引入城市化质量评价体系，并对西部地区城市化发展质量进行省际差异与趋势分析，符合西部地区城市化发展的实际情况，还使城市化质量的研究得到进一步延伸和拓展，夯实了新型城镇化质量发展理论；也完善了区域经济学和城市经济学中的城市发展理论研究的知识网络

[1] 晏玲菊. 城镇化质量提升的理论逻辑与路径选择［J］. 学习与实践，2014（2）：17 –26.

体系，为我国城市化质量评价体系和省际城市化质量差异的协调与测度提供了理论依据，为我国城市化质量研究提供了更加全面的视角，探索了西部地区城市化发展存在的问题与短板，探寻了其规律，为西部地区城市化质量发展的科学决策提供了参考依据。

（1）对城市化的内涵进行了界定。在综合、分析和研究的基础上，较准确地界定了城市化及城市化质量概念，对于进一步认识城市的特有属性、城市化规律和城市化发展质量，具有一定参考价值。

（2）综合跨学科多领域理论研究方法。城市化发展质量研究不仅具有十分丰富的理论内涵，而且涉及经济、政治、文化、社会、生态等现代化建设中诸多领域和方面，单凭某一学科的研究是不够的，只有进行全方位、多领域的跨学科研究，才能作出全面分析。因此在研究中要综合运用哲学、经济学、政治学、社会学、人口学、地理学、生态学等多学科的理论成果和研究方法，进行跨学科的综合研究。

（3）建立合理完善的城市化质量实证分析路径。针对城市化进程的特点，总结分析西部地区城市化发展质量的演变规律，构建西部地区城市化发展质量综合测度模型，将协调性引入城市化质量评价体系，在充分理解城市化质量内涵的基础上，通过设置不同的评价体系，利用科学的评价方法从多角度对西部地区城市化进行了较为完备的评价。对西部地区城市化发展质量进行省际差异与趋势分析，符合地区发展的实际情况，还使城市化质量的研究得到进一步延伸和拓展，夯实了新型城镇化质量发展理论；也完善了区域经济学和城市经济学中的城市发展理论研究的知识网络体系，为我国城市化质量评价体系和省际城市化质量差异的协调与测度提供了理论依据，为我国城市化发展质量研究提供了更加全面的视角。

（4）探讨定量研究城市化发展质量的方法。城市化是一个不断发展的社会现象，需要建立动态、客观的评价系统，定量分析影响城市化进程的因素，科学分析制约城市化进程的因素，为确定正确的政策提供理论依据。本研究通过实证研究探索出将多学科结合起来解决城市化发展质量定量分析的方法论。

1.2.2 实践意义

我国已进入全面建成小康社会的决定性阶段，正处于经济转型升级、加快推进社会主义现代化的重要时期，必须研判城市化发展的新趋势新特点，提高城市化发展水平和质量，推进统筹城乡发展、统筹区域发展、节约集约发展，建设以“人”为核心的城市化，提高城市化品质。在中央推进新型城镇化战略的大背景下，查阅相关资料、应用科学的研究方法对西部地区城市化质量系列问题进行分析，是认真贯彻党的十九大以来中央关于“优化城市化战略布局，提升城市化发展水平和质量”的重要方针政策和落实《国家新型城镇化规划（2014—2020年）》的重要体现。提升城市化发展水平和质量是推动区域协调发展的有力支撑，是解决农业、农村、农民问题的重要途径，是提高城市可持续发展能力、推动城乡发展一体化的重要抓手。努力走出一条以人为本、“四化”同步、优化布局、生态文明、文化传承的中国特色新型城镇化道路，对加快推进社会主义现代化建设具有重大现实意义和深远历史意义。

西部地区作为我国城市化发展质量的典型问题区域，凝聚和浓缩了广大中国城市化发展质量的种种特征、规律和共性，将之作为城市化发展质量研究的典型区域进行深入详实研究，这不仅直接关系到西部地区城市化自身的健康发展，关系到如何走出有中国特色的城市化道路，而且关系到西部地区全面小康社会的建成，关系到西部地区“三农”问题的解决和城乡的一体化发展，关系到西部地区人口、资源、环境、经济、社会的可持续发展。总之，西部地区城市化发展质量研究具有非常重大的理论价值和现实意义。

我国西部地区经济基础薄弱，近年城市化发展虽取得了佳绩，但仍是我国城市化水平最低的区域，城市化质量不高，经济结构、生态环境、城乡生活质量、城乡二元结构并未随着城市化的推进而得到显著的改善，实现城乡一体化的终极目标仍任务艰巨。从实践应用角度看，本研究以城市化发展中存在的问题为导向，针对国家西部大开发、加快新型城镇化发展大战略面临的新任务，结合西部地区资源禀赋、发展历史的实际，分析制约我国西部地区城市化发展水平和质量提升的主要影响因素，归纳提出城市化发展质量的经济、社会、资源、生态、空间等协同发展的机制，对我国西部地区城市化发展质量理论进行归纳和演绎，分析西部地区城市化发展质量的测评结果和影响要素，探讨制约西部地区城市化发展在城市化发展水平与质量协调度、城市化发展质量省际差异与趋势、资源配置方式、生态承载能力、城乡发展关系、城市空间体系等方面的不足及其产生原因，深入阐述和剖析城市化发展质量综合测度模型构建、城市化发展水平与质量的协调性分析、城市化发展质量省际差异与趋势分析、城市化发展质量提升战略框架等系列问题，构建西部地区城市化质量优化的经济增长方式、要素配置、空间结构优化和区域协调发展策略，这对于新型城镇化战略的推行、城市建设环境的可持续发展、城乡差距的缩小等具有重要实践意义。

（1）为西部地区城市化的健康发展提供科学决策依据。本研究通过设计西部地区城市化发展质量的演变规律和西部地区城市化发展质量综合测度模型，对西部地区城市化质量加以计量分析、实时监控，实现城市资源的优化配置，为有关部门制定和实施城市发展战略，避免只讲经济效益，不讲环境效益和资源效益，只顾眼前利益、不顾长远利益，城市与城市之间互相攀比、盲目扩大建成区面积、不注重城市内涵发展等问题提供客观的依据，使我国西部地区的城市化向着健康、有序的方向发展。

（2）为西部地区可持续的城市化道路选择提供科学依据。本研究构建了西部地区城市发展预测模型、城市化发展水平与质量的协调性分析和西部地区城市化发展质量省际差异与趋势分析体系，为西部地区城市化实现兼顾经济效益、社会效益、环境效益和资源效益的可持续城市化道路，为决策者设计正确的城市化发展道路提供科学的理论依据。提高西部地区城市化发展质量才能最大程度上让人民分享城市化带来的发展成果，才能使城市化发展速度与发展质量相协调，才能使西部地区城市化发展进入由注重“数量”向注重“质量”发展的重要阶段。

（3）为促进不同区域城市化发展提供方法论。本研究通过建立城市化发展质量的理论体系和推演出西部地区城市化发展质量的时间和空间演变规律，在实证研究方面，利用经济学、管理学、数学分析方法，构建出西部地区城市化发展质量综合测度模型、城市化水平与速度的适度性判断模型和城市化质量发展趋势预测模型，实现对西部地区城市化发展质量从时间纵向和空间横向的评价和比较研究，确定了区域间城市化发展系列相关问题的战略研究方法，从而指出了结合当地特点，制定调整产业结构、调整就业结构、提高城市人口就业率等政策。利用管理学的战略管理思想、经济学对策论等，完成对西部地区城市化发展质量提升对策研究，对以后研究不同区域城市化发展问题提供了科学研究方法论。

第二章　国内外相关研究成果综述

2.1　城市化发展质量的内涵研究综述

2.1.1　国外相关研究

国外学者对城市化发展质量的内涵进行了许多探讨和研究。早在 1867 年，A. Serd 在其《城市化基本理论》一书中就首次提出城市化发展质量应该囊括人口分布、就业结构及产业结构等方面。在 A. Serd 的城市化理论基础上，美国学者沃纳赫希与日本社会学家田浩之山又将经济基础和上层建筑纳入城市化发展质量内涵当中。1958 年，加尔布雷斯又以人的全面发展为目标，提出了以提高居民的生活质量为中心的城市发展质量的内涵。坎贝尔（1976）对加尔布雷斯的人的全面发展观点进行了更进一步的研究，运用生活主观意识对城市化发展质量的内容进行了更深入的诠释，将城市化发展质量的内容定义为生活幸福的总体感官。随后的西奥多舒尔曼（1994），在加尔布雷斯与坎贝尔的启发下，开始注重从居民生活质量水平提高的角度来理解城市化发展质量内涵，认为城市化发展质量内涵应提升到经济、科技、教育、安全、卫生、福利等全方面发展条件下的居民生活质量的提升范畴。

随着经济学分支学科的蓬勃发展及交叉学科的兴起，国外学者开始关注城市化发展质量研究同空间经济学及发展经济学的交叉融合。Hudson（1969）和 Pederson（1969）将城市化视为经济社会发展由传统社会向现代社会转变、最终迈向现代化的必然结果，将城市化发展质量内涵理解为城市和乡村之间的人口分布方式、人口结构、生产生活方式的根本转变。

尽管城市化及城市化发展质量深刻地揭示了人口分布方式、人口结构、生产生活方式的转变规律，但随着西方发达国家因环境容量而带来的“城市危机”和“城市病”及发展中国家的“过度城市化”，城市化发展效果及城市化发展质量低下的悲观情绪开始在西方许多国家学者中蔓延，如 Michael Jipton（1977）就认为城市化过程是欠发达国家持续贫困的主要因素。

当前，城市化发展质量研究越来越受到如空间地理学、生态学、人口社会等多学科发展的影响，且同其他学科交叉融合发展趋势亦越来越明显。如 Skeldon（2012）从人口城市化角度，详细地阐述了韩国、新加坡、中国等国家的人口结构，得出了这些国家农村人口往城市迁徙不断增长的基本规律；Green（2013）从经济城市化和社会城市化角度，通过分析城乡人口平均寿命和城乡收入增长率的差异，得出了导致农村人口向城市转移的两个主要因素为城市经济高速的增长率和较高的人均寿命；Li 等（2013）也得出了类似的结论，在分析背景人口扩展原因的基础上，得出致使城市人口不断扩展的主要原因还是经济社会的发展导致的。尽管经济城市化、人口城市化、社会城市化和空间城市化是考察研究城市化发展质量的主要因素，也对城市化发展速度和水平起着决定性作用，但过度的城市化规模带来的种种社会问题，也是困扰城市化发展质量提升的主要瓶颈，如 Wang 等（2012）在其研究报告中就明确提出，中国城市化快速扩张、城镇土地的效力利用及社会矛盾的深化都是由中国双重的土地市场制度与土地征用制度所引起的，且这种弊端直接影响到了城市化发展质量的提升。

2.1.2 国内相关研究

国内学者对于城市化内涵及城市化发展质量从很早就开始研究，且研究文献和结论也比较丰富，但不同的分析角度也给出了对城市化发展质量内涵的不同理解。韩士元（2005）在对城市化、城市化过程及城市化城市发展质量深刻认识的基础上，首次界定了城市化发展质量的概念，并认为城市化发展质量是城市生产、生活中各类要素共同作用的结果，虽然白先春（2004）等也赞同韩士元的这种多要素共同作用论，但更加强调系统论，并运用系统论的观点对城市化发展质量的概念进行了界定。潘孝军（2006）在国内学者中首次从历史的角度来考察城市化和城市化发展质量，认为城市化发展质量是一个历史的概念，是历史发展的必然，是人类生产、生活方式从传统社会向现代社会的必然转变。陈强（2006）等又将相对性、时效性和包容性首次归纳到城市化发展质量的内涵；陈建军、雷征（2009）从系统论出发，强调城市化发展质量各子系统协调发展，认为经济城市化、土地城市化、生态环境及城乡一体化是分析城市化发展质量系统的主要组成部分。薛媛媛（2008）在探讨城市化发展质量时，强调处理好城乡协调过程中矛盾的重要性；陈曦（2013）在探讨城市化发展质量时，提出城市化发展质量同城市化发展水平关系处理的重要性，认为两者的适度、协调发展是推动城市化科学发展，提升城市化发展质量的重要途径。从上述国内学者研究概况可以看出，基于城市化和城市化发展水平观点不足以科学合理地深刻体现城市化发展质量的内涵，而城市化发展质量从城市化发展水平、速度、效果角度出发，则深刻反映了城乡协调发展、经济社会一体化的城市化发展质量要素。

综合国内外对城市化发展质量内涵研究情况，本研究认为：城市化发展质量是城市化发展过程中的内在属性与基本规律的外在体现，是一定时空范围内人口规模与结构、物质要素与技术、社会运动与变革、生态环境形式与结构的有效集聚和科学转换程度的衡量标准，是一定时空领域内社会经济资源配置效率高低、生态环境可持续发展程度及反映社会公平合理发展程度的集中体现。具体说来，城市化发展质量首要考量的是城市化发展自身的问题，即城市化发展水平是否满足城市化过程中人们对城市发展的文明程度、城市生活质量及城市综合发展实力的较高需求；是否融合城市一体化人口、空间、经济、社会、生产生活等子系统协调发展，以达到城乡可持续化发展目标。其次，城市化发展质量考察的是城市化发展潜力问题，即城市化发展过程中，城市内部资源如何科学合理利用，同外部资源和市场环境如何协调发展的问题。最后，城市化发展质量是衡量城市之间、城乡之间利益关系演化问题的标准之一，城市作为区域经济发展的中心区域，具有主导地位，对区域周边地区具有较大的外部效应辐射能力和吸收能力，可以带动周边地区经济社会发展步伐、改善乡村生产生活方式，实现城乡一体化；可以加速人力资源、生产要素、技术和资本的集聚，提升整个区域的经济发展实力。

2.2　城市化发展质量评价指标体系研究综述

2.2.1　城市化发展质量评价指标选取构成研究

通过以上对城市化发展质量内涵的研究概述可以看出，城市化发展质量是一个复杂而又动态变化的综合系统，其本身同城市化发展水平、城市化发展内外部关系的协调发展问题均是考察一个地区城市化发展程度的重要指标。对于城市化发展质量综合系统的评价是研究城市化发展水平、发展程度和发展规律的基本内容。从城市化发展质量概念的提出至今，对于其综合评价指标体系的选取一直是学术界一个历久弥新的热点问题。较衡量城市化发展水平的单一指标而言，对城市化发展“质”的评价指标选取研究更为复杂。

学术界较早开展城市化发展质量指标选取研究的有日本三位城市学家稻永幸男、服部吉二郎、加贺谷一（1960），他们首次阐述了城市度评价方法，认为衡量城市化发展质量的城市度应由五个方面构成：城市人口规模与结构（人口增长率、失业率及通勤率）、城市发展规模（城市人口、城区面积）、城市经济活动（工业产品生产率、商品销售率、财政收入、电话普及率、人均耕地面积）、城市区位因素（市中心至城市边缘的空间和时间距离）和城市就业结构（三次产业就业比重、管理人口比重）。

随后联合国发布的城市发展指数也属于较早针对城市化发展质量评价指标选取的研究，该指数认为城市生产能力、城市基础设施、城市废弃物处理率、人居健康水平及人居教育水平是评价城市化发展质量的五个重要指标体系，并详细展开了 12 个具体指标的分析与研究。

中国的城市发展指数与联合国的大同小异，在考察中国城市化进程的基本规律后得出，中国的城市发展指数涵盖了经济发展、基础设施、社会发展、城市生活水平及生态环境等五个方面，具体可由 20 个指标构成。根据城市发展的综合实力和城市竞争力概念，倪鹏飞等提出了构成城市化发展质量指标体系的 12 个大类指标和 162 个小类解释指标，阐述了包括硬实力和软实力的城市综合竞争能力评价指标体系。国内在探讨中国城市化发展水平过程中，汪冬梅又提出了从人口、经济、社会、生态环境四个方面构成城市化发展质量的复合指标体系。

尽管国内外学者在对城市化发展质量评价指标选取时，所考虑的问题和选取的角度都不尽相同，但在指标选取的方法和内容上都是大同小异的。

2.2.2 多指标综合评价方法研究

城市化发展质量综合评价指标体系目前已经基本成熟，绝大部分研究均采取多指标复合综合评价方法。从城市化发展质量内涵来看，其本身的量化研究是衡量和评价一个地区城市化发展水平和发展程度的重要指标。然而，在城市化发展质量综合评价量化过程中，指标的权重如何确定一直是学术界长期关注和探讨的问题。对于权重确定的方法大致可以分为以下四种。

2.2.2.1 客观赋权法

通过一定的技术，充分利用指标的客观信息值来进行赋权的一种方法。此类方法最大的优点就是权重的确定不涵盖任何人为主观因素。具体有：熵值法、形心法、离差最大化法、线形规划法、目标规划法、基于方案满意度法、基于方案贴近度法、两阶段法等❶。尽管客观赋权法能比较充分地反映客观信息值，但权重值究竟能反映指标多少真实的重要程度还值得深思，且在一组评价指标体系中，由于客观因素的存在，并不是所有指标值都能客观取得。

2.2.2.2 主观赋权法

权重值由评价专家依据行业经验对各级指标的重要程度来进行赋权的一种方法，具体有：点估计值法、环比评分法、比较矩阵法，指标重要性排序法、Fuzzy子集法、判断矩阵法等❷。主观赋权法集中体现了行业专家的经验和专业背景，具有一定的客观依据，且此类方法便于实际操作与应用，但存在的缺陷就是主观性太强，权重值所体现的人为意识比较重。

---

❶ 张春梅，张小林，吴启焰，等．城镇化质量与城镇化规模的协调性研究——以江苏省为例［J］．地理科学，2013（1）：16－22.

❷ 陆大道，姚士谋，李国平，等．基于我国国情的城镇化过程综合分析［J］．经济地理，2007（6）：883－887.

2.2.2.3　综合赋权法

考虑到客观赋权法和主观赋权法各自的缺陷，综合赋权法是融合客观赋权法和主观赋权法各自优点而提出来的一种主、客观组合赋权法。具体有：方差最大化赋权法、最佳协调赋权法、组合目标规划法、组合最小二乘法、层次熵法等❶。

2.2.2.4　交互式赋权法

不论是主观赋权法、客观赋权法，还是综合赋权法，其权重都是由评价者一次性导出或在一次性导出的基础上进行修正，但由于主客观因素的共同作用，真实的权重应该是这种导出的多次循环和多次修正调整的结果，是评价者与分析者相互协调、修正最终确定权重的一个交互式过程。这种交互式权重确定过程称为交互式赋权法。该方法既能充分考虑评价者主观信息，又能最大限度地利用已知的客观信息，并对权重进行不断的调整和修正，最终使得所确定的权重更加合理。当前主要的方法有：加性加权平均法（AWA）、有序加权平均法（OWA）、和谐性分析法（ELECTRE）、TOPISIS 法和多维偏好线性规划法（LINMAP）等。

2.3　城市化发展质量的定量测度研究综述

2.3.1　全国城市化发展质量测度

国内城市化发展质量的定量评价与测度比较早的有陈鸿彬（2004）提出的农村地区城市化发展的质量评价体系，认为城市化发展质量应从农村地区出发，通过农村地区的城市化过程，构建以经济发展、社会进步、人民生活水平提高和城市设施建设四个方面为体系的质量评价指标模型。随后，Fang Chuanglin 等（2011）又提出了城市化健康发展观点，对城市化发展质量提出

❶ 曹文莉，张小林，潘义勇，等．发达地区人口、土地与经济城镇化协调发展度研究［J］．中国人口　资源与环境，2012，22（2）：141－146.

了新的论断，并在社会、经济、空间三维要素中筛选了12个二级指标，构建了综合测度模型。而城市化发展质量权威的评价体系有中国社会科学院课题组建立的一级评价指标体系，由魏后凯等学者（2013）开展的以城市发展质量、城市化效率和城乡协调三个一级指标构建评价体系，对全国286个地级以上城市进行的城市化质量研究。在此基础上，何平（2013）等对评价指标体系进行了拓展，构建了以经济、社会、公共安全和就业等7个指标的评价体系。在城市化水平定量测度方面，Chen Mingxing（2009）等分析了全国城市化综合水平的驱动因素，研究结果表明城镇人口与经济发展水平是城市化水平的主要因素，市场化水平是城市化发展的主要驱动力。郭叶波（2013）综合国内其他学者在城市化质量评价方面的指标，提出了人口结构、经济水平、社会发展、生态环境效率、空间制约因素和城乡协调差异六个方面的质量评价体系。

2.3.2 区域城市化发展质量测度

在区域城市化发展质量方面，朱洪祥（2007）首次提出了预警性的城市化发展质量评估测度模型，构建了以经济发展、城市建设、社会发展、就业水平等六个方面指标为主的综合测度模型，并建立了GDP发展代价、城镇登记失业率等预警指标体系，分析了山东省的城市化发展质量情况。张春梅等（2012）又以经济水平、社会民生、资源环境等准则层构建了东部发达地区的城市化质量测度模型，分析评价了江苏省的城市化发展质量状况。朱越浦等（2015）分析研究了新常态下欠发达地区城市化发展质量的形势，提出了经济发展、人口就业结构、城乡一体、可持续发展等八个方面的评价指标体系，分析了江西省城市化发展质量的基本情况，得出了社会发展和可持续发展不足是江西省城市化发展主要瓶颈的结论。赵静（2015）又从城市现代化建设、城乡协调发展及资源集约节约利用三个方面，构建了评价指标体系，研究了关中城市圈的城市化发展质量的时空特征。贾琦等（2015）综合考虑了人口城市化、经济城市化、社会城市化和空间城市化四个方面，通过构建城市化的总体质量模型分析了京津冀城市群的城市化发展质量趋势。

2.4 城市化发展质量总体评价研究进展

当前，对于城市化发展质量的研究，不论是对于其内涵的解释、对于其机理机制的深度分析、对于其评价指标的选择、对于其影响因素的界定，还是对于城市化发展质量提升的途径，国内外学术界都没有形成一个综合的、多角度的、普遍适应的研究体系。大部分学者的研究都是侧重于某个或多个角度去诠释城市化发展质量内涵，去构建适应于某段时期某个地区的城市化发展质量的综合指标体系。因此，对于城市化发展质量，在城市化发展质量演变规律、城市化发展质量影响机理、综合的城市化发展质量的指标体系通用范式、城市化发展质量与发展水平的协调分析、城市化发展质量差异测度体系和城市化发展质量保障体系及提升思路、目标、动力设计等方面，均还未形成统一的观点和公认的、普遍适应的研究方法和模式。

而我国西部地区半个多世纪的城市化发展模式，仍属于粗放类型。尽管近十几年城市化发展水平有很大提升，但其城市化发展质量确实令人堪忧，严重制约了城市化健康发展。同中国大部分地区一样，早期所参照的西方国家城市化发展经验与理论已不再适应西部地区城市化发展的现实要求；同样，适应于西方国家城市化发展质量评价体系，也不适合于西部地区城市化质量发展的衡量标准。现实存在的情况是，针对西部地区城市化发展质量有关的影响城市化发展质量因素之间的内在联系与作用机理、城市化发展质量综合评价模型、各地区发展质量的变异趋势、发展质量提升模式、发展质量理论等方面的研究相对缺失。

总而言之，针对西部地区城市化发展质量理论、方法和技术的薄弱性，很有必要进行系统性、针对性和操作性的理论分析、模型构建和实际分析，以期奠定西部地区城市化发展质量的研究基础。

2.5　城市化发展质量的影响因素及调控机理研究综述

2.5.1　城市化发展质量影响因素理论研究

2.5.1.1　国外相关研究

在西方国家城市化进入高速发展后，城市化过快发展带来的城市问题也越来越严重，就此西方各方面学者与专家针对城市化发展质量问题进行了一系列研究与探讨。较早的有 Rogers（1968）和 Keyfitz（1980）进行的传统线性控制论模型，20 世纪 80 年代后期的 Karmeshu（1988）探讨了新旧技术替代模型。随后，Miyao（1981、1987）运用一般动态均衡理论研究城市化发展质量及其影响因素，Kmgman（1996）开创了自组织因素分析方法，分析了城市化过程中的发展质量问题。后期的 Rossi - Hansberg 和 Wright（2007）等在采用新经济增长理论和方法，构建了新城市增长因素模型。到了 20 世纪初期新经济地理学的兴起，诸多学者开始探讨城市发展的空间聚集和空间外部性理论，如 Eeckhout（2004）运用 NEG 模型分析城市经济增长外部性理论。同时，Juan - Carlos Cordoba（2008）又开创了基于内生经济增长理论的城市化发展模型。进入 20 世纪的前十年后，城市化发展影响因素开始探讨经济结构问题，Spitzer（2012）引入城市空间经济增长理论，利用 114 个不同国家 1960—2000 年的基础数据，分析了这些国家城市化发展水平受空间因素的影响。与此同时，Brunt 和 Garcia - Penalosa（2012）着重研究提出了知识外溢和创新能力的提高均来自于城市化经济发展的集聚效应结论，Vasanen（2012）也提出了经济集聚的外部性问题所带来的城市多级经济中心空间分布理论。

2.5.1.2 国内相关研究

关于城市化发展质量的影响因素，早期的国内研究是从城市化发展水平提升理论开始，而代表城市化率的城市人口比重与城市人口规模最先受国内学者的深度探讨，并形成了后来的适度人口规模理论和城市经济集聚理论，如周海春（2001）探讨的城市规模适度同城市规模经济关系问题，江曼琦（2006）在其理论基础上进一步分析了城市空间资源配置问题，随后从空间系统角度开展研究的有：张鸿雁（2007）的循环发展模型，孙久文（2011）的同城化模式。西方学术界提出的新经济地理理论对国内城市化发展质量的研究影响也不小，如安虎森（2008）构建新经济地理学的城市体系模型，分析了城市化发展质量的空间影响因素。随着新古典一般均衡模型和动态一般均衡模型的引入，国内学者也做出了一定突破性的研究，如陈彦光（2000、2011）与史晋川（2006）提出的城市发展动力系统经典模型。

2.5.2 城市化发展质量影响因素分析方法研究

在城市化发展质量影响因素分析方法探索方面，国内外学者形成了不少理论和开发了不少技术。

2.5.2.1　灰色关联度分析

灰色关联度分析方法主要用来分析城市化发展过程中各个影响因素之间、各变量之间相关作用的度量。主要应用上有：郭秀云的区域城市化竞争力分析、房世波的城市化进程对耕地数量的影响系数分析、程庆生的城市化与产业关系分析及刘耀彬的区域城市化与生态环境耦合关系分析等。

2.5.2.2　回归分析

回归分析方法强调的被解释变量受解释变量的影响水平和影响程度的关系分析，从数量经济理论出发，被引入到城市化发展质量的研究当中来。早期的有布莱恩贝里所研究的全球 153 个国家和地区城市化水平与人均 GDP 关系的线性分析，周一星的城市化水平与人均 GDP 的对数曲线分析等。国内的有张贝妮构建的城市化进程与经济发展之间关系的回归模型；张宏兴提出的城市化水平与农业劳动生产率的互动关系方程和张城固探讨的地域城市化水平同区域协调发展的相互作用回归方程等。

2.5.2.3　其他分析

除上述两者主要的城市化发展质量影响因素分析方法外，其他不同角度的分析方法层出不穷。张晓堂从产业结构角度，提出了协调发展水平模型，探讨了陕西省城市协调发展程度和水平的定量分析；梁艺桦研究了城市失业人口与城市化进程的耦合关系；郝寿义构建的开放条件下中国城市化快速发展模型，探讨了中国城市化发展面临的资源约束与制度约束因素；刘耀彬研究了城市化水平同生态环境交互作用的时空规律，构建了城市化发展质量同与生态环境协调的协调度模型，判别了区域城市化发展质量同生态环境协调的不同层次关系；周鹏采用了实证分析方法，研究了城市就业结构转换与城市化发展水平的协调关系；姚耀军利用 VAR 模型、Granger 因果检验等方法，实证研究了城市化发展水平同地区金融发展、城乡收入差距的关系；黄金川在对环境库兹涅曲线和城市化对数曲线进行逻辑复合，利用其所揭示的城市化水平同生态环境耦舍机制，推导出了耦合函数和几何曲线，揭示了城市化发展过程中生态环境指数先衰退、后改善的耦合规律。

2.5.3 城市化发展质量的调控机理研究

无论是城市化发展质量内涵研究、指标体系构建研究，还是影响因素制约分析研究，其理论基础都必须落实到城市化发展质量的调控机理过程。在单项机理分析和综合机理过程两个方面，国内外学者都有较好的研究基础。综合机理过程方面：胡序威（2009）从城市化发展的立体空间格局与过程角度出发，综合探讨了中国城市化发展进程中的机理作用过程，开展了中国城市化发展进程中的历史基础、经济发展、社会变迁、人口结构、土地规划、生态环境、区域制度、政府治理与管控、区域化与全球化等各个方面的系统机理研究。Sun等（2013）又提出了基于定量分析方法的城市化发展非协调性研究，研究结果表明基于人口、经济、空间的三维城市化机理过程中，户籍制度和绩效评估体系是导致中国城市化过程中非协调性下降的首要因素。研究城市化发展机理过程中的协调性问题，还有杨剩富等（2014）采用综合评分法和变异系数分析法为基础构建的城市化发展协调性分析模型，其研究结果显示了产业、能源和交通是制约城市化发展协调性的主要因素。

城市化发展质量机理作用与机理调控，更多的是侧重于城市化发展过程中对城市化发展质量提升途径的探索与研究。乔标等（2006）在系统揭示城市化发展质量同生态环境之间的耦合阶段、耦合轨迹、耦合类型和耦合函数等规律的基础上，深入分析和验证了我国干旱区城市化发展质量同生态环境的交互耦合机理。方创琳、杨玉梅（2006）深入研究了生态系统中的耗散结构理论和需要定律理论，揭示了城市化发展同生态环境交互耦合机理过程的六大基本定律：耦合裂变律、动态层级律、随机涨落律、非线性协同律、阈值律和预警律。刘维奇、郑玉刚（2007）又提出了技术变迁对城市化发展机理作用的调控机理，主要讨论了技术变迁过程对城市化发展质量的作用机理，探讨了技术变迁推动作用过程与城市化发展质量的途径选择问题。鲍超、方创琳（2009）提出的水资源调控因子近年来备受学术界重视，他们构建的水资源对城市化发展健康水平的情景预计约束机制，成为学术界探讨的焦点问题。

2.6 城市化发展质量差异分析方法研究进展

尽管城市化发展质量的影响因素研究和调控机理的分析在理论上具有普遍适应性，但不同地区发展质量的实际情况是不尽相同的。而对于这些地区不尽相同的城市化发展质量问题，学者们又在不同分析方法的基础上给出了各自的观点。徐颂（2002）首次引用洛伦兹曲线分析了珠三角地区的城乡一体化差异问题。徐孟洁（2004）在省域差异化分析中，利用灰色系统原理，依据聚类方法确定指标权重系数，探讨和研究了江西省 11 个地级市不同城市化发展质量的差异。冯邦彦等（2005）通过研究城市化发展质量同发展速度的关系，构建了基于城市化发展水平、钱纳里标准、非农产业就业比重和城市化发展速度四个维度的城市化发展质量比较模型，研究了不同省份间的城市化发展差异因素。李玉江（2006）利用全国人口基本结构特征数据，研究了全国省际区域城市化发展质量的历史演变规律。李静（2006）同样依据全国人口基本结构特征，构建了不同省份各年的农业人口的预测模型以反映该省各年的城市化发展水平，寻求了城市化发展水平和速度之间存在差异的原因分析。欧向军（2006）利用复合指标因子分析方法和单一指标泰尔指数方法，研究了江苏省各地级市之间的城市化发展质量差异。总体上，区域城市化发展质量差异原因分析方法较多，但基本原理大致相同，如单一指标法有：城市化发展速度、城市化率、城市化发展水平等指标方法，复合指标法有综合评价指标体系方法等，另外还有统计方法如因子分析法对城市化发展现状的综合评价等。

2.7 城市化发展质量预测方法研究进展

城市化发展质量的定量分析，一般用数学分析工具进行定量预测研究，主要有以下几种方法：一是回归分析模型。回归分析模型通常选用城市化发展质量为被解释变量，其各种相关因子为解释变量，来定量研究城市化发展质量。如：采用回归分析模型研究省域城市化发展质量指数。二是 PDL 模型。为弥补回归分析的局限性，PDL 模型得到了广泛的应用。如：丁刚建立的有限多项式分布滞后模型包含了滞后因变量，并对城市化发展质量进行了预测。任建明建立的PDL模型强调了与回归模型进行比较分析，更加有效地预测了城市化发展质量。三是Logistic模型。Logistic模型是一个用来分析城市化发展规律的经典模型，故而受到很多学者的青睐，但模型本身也具备一定的缺陷，大多数学者在采用该模型时对其进行了修正。如周立彩建立了城市化发展进程“标准的S形曲线”模型，随后又对模型中不能精确反映实际城市化率的缺陷进行了修正，提出了“一般的S形曲线”模型。白先春修正的Logistic模型更加强调在区域人口城市化水平的应用。四是GM（1.1）模型。GM（1.1）模型更多的是一个预测模型，能很好地对城市化发展质量的预期进行应用。如白先春建立的改进的GM（1.1）模型具有更高的预测精度，能更好地预测人口城市化水平指数的发展阶段。但模型本身对于后城市化阶段不适用。五是神经网络预测模型。神经网络预测模型借鉴人工神经网络系统原理，具有很强的外部环境适应能力，能进行大规模的处理、联系，具有较高的容错率，常常与灰色关联模型一起应用。如孙慧建立的基于误差逆传播的人工神经网络方法模型，在基于对灰色预测与神经网络预测的对比分析基础上，对城市化过程中的产业、人口及人居环境进行了预测分析。六是时间序列预测模型。时间序列预测分析方法，更多地强调了从历史的角度来探讨城市化发展的演变规律。如金剑（2005）采用时间序列分析方法探讨了城市化水平的演变特征和趋势，并进行了预测研究。曾文（2002）拓展了时间序列预测分析方法，探讨了城市化发展的时空演变模型，提出了时空交互作用、内生潜力与外生潜力相结合的模型方法。

总体上，城市化发展质量的定量预测方法均以定量分析为主，定性分析为辅，不同方法之间的侧重点和分析角度各不相同。本研究在总结和归纳前人研究成果的基础上，集合西部地区城市化发展质量的演变规律和作用机理，并找出其主要影响因子，通过适度的预测方法，来探讨分析西部地区城市化发展质量的综合指数。

2.8 城市化发展质量的提升路径及相关对策

国内外学者在充分探讨城市化发展质量作用过程和机理分析的基础上，通过深入研究其影响因素，进而提出提升城市化发展质量的路径选择和相应的对策分析。刘艳军、李成固（2007）提出的依靠民间投资来促进城市化水平发展和城市化发展质量提升的观点，邓春玉等（2008）提出的基本公共服务均等化建议和朱传耿等（2008）提出的经济结构优化、人口城市化动力系统构建对策建议也都有利于城市化发展质量的提升。孙静等（2008）从城市本身发展质量及城乡协调发展质量相适应出发，提出了依靠强化城市基础设施建设、增强人力资本、优化产业结构和大力发展循环经济来促进城市化发展质量与城市化发展水平相协调发展的路径。何文举（2014）在揭示城市持续发展潜力、城市规模与经济集聚规模、城乡结合交互式发展、城市空间结构等之间相互作用规律的基础上，提出了促进城市化发展质量提升的相应路径与建议。朱越浦（2016）在分析城市化发展阻滞因素的基础上，结合城市化发展质量的分析结果，提出了强调因地制宜、鼓励改革创新的政策举措。

第三章　西部地区城市化发展质量现状分析

3.1　西部地区城市化发展质量阶段分析

自新中国成立以来，城市化发展经历了曲折复杂的历程。根据国家宏观政策特点，西部地区独特的地理环境、民族多样性、经济社会发展，在客观上决定了西部地区城市化发展质量提升过程具有其鲜明的特点❶，大致可以将西部地区的城市化发展质量进程划分为起步阶段（1949—1957 年）、动荡阶段（1958—1965 年）、萧条阶段（1966—1977 年）、健康发展阶段（1978—1998 年）、快速提升阶段（1999—2011 年）、全面提升阶段（2012 年至今）❷。

3.1.1　起步阶段（1949—1957 年）

这一时期是我国“经济恢复”时期，西部地区城市化建设渐渐恢复，并且在国家政策的支持下取得了较快发展。

这一时期，西部地区的城市、人口数都低于东部地区，西部地区城市化水平也明显低于全国平均水平，更低于东部地区。1949 年全国的城市数量共有 132 个，其中东部地区 66 个，中部地区 43 个，西部地区 23 个，东部地区占全国的 50%，西部地区仅占到 17.4%；沿海地带城市人口占 69%，而西部地区仅占 14.6%。按照城市规模，大中城市主要集中于东部地区。例如：全国仅

---

❶　杨佩卿. 西部地区新型城镇化发展目标、动力机制与绩效评价研究［D］. 西安：西北大学，2017.

❷　高云虹，曾菊新. 西部地区城市化进程及其动力机制［J］. 经济地理，2006，026（006）：965－968.

有5个百万以上人口的特大城市，全部位于东部沿海地区；7个50万~100万人口的大城市，3个位于东部地区，仅有1个位于西部地区；全国20万~50万人口的12个中等城市中，有10个位于东部地区，西部地区仅有2个；在10万~20万人口的15个城市中，东部地区有13个，西部地区仅有2个；在10万以下人口的38个城市中，东部地区占33个，西部地区仅有5个❶。1949年西部地区城市人口576万，仅占西部地区总人口的4.06%；同样，西部地区城市市区非农人口351万，仅占西部地区总人口的2.48%❷。

在这一阶段，国家确立并实行了“重工业优先发展”和“区域均衡发展”两大战略，极大地推动了西部地区经济建设和城市化发展进程，以发展工矿业为主要导向，推动了西部城市数量增长。事实上，这两大战略都有促进西部地区发展的作用。从“重工业优先发展”战略来看，我国重工业发展的自然和矿产资源主要集中在西部地区，因此，这一战略必然对西部地区的发展有利。从“区域均衡发展”战略来看，推动中西部经济的发展得益于改变当时我国经济集中于东部沿海地区的局面。在实施这两大战略的背景下，我国全面工业化和经济的逐渐恢复拉开了大幕，特别在“一五”时期，出于战备考虑，工业布局调整为京汉铁路以西的西北、东北、华北地区，国家这一将内陆地区作为经济建设重点的政策毫无疑问地加快了西部地区的城市化进程，从而西部地区开始了以工业化推动城市化的历程。在这样的政策推动下，西安、兰州等西部城市迅速发展起来。

经过“经济恢复”和“一五”时期的发展，我国的城市体系逐渐朝着合理的方向发展，城市空间布局向西转移，但是差距依然很大。1955年11月国家建委提出，“为适应生产力的合理布局，今后新建的城市，主要应在京汉线以西”❸。这一战略强力促进了西部地区城市的发展，迅速带动西部的发达地区城市及其周边城市的发展。同时，促进了生产力由东向西转移，加速了周边地带和西部地区的开发。

通过这几年的建设，西部地区在城市数量、城市化水平上获得了快速增加和提升。至1957年，全国城市数目增加了44个，设市城市数量由132个增加至176个，增长了33.33%，其中东部地区的城市由66个增至72个，仅增长

---

❶ 付春. 新中国建立初期城市化进程、原因及特点分析（1949—1957年）[D]. 成都：四川大学，2005.

❷ 赵常兴. 西部地区城镇化研究 [D]. 西安：西北农林科技大学，2007.

❸ 孙红磊. 西部开发中发展极的实践形式——城市化 [D]. 北京：中央民族大学，2004.

了9.1%；西部地区的城市由23个增至51个，增长了121.74%。西部地区城市的增长速度是东部地区的13.39倍，是全国的3.65倍。同年东、西部地区的城市比重也由1949年的50%、17.42%发展到40.91%、28.98%，东部地区城市化数量的增长速度相比于西部地区较慢，西部地区占全国的总体比重迅速上升。西部地区非农人口比例快速上升，非农人口比例由1952年的5.93%上升到1957年的11.64%，增长了96.29%；而同期全国仅增长了13.87%，东部地区也仅增长了17.04%。并且西部多个省区的城区人口比重与城区非农人口比重都高于全国平均水平。如1957年全国城区人口比重平均水平为10.95%，而青海、甘肃、宁夏、内蒙古、陕西、云南、贵阳7个省份均超过这一水平；内蒙古、甘肃和陕西城区人口比重20%左右，高于全国平均水平近10个百分点。市区非农人口比重，这一时期的新疆、内蒙古、甘肃和青海也都超过了8.37%的全国平均水平❶。同时，西北地区的城市化发展水平高于西南地区，西北大部分地区非农业人口占比均达到8%；西南的四川、贵州、云南等省区的城区非农业人口占比5%，两个地区差距较大，原因主要在于西北地区相比于西南地区在交通方面比较发达，资源流通和集中效率高。

总的说来，这一阶段城市化发展的成果是显著的。但是，大力发展重工业，轻视第三产业的发展，导致产业结构不合理，工业化对西部地区经济发展和城市化发展的推动作用未能充分发挥。

3.1.2 动荡阶段（1958—1965年）

1958—1965年为“大跃进”与国民经济调整时期，在全面工业化的建设政策下促进了城市数量和人口数量的急剧上升。之后，当时大规模的工业建设与技术资源的不协调导致经济发展反而下滑，城市数量与人口的急剧减少，这也是建国以来城市化进程中一次大波动。1958年“大跃进”的开始，大炼钢铁和农村公社化运动，将重工业化推到了极点，这种不平衡的发展导致第三产业的发展被忽视，城市经济失衡。1958—1965年这一阶段，我国经济发展和城市化均表现出一致性，经济发展水平高的地区与城市化发展水平速度成正相关。面对城市人口膨胀、生活资料供应紧张和工农业比例失调的严峻形势，党中央在1961年1月提出了“调整、巩固、充实、提高”的方针，相应做出了

❶ 赵常兴. 西部地区城镇化研究［D］. 西安：西北农林科技大学，2007.

调整城市工业项目、压缩城市人口、撤销不达条件的建制市等重大决策。统计显示，在 1960—1962 年，全国城市人口比重从 19.75% 下降到 17.33%，城市化水平回落到 1957—1958 年时的状况。1963—1965 年，国民经济经过调整后得到了恢复，城市人口的比重由 16.84% 回升到 17.98%❶。

这一时期，积极响应建工部提出的“用城市建设的大跃进来适应工业建设的大跃进”的口号，西部地区城市人口得到迅速增加；“三线”建设，增加对西部基础设施建设的投资。但是，由于当时经济要素发展和城市化的发展不匹配，对西部地区的城市化发展并未起到相应作用。❷

3.1.3　萧条阶段（1966—1977 年）

1966—1977 年是我国萧条阶段的逆城市化阶段，这个阶段正值“文革”时期，西部地区根据“三线”建设打造了一批“靠山、分散、进洞”的工业基地或者工业点。城市规划和建设机构被撤销，人员下放，造成城市规划和建设的无序推进，城市建设体系遭到一定的破坏。1964 年开始的“三线”建设，在西部地区的中部和中部地区建成了我国后方的工业基地。整体来看，在一定程度上“三线”建设打下了西部工业化的基础，促进了西部工业化的进程，也进一步完善了城市基础设施。

3.1.4　健康发展阶段（1978—1998 年）

改革开放以后，西部地区城市化发展质量从逆向发展中扭转过来，在经过一段时间的恢复性增长后，开始逐渐进入与经济增长相适应的水平轨道上。

这一时期，随着城市设置标准的放宽和县改市步伐的加快，西部地区的城市化进程明显加快。但同时，随着国家区域发展政策以及相关政策的调整，沿海地区逐渐成为国家建设的重点，投融资政策和其他优惠政策都渐渐向沿海倾斜，东西部地区城市化发展的差距逐步扩大。

1979—1984 年，以农村体制改革为中心的相关制度安排使得农民的生产积极性高涨，农业产品剩余和要素剩余成为我国加速城市化发展最基本的动

---

❶ 靳润成．中国城市化之路［M］．上海：学林出版社，1999．

❷ 赵常兴．西部地区城镇化研究［D］．西安：西北农林科技大学，2007．

力。根据相关数据显示，这一时期我国新设城市的重点仍然集中在中西部地区。全国城市数量从 1978 年的 192 个增加到 1985 年的 324 个，增加了 68.8%；东部地区由原来的 68 个增加到 113 个，增加了 66.2%；西部地区则由原来的 40 个增加到 78 个，增加了 95%，其市镇非农人口比重也由 1978 年的 9.77% 提高到 12.99%。[1]

1985—1998 年，以城市体制改革为中心的相关制度安排有效地推动了城市工业和其他非农产业的发展，二、三产业也成为促进我国城市化发展的最基本拉力。从 1985 年左右开始，为更有效地利用沿海地区原有的基础，国家投资的重点以及其他优惠政策也逐渐向东部地区倾斜。伴随着经济特区的设立，沿海开放城市的确定，珠三角、长三角以及京津唐地区的发展都佐证了东部地区是我国综合国力显著增强的主要力量，另外其经济的快速发展也带动了城市化的进程。

但同时，随着我国城市的空间布局从西转移到东，东西部地区之间的城市化差距逐步扩大。到 1997 年底，全国的建制城市达到 668 个，较 1985 年翻了一番多，其中东部地区从 1985 年的 113 个增加到了 1997 年的 300 个，增幅达 165.49%，而西部地区从 78 个增加到 121 个，仅增加了 55.13%；东、西部地区城市数量占全国比重分别由 1985 年的 34.88% 和 24.07% 变为 1997 年的 44.91% 和 18.11%；西部地区城市人口占全国比重从 1985 年的 30.03% 增长到 1996 年的 59.42%，而以市镇非农业人口所占比重计算的城市化率则由 12.99% 提高到 16.76%。

3.1.5 快速提升阶段（1999—2011 年）

1999 年，党中央提出并实施了西部大开发战略，增加了对西部地区的政策倾斜和资金投入力度，并且相关制度的变迁和创新不仅促进了西部地区经济的快速发展，同时也使得西部地区城市化进程达到了另一个新的发展阶段。城市数量迅速增长，城市建成区面积大幅增加，城市建设质量稳步提升，城市化率持续上升，城市经济实力显著增强。

3.1.5.1 城市数量迅猛增长

自 1978 年以来，西部地区城市数量呈现逐年上升趋势，1979—2003 年平

[1] 高云虹，曾菊新. 西部地区城市化进程及其动力机制［J］. 经济地理，2006，026（006）：965-968.

均每年增加新城市 4.7 个。1979 年西部地区城市数量为 58 个，一个市辖区人口超过 200 万的超大城市也没有。到 2003 年底，全国各类城市总数达到 660 个，西部地区为 170 个，占比 25.8%。其中市辖区人口在 400 万以上的巨型城市有 3 个；超大城市 1 个；特大城市 28 个，大城市 46 个，中等城市 63 个，小城市 29 个。❶ 快速增长的原因有几个方面：一是改革开放以来的相关政策极大地激发了农村的经济活力，农村经济的急速增长使得作为地区性生产、贸易和服务的镇逐渐城市化；二是行政体制方面的改革，特别是市管县的行政管理体制改革以后，城市得到了长足的发展，城市数量从 1979 年的 58 个发展到 2003 年的 170 个，增长达 112 个；三是 20 多年以来"严格控制大城市规模，合理发展中等城市和小城市"这一政策，极大地促进了西部地区中小城市超常规发展。

3.1.5.2　城市建设质量逐步提升

伴随着西部地区城市数量的增加，城市建设质量也得到进一步提升。主要表现为城市基础设施状况的改善。反映城市基础设施发展状况的指标主要有：人均住宅面积、城市用水普及率、城市用气普及率、万人拥有公共交通工具数量、人均拥有道路面积和绿地面积、万人拥有公共厕所数量等。从统计数据来看，西部地区在近几年的发展中，反映基础设施水平的主要指标都在稳步增长，人均住宅面积年均提高 1.1 个百分点；城市用水普及率年均提高约 1.5 个百分点；城市用气普及率年均提高 3.3 个百分点；人均拥有道路面积年均提高 0.61 平方米；人均公共绿地面积年均提高 1 平方米；万人拥有的公共交通工具数量及公共厕所数量相对稳定，浮动不大。城市基础设施水平的稳步提高，进一步表明城市的发展环境得到改善，❷ 同时也反映了西部城市发展的良好态势。

3.1.5.3　城市区域不断扩张

西部地区城市的发展不仅表现在数量的增加，还表现在区域的扩张。近些年西部城市市区区域不断向外扩张。根据统计，2001 年至 2005 年西部城市建成区面积由 5067.14 平方公里增加到 6560.51 平方公里，扩张面积达 1493.37 平方公里；而城市征用面积则每年不断累加，2001 年数量较大，达到 1091.81 平方公里，2003 年和 2005 年均维持在 200 平方公里左右；伴随城市扩张出现

---

❶ 朱可. 西部地区城镇化质量综合测度研究［D］. 重庆：重庆工商大学，2014（5）.

❷ 赵常兴. 西部地区城镇化研究［D］. 西安：西北农林科技大学，2007.

的还有城市人口密度的增大，2001 年我国西部地区城市人口密度仅为 538.74 人/平方公里，但 2003 年和 2005 年分别达到 946.2 人/平方公里和 1149.46 人/平方公里，增速势头非常迅猛；年末实有房屋建筑面积和住宅建筑面积也随着城市人口密度的增大而不断攀升。

同时，以大城市为中心的城市群（带）逐渐形成并壮大。城市经济的快速发展，引起了城市规模的扩张，并向周边地区产生强大辐射。如我国西部地区的关中城市群和成渝城市群，分别以西安、成都和重庆为中心城市，开始形成多层次、功能互补的城市群，在西部城市化发展中起着“龙头”的作用。

3.1.5.4 城市人口比重稳步提高

城市人口数量占地区总人口的比重是衡量西部地区城市化发展水平的重要标准，城市人口数量的增加表明除城市人口的自然增长外，乡村人口也正在由农村向城市转移，城市人口所占比重的增加反映着城市化发展水平的提高。从统计数据来分析，可以对这几年西部城市化的发展作如下总结：2000—2005 年这五年间，西部 12 省区的城市化总体发展态势良好。城市人口数量增加达 2215 万人，平均增长 443 万人。城市人口比重由 28.73% 提高到 34.56%，上升了 5.83 个百分点，平均增长率达 1.17 个百分点。总体上来看，西部地区城市化的发展速度略低于全国平均水平。全国城市化水平由 2000 年的 36.09% 提高到 2005 年的 42.99%，提高了 6.9%，平均增长率达到 1.38%，而西部地区平均 1.17% 的增长率低于全国平均水平 0.19%。

3.1.5.5 城市经济实力得到增强

城市经济实力的增强有利于城市化向更高层次的发展，从根本上促进西部地区城市化的发展进程。伴随着人口向城市聚集和城市区域的扩大，国民经济中各种生产要素组合而成的生产函数向更高层次变革。城市化引起的这种变化首先体现在地区国内生产总值的不断增长等方面。总的来看，1978 年以来西部地区城市化水平发展有了很大的提高，但与发展更快的东部地区相比，东西部之间的差距在不断扩大。事实上，东西部之间在经济发展上的巨大差距，体现在城市化发展水平上也是完全正确的。

3.1.6　全面提升阶段（2012年至今）

2012年，党的十八大将推进新型城镇化上升为国家发展战略，提出坚持走中国特色新型工业化、信息化、城市化、农业现代化道路，促进“四化”同步发展。2014年，李克强总理在政府工作报告中首次提出“三个1亿人”的论述：促进约1亿农业转移人口落户城市，改造约1亿人居住的城市棚户区和城中村，引导约1亿人在中西部地区就近城市化。同年，《国家新型城镇化规划（2014—2020年）》出台，明确未来城市化的发展路径、主要目标和战略任务，成为国家推进新型城镇化的指导性文件。[1] 与此同时，十八大以来党和国家出台的关于推进新型城镇化的一系列方针政策，也为西部地区城市化的发展提供了良好机遇。在城市化水平方面，2015年西部地区城市人口为18097万，城市化率达48.74%，比2012年的44.74%提高了4个百分点，其中内蒙古、重庆均高于全国平均水平。在基础设施建设方面，2015年西部地区公路里程达184.76万公里，占全国总量的40.36%；铁路营业里程达4.78万公里，占全国的39.50%；城市建成区面积为11846平方公里，占全国的22.74%。在公共服务方面，2015年西部地区艺术表演场馆机构数为384个，占全国的30.38%；医疗卫生机构数为312085个，占全国比重为31.73%。然而，尽管西部地区城市化有了显著发展，2015年城市化率达到了48.74%，但与中部52.17%、东部64.95%，以及全国56.10%城市化水平相比还有较大提升空间，与发达国家80%的城市化水平、与人均收入和我国相近的发展中国家60%的城市化水平相比，西部地区还有很大差距。

3.2　西部地区城市化发展质量基本情况

3.2.1　经济发展质量稳步提升

改革开放以来，尤其是随着西部大开发和“一带一路”倡议的实施，西

[1] 刘勇．中国城镇化战略研究［M］．北京：经济科学出版社，2004（10）．

部地区依托自身区位和禀赋优势，进一步加快经济发展和对外开放步伐，经济发展和城市发展相互促进、相互影响，西部地区各省市区探索出了自身发展模式和定位，城市经济发展水平实现跨越式发展。

3.2.1.1 地区总体经济实力显著增强

随着西部大开发战略的深入推进，以及“一带一路”倡议的提出，尤其是国家实施区域协调发展战略之后，进一步加大了对西部地区的政策倾斜和资金投入力度。聚焦民族地区、革命老区、边疆地区、聚焦西部民族地区、革命老区、边疆地区、贫困地区加快发展，西部大开发形成新格局，区域协调发展新机制初步建立，西部地区经济发展迎来了良好机遇。西部各省、市、区的地区生产总值总量从2000年的17276.41亿元增加到2016年的156828.17亿元，经济发展水平快速提升，地区总体经济实力显著增强，为西部地区城市化水平和质量的发展奠定了强有力的经济基础。同样，西部地区人均国内生产总值2000年至2016年逐年提高，从2000年的人均4848元增长到2016年的人均41917元，增长了近8倍，国民经济实力显著增强。人均公共财政一般预算内收入方面，西部地区各省区市持续显著增长，从2000年的316元/人提升到2016年的4615元/人，增长近14倍，西部地区财政实力逐年增强。

3.2.1.2 产业结构逐步优化

产业发展与城市化发展质量二者是互相促进、协调融合的，表现在不断调整和优化的产业结构可以为提升城市化发展水平和质量提供强有力的基础与支撑保障，而不断提高的城市发展水平和质量为集聚产业结构要素奠定了坚实的发展基础。❶ 自实施西部大开发战略以来，西部地区各省、市、区依托自身的区位优势和资源禀赋，在淘汰落后产业和优化升级新型产业方面取得了显著成效，使得第三产业比重得以提高，第一产业比重逐年下降，产业结构得以优化升级。❷ 随着西部地区经济发展的快速提升，西部地区各省、市、区的第一产业、第二产业、第三产业增加值都得到了大幅度的增长，第三产业占比逐年增加，从2000年的39.59%增加到2016年的45.18%，产业结构不断优化升级。

---

❶ 杨佩卿. 西部地区新型城镇化发展目标、动力机制与绩效评价研究［D］. 西安：西北大学，2017.

❷ 王春秋. 西部地区城镇化动力机制价研究［D］. 西安：西安电子科技大学，2011.

3.2.2　社会发展质量显著增强

近年来，西部各省市区地方政府加大了对于公共服务的投入力度，城乡公共服务水平得到了大幅提升，城乡居民生活环境得到了明显改善。在推进以保障和改善民生为重点的社会事业建设上，建立了覆盖城乡居民的公共服务体系，推进了基本公共服务的均等化，社会管理得到加强和创新，社会和谐稳定得到切实维护，义务教育、医疗卫生等方面与全国的差距逐渐缩小，新型农村养老保险和城镇居民养老保险实现全覆盖，社会发展质量显著增强。

3.2.2.1　教育文化体系不断完善

随着西部大开发战略的深入推进，西部地区坚持实施科教兴国战略和人才强国战略，教育得到优先发展，科技创新能力大力提高，人才开发机制逐渐健全，西部地区的教育文化体系不断完善，这为西部大开发的进一步推进提供了人才智力支撑。各级各类教育统筹发展，学前教育积极发展、义务教育均衡发展，义务教育学校标准化建设工程稳步推进，边境地区学校建设加强，教师全员培训制度开始实行，中小学教师素质得到提高，西部师范院校的免费师范生范围不断扩大。职业教育获得大力发展，中等职业教育基础能力得到加强建设，一批职业教育实训基地得到建设支持，东西部地区合作逐渐加强，中等职业教育免费制度得到逐步实行。在教育支出投入方面，西部地区人均财政教育支出从2000年的223元增加到2016年的2704元，增长了1112.56%，17年间财政教育投入逐年增加。西部地区拥有在校大学生人数从2007年的401.9万人增加到2016年的672.4万人，十年间增加了67.3%，这反映出西部地区高等教育水平快速提高，科教兴国战略和人才强国战略得到贯彻落实，人才开发机制逐步健全，教育文化体系不断完善，为西部地区经济发展提供了人才智力支撑。

3.2.2.2　科技创新能力迅速发展

在科技创新方面，西部地区近些年不断加大对科技领域的资金投入，优化科技资源配置，加快构建以企业为主体、市场为导向、产学研相结合的技术创新体系。进一步完善了科技创新平台体系，加强了重点实验室、技术研究中心、工程实验室以及企业技术中心建设，国家与地方联合创新平台建设加快推进。国家科技重大专项进一步深入推进，新一代信息技术、煤化工、稀土新材料、航天育种等领域科技联合攻关逐步开展，攻克了一批产业发展的共性技术，开发了一批新产品。科技体制改革不断深化，西部地区全社会科技资源综合集成和高效配置得到促进。2000 年西部地区万人专利申请授权量为 0. 317 项，2016 年增加到 5. 778 项，是 2000 年 18 倍。随着西部地区经济实力和财政收入的逐年增强，西部地区科技研发投入也呈现出每年增加的趋势，其科技研发投入占地区生产总值比重从 2012 年的 0. 54% 提升到 0. 62% 。西部地区构建以企业为主体、市场为导向、产学研相结合的技术创新体系逐步完善。

3. 2. 2. 3　医疗卫生服务能力不断增强

西部大开发战略实施以来，西部地区医疗卫生体制改革进一步深化，实施国家基本公共卫生服务项目，实施重大公共卫生服务专项，妇幼保健能力建设加强，积极预防重大传染疾病、慢性病、职业病、地方病和精神疾病，突发重大公共卫生事件应急处置能力增强，农村医疗急救网络逐步建立，城镇居民医保和新农合人均筹资标准及保障水平逐步提高，城乡差距缩小，药品供应保障体系进一步完善，公立医院改革积极稳妥推进，基本公共卫生服务网络建立健全，西部地区整体医疗卫生服务能力不断增强。2000 年西部地区每万人医疗卫生机构床位数是 23. 25 张，2016 年每万人医疗卫生机构床位数是 57. 19 张，2000 年到 2016 年每万人拥有医疗卫生床位数增加了 33. 94 张，以每万人医疗卫生床位数为指标来衡量的西部地区医疗卫生基础设施不断完善。2000 年的西部地区每万人拥有卫生技术人员数 32. 19 人增加到 2016 年的每万人拥有卫生技术人员数 60. 95 人，且每年都在持续增长。

3. 2. 2. 4　社会保障体系日趋完善

近几年来，西部地区覆盖城乡的就业和社会保障体系初步建立，对促进西部地区经济社会发展、保障和改善民生起到了极其重要的作用。通过以上一系列措施为人们提供了基本的社会保障，为城市居民构建了市场经济条件下的社会保障体系基本框架。实行新型农村医疗合作制度，对进城打工的农民工提供医疗保险，而对于生产和生活方式比较落后的农村贫穷地区和民族地区，从生产、就业、入学等方面加大救济力度和给予重点扶持。[1] 西部地区常住人口城

---

[1] 王春秋. 西部地区城镇化动力机制价研究［D］. 西安：西安电子科技大学，2011.

镇职工基本养老参保率呈现出逐年增长的趋势，参保率从2000年的25.83%扩大到2016年的40.45%，这表明近些年西部地区政府加大了城市基本养老保险的支持力度，健全了基本养老保险的服务体系，全面提升了城市居民养老保障能力。西部地区常住人口城镇基本医疗参保率从2000年的14.14%上升到2016年的29.91%，表明西部地区以城市基本医疗保险为代表的社会保障体系发展水平较高，基本医疗保障体系日趋完善，医疗保障服务水平逐渐增强，政府扶持力度、推动力度不断加大。

3.2.3　空间发展质量整体提升

改革开放以来，特别是西部大开发战略实施以来，西部地区按照统筹规划、合理布局、完善功能、以大带小的原则，遵循城市发展客观规律，坚持大中小城市和小城镇协调发展，城市化和新农村建设良性互动，城市化管理加强，城市化发展质量和水平不断提升。西部地区城市布局逐渐优化，城市发展空间不断拓展，城市功能更加完善，集约节约用地，城市基础设施一体化建设和网络化发展加快推进。

3.2.3.1　大城市辐射带动作用不断增强

西部地区已经初步形成并发展壮大了成渝、关中平原城市群和北部湾、兰州—西宁、宁夏沿黄、天山北坡等城市群，提升了西部地区经济增长重要动力。省会城市和直辖市城市辐射带动作用充分发挥，城市综合承载能力全方位提升，城市人口规模有序扩大，建成区人口密度不断提高，产业功能和服务功能加快提升。西部大开发、“一带一路”建设等深入推进，西部地区已具备较强的经济实力，人力资源不断积累，市场空间不断拓宽，发展能力不断增强，发展活力竞相迸发，发展动力加快转换。

3.2.3.2　中小城市建设不断加快

西部中小城市和城镇的行政管理体制进一步创新，培育发展了一批新的中小城市。以县城为重点的小城镇大力发展，打造了百县中心镇，县城和中心镇的基建得到提高。通过加快人口集聚，促进了周边农村的发展，县域经济发展活力以及综合承载能力得到了加强。国家新型城镇化试点和中小城市综合改革试点工作正在稳步推进，基于临近的重点城市、独特资源优势、重要边境口岸等，积极发展建设了一批具有地方特色的小城镇。稳定有序推动户籍管理制度改革，支持具备条件的农业人口在城镇落户，并享受与城镇居民相同的保障。扩权强县改革试点得到稳步推进，促进了城镇布局优化合理发展，形成了一批交通节点型、旅游度假型、加工制造型等特色小镇和层次分明、结构合理、互动并进的城市化发展格局，全面推进和提高了西部地区城市化发展水平和发展质量。

3.2.3.3 城市基础设施网络不断完善

综合性交通枢纽作用得到发挥，提升了对内对外开放水平，增强了产业支撑能力，优化了城市布局和人口分布。以省会城市为代表的区域性中心城市功能得到完善并提升，市辖区规模结构逐渐优化，生产要素集聚能力、创新能力、组织管理能力和对周边区域辐射带动能力获得提高。城市间互动合作得到全面加强，在基础设施一体化和产业错位发展上取得突破性进展，促进了相邻重点城市的融合发展。

3.2.3.4 空间城市化不断加快

在城市人口密度方面，西部地区城市人口密度从2000年的每平方公里592人上升到2012年的每平方公里2863人，说明在此期间内城市人口的增长速度大于城市城区面积的扩张速度，城市人口密度呈现增长趋势；从2013年到2016年，西部地区城市人口密度开始呈现下降趋势，2016年城市人口密度下降到每平方公里2599人，表明此期间内，伴随着城市人口的增加，西部地区城市面积加速扩张，城市规模不断扩大。城市建设用地方面，西部地区从2000年的4520平方公里增加到2016年的11728平方公里，17年间增加了7208平方公里，增加了159.47%，且每年都呈现正增长的态势，表明西部地区近些年城市建设用地面积不断扩张，城市规模持续扩大。单位建成区面积实现GDP方面，西部地区单位建成区面积实现GDP从2000年每平方公里3.64亿元，增加到2016年的每平方公里12.55亿元，2000—2016年每平方公里建成区面积实现GDP增加8.91亿元，表明我国西部地区单位建成区面积实现GDP的效率大幅度增加，建成区的综合利用率提高，实现经济效益增强；也说明西部地区经过近些年发展，其城市规模效益和集聚效益进一步凸显，经济发展质量和效益提升。城市道路面积方面，西部地区人均城市道路面积从2000年的5.78平方米增加到2016年的8.57平方米，17年间增加了2.79平方米，增幅为48.27%，表明西部地区以城市道路为代表的城市基础设施建设不断推进，城市道路空间逐渐扩大。建成区吸纳城镇人口方面，从统计数据显示，西部地区单位建成区面积吸纳的城镇人口数量从2000年的每平方公里吸纳2.15万人下降到2016年每平方公里吸纳1.5万人，平均每平方公里下降了0.65万人，下降了43.33%，说明西部地区城市建设面积扩展迅速，吸纳城镇人口数量速度小于城市建设面积扩展速度，西部地区单位建成区面积吸纳的城镇人口数量还有待提高。在城镇化率方面，城镇化率是城市化发展水平和发展质量的重要指标之一，城镇化率水平的高低直接关系到城市化水平和质量；西部地区常住人口城镇化率从2000年的28.65%上升到2016年的50.19%，表明经过近些年的城市经济发展，西部地区经济实力和城市规模快速发展，城市化水平和质量得到了显著提升。

3.2.4 生态环境质量不断改善

西部大开发战略实施以来，西部地区贯彻落实绿色发展理念，加大生态建设和环境保护力度，生态环境持续改善。

3.2.4.1 城市生态环境建设水平不断提升

绿化覆盖率方面，西部地区建成区绿化覆盖率从2000年的18.86%上升到2016年的37.25%，呈现出逐年上升的趋势，表明随着近些年西部地区对环境保护方面财政投入的加大，城市绿化面积不断增加，以建成区绿化覆盖率为代表的城市生态环境建设取得重大成就，城市居民绿化环境大幅度改善。人均绿地面积方面，统计数据显示，西部地区城镇人口人均绿地面积2000年是4.43平方米/人，2016年是30.98平方米/人，平均每人增加了26.55平方米，城市绿地面积不断扩大，城市绿化建设水平逐年提高，城市居民生活环境逐渐改善。

3.2.4.2 城市环境保护不断加强

从源头上扭转生态恶化趋势，环境综合治理加强，重点流域和区域水污染防治大力推进，严格保护饮用水水源地，提高饮用水水质达标率，确保饮用水的安全。工业污染防控体系得到健全，造纸、印染、化工、制革、食品等行业及重金属排放企业污染治理逐渐加强，固体废弃物综合利用及污染防治逐步推进，进一步推进了乌鲁木齐、兰州、呼和浩特、成渝城市群等重点城市大气污染治理。加强大气污染防治，主要污染物排放总量控制得到严格实行，有效降低了能源消耗强度和二氧化硫排放强度。统计数据显示，西部地区二氧化硫排放量2000—2016年呈现逐年下降趋势，到2016年，排放量仅是2000年的1/13。西部地区氮氧化物排放量从2013年开始减少，且每年排放量的减少比例逐年增加，减少比例从2013年的2.08%增加到2016年的27.01%。城市环境保护和综合治理不断加强，城市污水和垃圾处理方面，随着城市环境保护治理日益受到重视，城市污水和垃圾治理方面基础设施的投入不断加大，西部地区城市污水日处理能力从2000年的821.2万立方米提升到2016年的3201.2万立方米，日处理污水能力提高了近3倍；生活垃圾无害化处理率从2000年的32.18%提升到2016年的93.72%，17年间提升了61.5个百分点，西部地区城市生活环境治理成就显著，城市居民生活环境逐渐改善，居民生活质量得到提高。加强资源综合利用，加强用水总量控制和定额管理，能源、矿产资源综合利用得到强化，资源开采回采率和综合利用率获得提高。

3.2.4.3 城市节能减排力度加大

节能减排重点工程得到稳步推进，突出抓好了工业、建筑、交通运输、公共机构等重点领域节能。资源节约和管理进一步加强，合理控制能源消费总量，严格实行主要污染物排放总量控制，有效降低能源消耗强度和二氧化碳排放强度。严格控制高耗能、高排放行业低水平重复建设，坚决淘汰浪费资源、污染环境和不具备安全生产条件的落后产能，促进产业结构优化升级。全面推进电力、钢铁、石化、有色、建材等重点行业脱硫脱硝设施建设，提高现有设施运行效率。统计数据显示，西部地区万元GDP水耗由2000年每万元790.83立方米下降到2016年的每万元125.82立方米，17年间每万元下降了665.01立方米。同时，西部地区循环经济发展加快，推进资源再生利用产业化，积极推进循环经济试点，组织开展重点资源富集区、城市、行业和园区循环经济试点并扩大试点范围。

3.2.5 协调发展质量统筹推进

经过较长时期的高速增长，西部城市化水平得到较大提高，通过持续保障和改善民生，解决涉及群众切身利益的问题，促进基本公共服务均等化，城乡居民生活水平得到了大幅度提升，城乡居民收入增速高于全国平均水平。城市就业问题有效解决，城镇登记失业率控制在5%以内，贫困率显著下降，根据数据统计，西部地区城镇失业率从西部大开发战略实施开始的2000年的3.4%上升到2008年的4%，城镇失业率下降到2016年的3.2%。通过以工促农、以城带乡，促进了公共资源在城乡之间合理配置、生产要素在城乡之间自由流动，城乡经济社会获得融合发展。积极推进城乡基础设施一体化发展，以教育、医疗、就业、养老等社会事业为重点，加大农村投入，促进城乡基本公共服务均等化。城乡居民收入差距不断缩小，2000—2016年西部地区农村与城镇居民收入差异系数每年都在增加，2013年的城乡居民收入差异系数是0.28，2016年的差异系数是0.34，表明西部地区城乡居民平均收入差距在逐步缩小。2012—2016年西部地区农村与城镇居民消费差异系数也呈现出每年增加的趋势，2012年的农村与城镇居民消费差异系数是0.32，2016年增加到0.39，表明西部地区城乡居民的消费支出差异在逐年缩小。

第四章　构建城市化发展质量综合评价体系

城市化发展质量是衡量特定区域内城市化发展速度是否合理、人口城市化过程是否健康、经济城市化过程是否高效、社会城市化过程是否和谐公平的一项重要指标，是人口城市化质量、经济城市化质量、社会城市化质量、空间城市化质量、城市生态环境质量和城乡协调发展水平的有机统一，同时城市化发展质量的提升是加快推进我国城市化进程健康发展的关键，因此，对构建城市化发展质量的综合评价体系提出了新的要求。本章旨在在前文探索城市化发展质量的内涵、影响因素、调控机理及城市化质量、速度、水平互动协调关系的基础上，从人口、经济、社会、空间、城乡协调发展和生态环境六个方面提出了由六类指标、47 项具体指标组成的城市化发展质量六维综合测度指标球。

4.1　评价指标的选取

4.1.1　选取依据

通过深入分析城市化进程，在充分理解不同学者对城市化内涵界定的基础上，我们认为一个完整的城市化的定义外在表现为数量的扩张，而内在表现为质量的提高。“量”的内涵是实现“质”的内涵的必要前提，唯有一定的“量”的内涵才能不断推动城市化的进程。“质”的内涵，是人民生活质量的不断提高。因此，城市化是由于分工的不断深化、产业结构的调整与升级，资源在城市扩张中不断得到优化配置，使得社会从一种封闭、落后的农业文明，转变成为一种以现代工业和服务经济为主、以完善的城市公共服务和基础设施

为标志的现代城市文明的过程。❶

本研究以人口的城市化率、分工的不断深化、产业结构的调整与升级、资源在城市扩张中优化配置作为城市化质量的评价标准，同时，更加关注居民生活水平的提高、居住条件和环境的改善，更加关注现代技术的掌握及应用，更加关注城市承载力问题。城市化“质”和“量”不可跛脚前行，城市化“质”的提高还需着力于转变生活方式，实现友好的生态环境、和谐的人际关系、良好的社会氛围和包容的社会风尚。

这样，城市化质量的科学度量，应从考察城市化质量的六个维度展开，即人口城市化率、经济基础、公共服务、生态环境、空间发展、城乡发展协调情况。只有上述六个方面内容同时包容在城市化发展质量测评体系中，城市化进程中的质量测度才具有统一可比的指标基础，对于城市化质量的对比分析才具备可观察控制的和可测度的共同内容，城市化质量的度量标准正是在这一原则的指导下，加以细化和分类的。在实际的综合评价中，一般原则应是把尽量少的“主要”评价指标用于实际评价，但在初步建立的评价指标集合当中也可能存在着一些“次要”的评价指标，这就需要按某种原则进行筛选，分清主次，合理组成评价指标集。

4.1.2　选取原则

从具体操作层面来说，所构建的城市化发展质量指标体系应符合以下标准。

4.1.2.1　指标体系的完备性

完备性是说指标体系应该具有这样一种能力，即能够全面反映评价对象各方面的特征。在构建指标体系之前，应用物理—事理—人理的方法论，深入分析和挖掘评价对象的潜在特征，并广泛征求与评价对象相关人员的意见，然后建立一个较为完备的指标库，里面尽可能地包含了影响评价结果的所有指标。❷ 理论上来讲，为了达到指标体系的完备标准，指标数量应尽可能多一些。在构建指标体系时，选择尽可能多的指标供筛选。因此，指标体系完备性的这一标准比较容易满足。

---

❶ 李琪．城市化质量研究：理论框架与中国经验［D］．西安：西北大学，2012.

❷ 顾基发，唐锡晋，朱正祥．物理—事理—人理系统方法论综述［J］．交通运输系统工程与信息，2007（6）：51－60.

4.1.2.2 指标体系的精简性

为保证指标体系的完备性，将指标库所有的指标都加入到指标体系是不科学的和不经济的，因为指标数量的增多意味着数据获取成本的增加，另外指标之间可能存在一定的相关性，致使一些指标成为冗余指标，因此，指标体系要在指标信息全面性和数量合理性之间寻求平衡。

4.1.2.3 指标体系的普适性

由于用同一指标体系对不同个体进行测评时会存在一定的系统误差，这是因为同类评价对象之间存在一定空间上的差异性，因此，构建指标体系时要尽量考虑到指标体系灵敏度的问题，使其具有普适性。❶ 依据区域城市化发展质量的理论内涵、结构内涵和统计内涵，建立了由六大体系组成的衡量中国城市化质量的指标体系，力求指标体系具备科学严谨、逻辑清晰、层次分明、代表性强等特点。

4.2 评价指标体系的基本内容

4.2.1 指标体系的结构

综合评价指标体系结构类型主要有两类：驱动力——响应模式和模块式结构。而确定城市化质量评价指标体系结构的原则是，既要符合城市化质量内涵的要求，又要使该结构便于进行综合定量评价，能够提供实证研究的平台。因此根据以上原则并结合本研究的具体情况，采用了传统的平等模块式结构。将系统分解为人口城市化发展质量、经济城市化发展质量、社会城市化发展质量、空间城市化发展质量、城乡协调发展质量、城市生态环境质量六个子系统（图4-1），然后进行具体指标的选取。

根据城市化发展质量（UDQ）内涵，综合考虑以往学者关于城市化发展质量指标体系的构建，按照可比、可量、可获和可行原则，以城市化速度作为

❶ 付允，刘怡君. 指标体系有效性的RST评价方法及应用［J］. 管理评论，2009，21（7）：91-95.

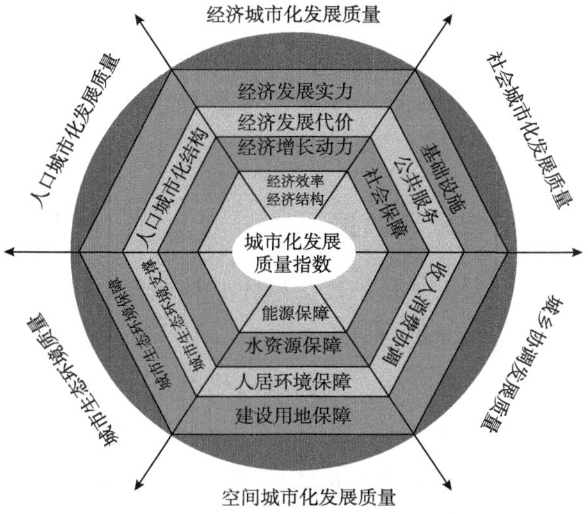

图 4－1　城市化质量评价指标体系结构

调控阀，构建包括人口城市化发展质量（PUDQ）、经济城市化发展质量（EUDQ）、社会城市化发展质量（SUDQ）、空间城市化发展质量（SPUDQ）、城市生态环境质量（EUEQ）、城乡协调发展质量（URCDQ）6 大类要素共 15 个指标组成的城市化发展质量六维目标空间综合测度指标球。人口城市化发展质量由人口城市化结构（PUS）体现，经济城市化发展质量由经济发展实力（EDS）、经济效率（EE）、经济结构（ES）、经济发展代价（EC）和经济增长动力（EGE）5 项指标来体现。社会城市化发展质量由公共服务（PS）、社会保障（SS）、基础设施（IC）3 项指标来体现；空间城市化发展质量由能源保障（ES）、水资源保障（WRS）、人居环境保障（LES）和建设用地保障（CLS）4 项指标来体现；城市生态环境质量由城市生态环境支撑（UEES）和城市生态环境保障（UEEG）2 项指标来体现；城乡协调发展质量由收入消费协调（ICC）这一指标来体现。[1] 以上每一项指标由若干个具体的原始指标通过相关计算得到指数值。

4.2.2　指标体系的基本内容

城市化的发展不仅包括城市化水平方面，还包括城市化发展质量方面。

[1] 方创琳，王德利．中国城市化发展质量的综合测度与提升路径［J］．地理研究，2011（11）．

城市化水平主要表现在城市人口占总人口比重的提高、城市（镇）数量的增加和城市规模的扩大等方面，而城市化质量则主要表现在城市经济、社会及空间的综合演变和发展方面。具体地说城市化质量的内涵包括以下六个方面。

4.2.2.1 人口城市化发展质量

人口城市化是指非城市人口不断向城市转化和集中，城市人口占总人口的比重逐渐提高的动态过程。人口城市化发展质量主要体现在人口城市化结构这一方面，具体包括4个衡量指标。人口城市化率：即城镇人口占总人口（包括农业与非农业）的比重。城市常住人口密度：即指生活在城市范围内的人口稀密的程度，是城市人口与城市面积之比。[1] 大专及以上学历人口与城市人口比重：具有大专及以上学历的人口占城市人口的比重。第三产业就业人数比重：在第三产业就业的人口占总人口的比重。

4.2.2.2 经济城市化发展质量

城市经济发展是城市化质量的根本体现，只有经济发展，城市社会、空间才能发展，居民素质、生活条件才能得到改善，因此经济城市化发展质量是城市化质量提高的基础。城市化发展质量主要体现在经济发展实力、经济结构、经济增长动力和经济发展代价四个方面。[2]

经济发展实力中包括5个指标。人均地区生产总值是该地区生产总值与该地区常住人口之比，该指标是重要的宏观经济指标之一，也是衡量地区人民生活水平的一个标准。城镇居民人均可支配收入，即反映居民家庭全部现金收入能用于安排家庭日常生活的那部分收入，它是家庭总收入扣除交纳的所得税、社会保障费以及调查户记账补贴后的收入。城镇居民人均可支配收入增长速度，是城镇居民人均可支配收入以某一年份为基期的定基指数变动情况反映，是城镇居民人均可支配收入名义增长速度与同期城镇居民消费价格指数之比。人均地方财政一般预算内收入，是一定时期内地方财政一般预算内收入和地方常住人口的比值。人均固定资产投资额，是固定资产投资总额与常住人口数之比，一定程度上反映一个地区固定资产投资完成情况和经济发展情况，固定资

---

[1] 马芳．石河子市新型城镇化质量评价与路径选择研究［D］．乌鲁木齐：新疆农业大学，2017．

[2] 王德利．城市化发展质量的影响因素与演化特征［J］．地域研究与开发，2013（6）．

产投资是经济发展的主要动力。

经济结构中包括两个具体指标。非农产业比重：是制造业（第二产业）与服务业（第三产业）增加值之和在地区生产总值中的比重，这是计算工业化指数的产业结构指标。第三产业占地区生产总值比重：即一定时期内第三产业增加值与地区生产总值的比值。

经济效率包括4个具体指标，单位城镇人口实现的GDP、单位固定资产投资实现的GDP、单位建成区面积实现的GDP，单位建成区面积吸纳的城镇人口数量。

经济增长动力用国内专利申请授权量体现，国内专利申请授权量：是国家按专利法授予申请人在一定时间内对其发明创造成果享有的独占、使用和处理的权利，是一种财产权，专利的申请与授权数量体现了一个国家和地区的技术发明能力和技术水平。

经济发展代价包括3个具体指标。万元GDP水耗：是总用水量与国内生产总值（GDP）的比值（以万元为单位），是反映水资源消费水平和节水降耗状况的主要指标，该指标说明一个地区经济活动中对水资源的利用程度，经济结构和水资源利用效率的变化。万元工业增加值废水排放量：是总废水排放量与国内生产总值（GDP）的比值（以万元为单位）。万元GDP二氧化硫排放量：是总二氧化硫排放量与国内生产总值（GDP）的比值（以万元为单位）。

4.2.2.3 社会城市化发展质量

社会城市化发展是城市化内涵的重要体现。城市化过程是人类生产方式、生活方式和居住方式等各方面变革的过程，在这一过程中人们的综合素质、生活条件、生活习惯、思想观念、消费方式等各个方面都会发生深刻转变，从某种程度上说，社会城市化发展质量的高低对城市化发展质量的影响更为深刻。社会城市化发展质量主要体现在基础设施、公共服务、社会保障三个方面。

基础设施发展包括5个具体指标。万人高速等级公路里程、万人拥有公交车辆数，这两个指标越大，说明区域路网密度越高，基础设施越完善。人均互联网宽带接入端口：是互联网宽带接入端口总数与城市人口之比。城市燃气普及率是城市用气的非农业人口数与城市非农业人口总数的比值。城市人均日生活用水量：是城市日生活用水量与城市人口数量之比。

公共服务发展指数体现城市科教文卫发展情况，包括4个具体指标，即万人拥有卫生技术人员数、万人医疗卫生床位数、百人拥有小学专任教师数、教育经费。

社会保障包含4个具体指标。城镇恩格尔系数：城市食品支出总额占个人消费支出总额的比重。城镇登记失业率：是期末城镇登记失业人数占期末城镇从业人员总数与期末实有城镇登记失业人数之和的比重。常住人口城镇职工基本养老保险参保率、城镇职工基本医疗保险参保率，这两项指标反映社会保障覆盖情况。

4.2.2.4 空间城市化发展质量

资源环境保障能力是城市化可持续发展的基础。城市化可持续发展除了需要保持经济、社会两个方面的协调发展外，经济、社会城市化的发展程度不能超越资源、环境等的承载范围，即城市化的发展必须以不破坏资源环境承载力为前提。空间城市化保障能力主要体现在水资源保障程度、建设用地保障程度、能源保障程度和人居环境保障程度四个方面。[1]

水资源保障用人均用水量与人均水资源量之比来体现，人均日生活用水量指每一用水人口平均每天的生活用水量，反映城市水资源保障情况。

建设用地保障包含4个具体指标。居住用地占城市建设用地面积比重、工业用地占城市建设用地面积比重，这两个指标反映城市土地资源利用效率。城市人均居住面积是住宅使用面积与居住人口之比。人均城市道路面积指一定时期内按城市居住人口平均计算的道路面积。指标越高，表明居民生活质量越高。

能源保障用发电量这一指标体现，发电量是一定时期一定区域内所有电力生产部门（包括火电、水电、核电、太阳能发电、风电、潮汐发电等）生产出的所有电量总和。

人居环境保障包含3个具体指标，即城市市政建设固定资产投资、建成区绿化覆盖率、城镇人口人均绿化面积，反映城市建设投入力度和居民居住环境保障条件。

4.2.2.5 城乡协调发展质量

全面小康社会建设面临的最大问题，仍是发展不平衡不充分的问题，发展不平衡主要表现为城乡发展不平衡，根本出路是持续推进城乡协调发展、均衡发展。收入消费协调包含2个具体指标，城乡居民收入差异系数是城镇居民可

---

[1] 王德利. 城市化发展质量的影响因素与演化特征［J］. 地域研究与开发，2013（6）.

支配收入与农村居民人均纯收入之比，城乡恩格尔系数差值是城市恩格尔系数与农村恩格尔系数的差值，恩格尔系数是食品支出总额占个人消费支出总额的比重。城乡恩格尔系数差值是城市恩格尔系数与农村恩格尔系数的差值。

4.2.2.6　城市生态环境质量

生态城市是城市建设和发展所追求的目标，生活环境的保护与居民生活质量息息相关，对实现可持续发展意义重大。城市生态环境质量这一维度包含两个方面，城市生态环境支撑和城市生态环境保障。

城市生态环境支撑用人均水资源量这一具体指标体现，人均水资源量即可以利用的淡水资源平均到每个人的占有量。

城市生态环境保障用3个具体指标体现：城市污水日处理能力、城市生活垃圾无害化处理率、二氧化硫排放量。城市污水日处理能力、城市生活垃圾无害化处理率，这两个指标越高，说明城市环境保护与生态建设工作成效越显著。二氧化硫排放量，这一指标越高，说明城市污染越严重。

综上所述，城市化发展质量的研究，应该是一个充分考虑城市化进程中人口结构、经济特征、社会特征、空间特征、生态环境、城乡协调的综合性城市化发展研究。本研究将城市化发展质量的内涵定义为：城市化发展质量是人口城市化发展质量、经济城市化发展质量、社会城市化发展质量、空间城市化发展质量、城市生态环境质量和城乡协调发展质量六位一体的有机统一。是衡量特定区域内城市化速度是否合理，人口城市化过程是否健康、经济城市化过程是否高效、社会城市化过程是否和谐公平、空间城市化是否适度、生态环境是否优良、城乡发展是否协调的重要指标，具体体现在以下六个方面：一是反映城市化进程人口结构的“健康度”，即人口城市化发展质量；二是推进城市化系统发展的“动力度”，即经济城市化发展质量；三是反映城市化进程中人类生存、生活质量水平的“宜居度”，即社会城市化发展质量；四是城市化发展基础的“支撑度”，即空间城市化发展质量；五是反映城市化进程“绿色化”，即生态环境质量；六是反映城市化进程“协调度”，即城乡发展协调质量。

4.2.3　指标体系

具体指标见表4-1。

表 4－1　西部地区城市化发展质量综合评价指标体系

A 层	B 层		C 层		X 层		计量单位	指标性质
—	一级子系统层		二级子系统层		三级子指标层			
城市化发展质量指数	B1	人口城市化发展质量	C1	人口城市化结构	X1	人口城市化率	%	正指标
					X2	城市常住人口密度	%	正指标
					X3	第三产业就业人数比重	%	正指标
			C2	人口城市化潜力	X4	大专及以上学历人口与城镇人口比重	%	正指标
	B2	经济城市化发展质量	C3	经济发展实力	X5	人均 GDP	元	正指标
					X6	城镇居民人均可支配收入	元	正指标
					X7	城镇居民人均可支配收入增长速度	%	正指标
					X8	人均地方财政一般预算内收入	元	正指标
					X9	人均固定资产投资额	元	正指标
			C4	经济发展结构	X10	非农产业比重	%	正指标
					X11	第三产业占 GDP 比重	%	正指标
			C5	经济发展效率	X12	单位城镇人口实现的 GDP	万元/人	正指标
					X13	单位固定资产投资实现的 GDP	元	正指标
					X14	单位建成区面积实现的 GDP	亿元/平方公里	正指标
					X15	单位建成区面积吸纳的城镇人口数量	人	正指标
			C6	经济增长动力	X16	国内专利申请授权量（项）	项	正指标
			C7	经济发展代价	X17	万元 GDP 水耗	立方米	逆指标
					X18	万元工业增加值废水排放量	吨	逆指标
					X19	万元 GDP 二氧化硫排放量	吨	逆指标
	B3	社会城市化发展质量	C8	基础设施	X20	万人高速等级公路里程	公里/万人	正指标
					X21	万人拥有公交车辆数	辆/万人	正指标
					X22	人均互联网宽带接入端口	万个	正指标
					X23	城市燃气普及率	%	正指标
					X24	城市人均日生活用水量（升）	升	正指标
					X25	城市市政建设固定资产投资	亿元	正指标

续表

A层	B层		C层		X层		计量单位	指标性质
—	一级子系统层		二级子系统层		三级子指标层			
城市化发展质量指数	B3	社会城市化发展质量	C9	公共服务	X26	万人拥有卫生技术人员数	人/万人	正指标
					X27	万人医疗卫生床位数（张）	张/万人	正指标
					X28	百人拥有小学专任教师数	人/百人	正指标
					X29	人均教育经费	万元/人	正指标
			C10	社会保障	X30	城镇恩格尔系数	%	逆指标
					X31	城镇登记失业率	%	逆指标
					X32	常住人口城镇职工基本养老参保率	%	正指标
					X33	城镇职工基本医疗保险参保率	%	正指标
	B4	空间城市化发展质量	C11	水资源保障	X34	人均用水量与人均水资源量之比	%	正指标
			C12	土地保障	X35	居住用地占城市建设用地面积比重	%	正指标
					X36	工业用地占城市建设用地面积比重	%	正指标
					X37	城市人均居住面积	平方米	正指标
					X38	人均城市道路面积	平方米	正指标
			C13	能源保障	X39	人均发电量	亿千瓦时/人	正指标
	B5	城乡协调发展质量	C14	收入协调	X40	城乡居民收入差异系数	%	正指标
			C15	消费协调	X41	城乡恩格尔系数差值	—	逆指标
	B6	城市生态环境质量	C16	环境支撑	X42	人均水资源量	立方米	正指标
					X43	建成区绿化覆盖率	%	正指标
					X44	城镇人口人均绿化面积	平方米	正指标
			C17	环境保障	X45	城市污水日处理能力	万立方米	正指标
					X46	城市生活垃圾无害化处理率	%	正指标
					X47	工业固体废物综合利用率	%	正指标

4.3 评价指标数据处理

4.3.1 数据来源及缺失数据处理

本研究所采用的数据主要来源于《中国城市统计年鉴》，由于其中个别省份出现了某些指标数据缺失，在建立综合评价指标体系时作了一些考虑，缺省数据采取了插值法给予补全。本研究采取了两种插值法，如果缺失数据是在中间年份，则采用内插法；如果是在两端，则采用外推法。[1]

内插法的计算公式为：

$$X_t = x_{t-1} + \frac{t \times (X_{t+1} - X_{t-1})}{N}$$

其中 $X_{t+1} > X_{t-1}, t = 1,2,\cdots,N$ （式4-1）

外推法的计算公式为：

$$X_t = x_{t-1} + \frac{X_{t-1} - X_1}{t-2}$$

其中 $X_{t-1} > X_1, t = 1,2,\cdots,N$ （式4-2）

不具备条件的情况根据以往历史数据进行回归分析和趋势外推获得；不具备历史数据的情况下，则采用该城市所属省份的指标均值替代。

《中国统计年鉴》中公布的国内生产总值指数（上年100）来计算GDP平减指数，国内生产总值指数（上年=100）的定义为：

$$GDPI_t = \frac{GDP_t}{GDPD_t} \Big/ GDP_{t-1} \quad （式4-3）$$

其中，GDPI（Gross Domestic Product Index）为国内生产总值指数，GDP（Gross Domestic Product）为名义国内生产总值，GDPD（Gross Domestic Product Deflator）是国内生产总值的平减指数，t 表示时间年份。根据GDP增长指数的定义，求得GDPD的环比指数公式为：

$$GDPD_t = \frac{GDP_t}{GDP_{t-1} \times GDPI_t} \quad （式4-4）$$

---

[1] 马伟. 运用插值法进行利率计算公式的解析［J］. 郑州铁路职业技术学院学报，2014（4）.

此基础上，计算各个时期环比指数的连乘之积来求得以 2000 年为基年的定基指数。通过名义 GDP 除以 GDPD（2000 年 = 100）得到真实的 GDP。

4.3.2 评价指标的无量纲化

常用的数据标准化的方法有“均值法”“极值法”“功效系数法”和“标准化法”。这些方法各有特点及不足，其中标准化方法处理后的各指标均值都为 0，而标准差都为 1，它只反映了各指标之间的相互影响，在无量纲化的同时也抹杀了各指标之间变异程度上的差异，因此，标准化方法并不适合用于多指标的综合评价中，而经过极值法处理的指标数据就符合研究要求。[1] 基于如上考虑，选择极值法对原始指标进行无量纲化处理。公式如下：

如果令 $M_j = \max\{x_{ij}\}, m_j = \min\{x_{ij}\}$，则

$$x_{ij}^* = \frac{x_{ij} - m_j}{M_j - m_j} \quad \text{（式 4-5）}$$

是无量纲的，且 $x_{ij}^* \in [0, 1]$。

特别地，当 $m_j = 0(j = 1,2,\cdots,m)$ 时，

$$x_{ij}^* = \frac{x_{ij}}{M_j}, \quad x_{ij}^* \in [0,1] \quad \text{（式 4-6）}$$

4.4 权重的确定

在城市化发展质量综合评价指数的测算过程中，各级指标体系权重的计算方法与处理技术是关键问题。本研究采用的是熵技术支持下的 AHP 多层次赋权综合模型，分别计算城市化发展质量综合评价指标体系中的第一、第二、第三级指标层权重系数。

---

[1] 李琪．城市化质量研究：理论框架与中国经验［D］．西安：西北大学，2012.

4.4.1 权重的计算方法与原理

4.4.1.1 AHP 多层次赋权方法及其原理

熵技术支持下的 AHP 方法的原理是将要识别的复杂问题分解成若干层次，由专家和决策者对所列指标通过两两比较重要度，构造判断矩阵，通过求解判断矩阵的最大特征值和它所对应的特征向量，得到每一层次的指标相对于上一层次目标的权重值（即层次单排序，必须通过一致性检验），而一旦确定了低层指标对较高层次指标的权重后，可以根据递阶赋权定律确定最低层指标相对于最高层指标的权重（层次总排序）。[1]

（1）建立递阶层次结构。AHP 方法是用层次结构描述目标决策问题，反映目标的递阶控制关系。最高目标为决策的目标，中间是准则层，根据问题的需要可以设立多层准则层，最下层为方案层。如图 4－2 所示，在 AHP 的递阶层次结构中，上层元素控制下层元素。

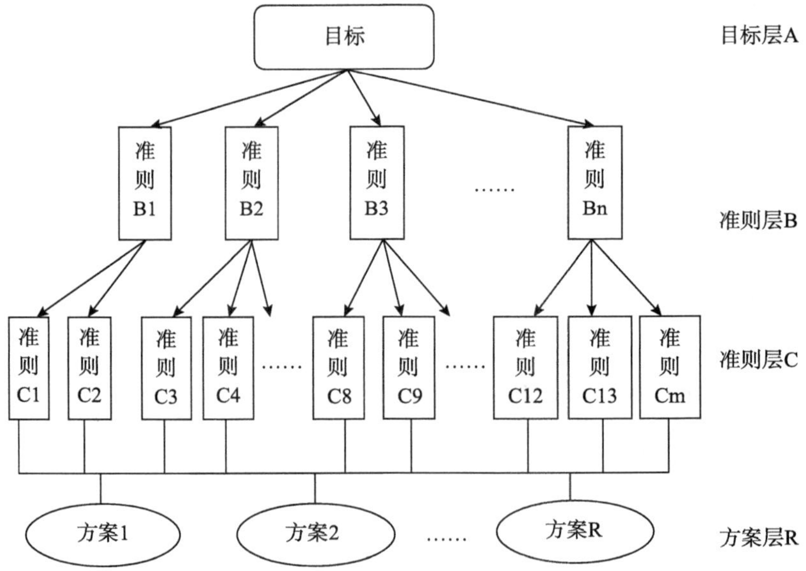

图 4－2 AHP 的递阶多层次结构

[1] 丰霞，宋丹，何宏．基于多目标优化与层次分析法的高校信息化教学评估指标体系研究［J］．科教导刊（下旬），2018（8）．

（2）递阶层次赋权原理。层次分析方法的核心部分就是两两比较，基于上层目标对准则层进行两两比较，决定出下层元素对上层元素的重要度，即权重。本研究采用特征向量法来进行各层次的不同属性（元素）的重要性（权重）的确定。

1）构造两两比较判断矩阵。以对图 4-2 中的准则层 B 进行赋权为例，根据特征向量法，构造出的比较判断矩阵如下：

$$\boldsymbol{B}=\begin{bmatrix} b_{11} & b_{12} & \cdots & b_{1n} \\ b_{21} & b_{22} & \cdots & b_{2n} \\ \vdots & \vdots & & \vdots \\ b_{n1} & b_{n2} & \cdots & b_{nn} \end{bmatrix}=\begin{bmatrix} w_1/w_1 & w_1/w_2 & \cdots & w_1/w_n \\ w_2/w_1 & w_2/w_2 & \cdots & w_2/w_n \\ \vdots & \vdots & & \vdots \\ w_n/w_1 & w_n/w_2 & \cdots & w_n/w_n \end{bmatrix} \quad （式 4-7）$$

其中 b_{ij} 表示第 i 个元素相对于第 j 个元素的重要程度：$b_{ij}=w_i/w_j(i,j=1,2,\cdots,n)$，$w_i$ 表示属性 X_i 的权重。这里的相对重要程度可按表 4-2 中的标度来进行两两比较，表 4-2 中的标度值可用其相应的倒数值。[1]

表 4-2 判断矩阵两两比较的标度

标度值	标度含义
1	i 与 j 同样重要，$w_i=w_j$
3	i 比 j 稍微重要，$w_i=3w_j$
5	i 比 j 相当重要，$w_i=5w_j$
7	i 比 j 强烈重要，$w_i=7w_j$
9	i 比 j 极其重要，$w_i=9w_j$
2、4、6、8	上述相邻判值的中间值

上述判断矩阵 **B** 存在着两个重要性质：

两两比较判断矩阵为互反矩阵，即：

$$b_{ij}=1/b_{ji} \quad （式 4-8）$$

元素之间存在一致性，即：

$$b_{ij}=b_{ik}/b_{jk} \quad （式 4-9）$$

[1] 闫泽涛，张根文．现代商业银行业绩效评价方法设计——基于主成分赋权的多层次递级集成思想［J］．中国管理科学，2008（S1）．

判断矩阵的上述两个性质在理论上是成立的，但在实际应用中不一定满足，原因在于判断矩阵的构造是由咨询人或专家的主观意识来决策的，这种主观意识往往导致不精确。

2）判断矩阵的最大特征值及其相对应的特征向量

得到比较判断矩阵后，可求得上述判断矩阵 $\boldsymbol{B}$ 的最大特征根 λ_{max} 及其所对应的特征向量 $\boldsymbol{W}$，得到的最大特征根 λ_{max} 所对应的特征向量即为 B 准则层的权重向量 $\boldsymbol{W}_j = (w_1, w_2, \cdots, w_n)^T$，其计算公式为：$\boldsymbol{BW} = \lambda_{max}\boldsymbol{W}$。

由于客观事物的复杂性及人们对事物认识的模糊性与多样性，对比判断矩阵的一致性未必成立。特征向量法表明：当 $\boldsymbol{BW} = \lambda_{max}\boldsymbol{W}$ 中的 $\lambda_{max} = n$ 时（n 表示相应准则层元素的个数），判断矩阵存在一致性；当 $\boldsymbol{BW} = \lambda_{max}\boldsymbol{W}$ 中的 $\lambda_{max} > n$ 时，判断矩阵就不一定存在一致性。进而在 $\lambda_{max} > n$ 时，需要对判断矩阵的一致性进行检验。

为对判断矩阵的一致性进行检验，需引入一次性指标 CI：

$$CI = \frac{\lambda_{max} - n}{n - 1} \quad \text{（式 4-10）}$$

当 $\lambda_{max} = n$ 时，$CI = 0$，此时判断矩阵满足一致性；但一般情况下 $\lambda_{max} > n$，且当维数 n 越大，判断矩阵的一致性越差。为判定 $\lambda_{max} > n$ 情形下判断矩阵的一致性问题，还需引入给定 n 时的同阶矩阵的随机指标 RI，随机指标值的大小与矩阵维数 n 大小有关，具体如表 4-3 所示：

表 4-3　n 阶矩阵的随机指标 RI 值

维数 n	1	2	3	4	5	6	7
RI 值	0	0	0.52	0.89	1.12	1.26	1.36

在得到随机指标 RI 值之后，最后引入一致性比率 CR 来检验判断矩阵的一致性能否被接受：算得的

$$CR = \frac{CI}{RI} \quad \text{（式 4-11）}$$

若 $CR \geqslant 0.1$，则说明判断矩阵一致性太差，通不过检验，需对判断矩阵进行适当调整，重新估计；若 $CR < 0.1$，可认为判断矩阵基本存在一致性，进而通过 $\boldsymbol{BW} = \lambda_{max}\boldsymbol{W}$ 算得的 $\boldsymbol{W}_j = (w_1, w_2, \cdots, w_n)^T$ 即为 B 准则层的权重。

4.4.1.2 熵技术支持下的 AHP 多层次赋权方法及其原理

（1）熵值法的基本原理与模型。在上述 AHP 多层次赋权过程中，构造的比较判断矩阵采用的是专家咨询打分来完成，这种专家咨询打分的矩阵构造方式，容易产生循环而不满足传递性公理，导致标度把握不准和丢失部分信息等问题出现。为此本研究引入熵技术对上述赋权结果进行修正。

熵的概念源自热力学理论，是对系统状态不确定性的一定客观度量。在信息系统中，信息是一种有序程度的度量，而熵是系统中一种无序的度量，两者绝对值相等，但符号相反。据此可以利用多层次赋权方法中各层元素的固有信息，通过熵值法来得到各个元素的信息熵。信息熵越小，信息的无序程度越低，其信息效值就越大，进而元素的权重也就越大；反之亦然。[1]

假设 P_{ij} 表示第 i 个信息相对于第 j 个信息的不确定程度（即出现的概率），则整个信息的不确定程度可由下式来表示：

$$E_i = -K\sum_{j=1}^{n} P_{ij} \cdot \ln P_{ij} \qquad \text{（式 4－12）}$$

E_i 即为所谓的熵，其中 K 为常数，上式中各个信息发生的概率相等时，$P_{ij}=\frac{1}{n}$，此时 E_i 取最大值，也即熵最大。为保证 $0 \leqslant E_i \leqslant 1$，这里的 K 取 $K=\frac{1}{\ln n}$，即 E_i 的最大值为 1。当某个元素在各行取相等值时，E_i 趋于 1，此时可不考虑该属性在系统中的作用，此时属性的权重为 0。

（2）熵技术下 AHP 多层次赋权方法的修正方法与步骤。假设多层次分析中，准则层 B 的比较判断矩阵由专家咨询打分得到如下判断矩阵：

$$\boldsymbol{B} = \begin{bmatrix} b_{11} & b_{12} & \cdots & b_{1n} \\ b_{21} & b_{22} & \cdots & b_{2n} \\ \vdots & \vdots & & \vdots \\ b_{n1} & b_{n2} & \cdots & b_{nn} \end{bmatrix} \qquad \text{（式 4－13）}$$

利用公式 $P_{ij} = \frac{b_{ij}}{\sum_{i=1}^{n} b_{ij}}$ 对判断矩阵 $\boldsymbol{B}$ 的每一列进行归一化处理，得到如下

[1] 陆伟，王玉琦．西藏文化产业指标体系构建研究——基于层次分析法和熵权法的对比实证分析［J］．西藏民族大学学报（哲学社会科学版），2020（1）．

矩阵：

$$B' = \begin{bmatrix} P_{11} & P_{12} & \cdots & P_{1n} \\ P_{21} & P_{22} & \cdots & P_{2n} \\ \vdots & \vdots & & \vdots \\ P_{n1} & P_{n2} & \cdots & P_{nn} \end{bmatrix} \quad \text{（式 4－14）}$$

利用熵值公式：

$$E_i = -K\sum_{j=1}^{n} P_{ij} \cdot \ln P_{ij}$$

其中 $K = \frac{1}{\ln n}$，求得准则层 B 中每个准则的熵值信息。

定义 d_j 为准则层 B 中第 j 个准则的一致性程度，$d_j = 1 - E_i$。

计算准则层 B 中第 j 个准则的权重 λ_j，计算公式如下：

$$\lambda_j = \frac{d_j}{\sum_{j=1}^{n} d_j} \quad \text{（式 4－15）}$$

对 AHP 多层次赋权的权重 $\boldsymbol{W}_j = (w_1, w_2, \cdots, w_n)^{\mathrm{T}}$ 进行修正，修正的公式为 $W_j^0 = \frac{\lambda_j \cdot w_j}{\sum_{j=1}^{n} \lambda_j \cdot w_j}$。得到修正后的权重为 $\boldsymbol{W}_j^0 = (w_1^0, w_2^0, \cdots, w_n^0)^{\mathrm{T}}$，至此 $\boldsymbol{W}_j^0 = (w_1^0, w_2^0, \cdots, w_n^0)^{\mathrm{T}}$，即为熵技术支持下的 AHP 多层次赋权权重系数。

4.4.2 权重确定

根据 AHP 多层次递阶分析内涵，本研究将西部地区城市化发展质量综合评价指标体系分为 A、B、C、X 四级递阶层次，其中 A 层（西部地区城市化发展质量综合评价指数）为目标层，B 层为目标层的六个一级子系统，C 层为目标的十七个二级子系统，X 层为综合评价指标体系的具体指标层。根据 AHP 分析方法的递阶层次结构理论，下层元素（指标或系统）对上层元素（指标或系统）的重要程度即为下层元素（指标或系统）的权重。具体层次划分如表 4－4：

表 4－4　西部地区城市化发展质量综合评价指标体系层次结构

	一级子系统层	二级子系统层	三级指标层	计量单位	指标性质
城市化发展质量指数	人口城市化发展质量（9.5%）	人口城市化结构（75%）	人口城市化率（50%）	%	正指标
			城市常住人口密度（25%）	%	正指标
			第三产业就业人数比重（25%）	%	正指标
		人口城市化潜力（25%）	大专及以上学历人口与城镇人口比重（100%）	%	正指标
	经济城市化发展质量（25.5%）	经济发展实力（36.5%）	人均 GDP（30%）	元	正指标
			城镇居民人均可支配收入（30%）	元	正指标
			城镇居民人均可支配收入增长速度（3.5%）	%	正指标
			人均地方财政一般预算内收入（27.5%）	元	正指标
			人均固定资产投资额（9%）	元	正指标
		经济发展结构（10%）	非农产业比重（50%）	%	正指标
			第三产业占 GDP 比重（50%）	%	正指标
		经济发展效率（32.5%）	单位城镇人口实现的 GDP（25%）	万元/人	正指标
			单位固定资产投资实现的 GDP（25%）	元	正指标
			单位建成区面积实现的 GDP（25%）	亿元/平方千米	正指标
			单位建成区面积吸纳的城镇人口数量（25%）	人	正指标
		经济增长动力（15%）	国内专利申请授权量（100%）	项	正指标
		经济发展代价（6%）	万元 GDP 水耗（50%）	立方米	逆指标
			万元工业增加值废水排放量（25%）	吨	逆指标
			万元 GDP 二氧化硫排放量（25%）	吨	逆指标
	社会城市化发展质量（25.5%）	基础设施（40%）	万人高速等级公路里程（22%）	千米/万人	正指标
			万人拥有公交车辆数（6.5%）	辆/万人	正指标
			人均互联网宽带接入端口（16%）	万个	正指标
			城市燃气普及率（6.5%）	%	正指标
			城市人均日生活用水量（6.5%）	升	正指标
			城市市政建设固定资产投资（42.5%）	亿元	正指标

续表

	一级子系统层	二级子系统层	三级指标层	计量单位	指标性质
城市化发展质量指数	社会城市化发展质量（25.5%）	公共服务（40%）	万人拥有卫生技术人员数（33.5%）	人/万人	正指标
			万人医疗卫生床位数（16.5%）	张/万人	正指标
			百人拥有小学专任教师数（16.5%）	人/百人	正指标
			人均教育经费（33.5%）	万元/人	正指标
		社会保障（20%）	城镇恩格尔系数（3%）	%	逆指标
			城镇登记失业率（3%）	%	逆指标
			常住人口城镇职工基本养老参保率（47%）	%	正指标
			城镇职工基本医疗保险参保率（47%）	%	正指标
	空间城市化发展质量（25.5%）	水资源保障（20%）	人均用水量与人均水资源量之比（100%）	%	正指标
		土地保障（60%）	居住用地占城市建设用地面积比重（25%）	%	正指标
			工业用地占城市建设用地面积比重（25%）	%	正指标
			城市人均居住面积（25%）	平方米	正指标
			人均城市道路面积（25%）	平方米	正指标
		能源保障（20%）	人均发电量（100%）	亿千瓦时/人	正指标
	城乡协调发展质量（4.5%）	收入协调（50%）	城乡居民收入差异系数（100%）	%	正指标
		消费协调（50%）	城乡恩格尔系数差值（100%）	—	逆指标
	城市生态环境质量（9.5%）	环境支撑（66.5%）	人均水资源量（20%）	立方米	正指标
			建成区绿化覆盖率（40%）	%	正指标
			城镇人口人均绿化面积（40%）	平方米	正指标
		环境保障（33.5%）	城市污水日处理能力（40%）	万立方米	正指标
			城市生活垃圾无害化处理率（40%）	%	正指标
			工业固体废物综合利用率（20%）	%	正指标

第五章 西部地区城市化发展质量的总体评价与时空分异特征分析

运用构建的城市化发展质量综合评价体系，以西部地区各个省（直辖市、自治区）为单位对各个省际城市化发展质量进行动态综合评价，比较并分析各个省际在城市化发展质量上的差异，以此为西部地区城市化的健康发展提供决策参考。注重城市化发展质量是目前世界城市化发展的趋势，有些学者指出，城市化是指“城市数目、规模、地域和城市质量、结构、功能的共同发展”。如果说20世纪的城市化发展体现在城市数目、规模、地域上，那么21世纪的城市化应该主要注重在质量、结构、功能上的改善。在21世纪，城市化的深层次发展必将成为发展中国家城市化进程的主旋律。我国在城市化发展过程中，存在着重视城市人口增加而忽略城市化发展质量的情况。传统的“人口城市化”仅用人口这一指标来刻画城市化发展的水平，这只能说明人口向城市转移，而不能准确地反映城市化的特征和本质。速度和质量是城市化发展水平的两个方面，速度是一种现象或形式，质量才是本质，只有速度而没有质量的城市化仅是低层次的城市化，城市化必须注重其发展的质量。[1] 本章将在第四章关于城市化发展质量的综合测度模型构建的基础上，对西部地区城市化发展质量的时空分异特征进行深入量化分析。

5.1 西部地区城市化发展质量的总体判断

5.1.1 数据来源及处理

城市化发展质量综合测度中，其所有数据来自于2000—2016年的《中国统计年鉴》《城市建设统计年鉴》、各省（直辖市、自治区）的统计年鉴以及

[1] 尹义昌．胶东半岛城市化质量研究［D］．青岛：中国海洋大学，2011.

统计公报计算得到。个别年份省域数据根据相邻年份值采用插值法补齐。

5.1.2 西部地区城市化发展质量的总体判断

从表 5－1 分析得出，2000—2016 年西部地区城市化发展质量总体来看是逐年增长。2000—2007 年，西部地区城市化发展质量年均增长 5.54%，城市化率年均增长 3.62%，城市化发展质量增长速度略高于城市化发展水平增长速度。2007—2016 年，西部地区城市化发展质量年均增长 6.84%，城市化率年均增长 3.45%，城市化发展质量增长速度略高于城市化发展水平增长速度。采用城市化发展质量的综合测度模型计算表明，西部地区从 2000 年到 2016 年城市发展质量值（*UDQ*）由 0.181 提升到 0.479。但总体上来看，西部地区城市化发展质量不高，年均增长仅 6.27%。

表 5－1　2000—2016 年西部地区城市化发展质量综合指数

年份	城市化发展质量	城市化率（%）	城市化水平发展阶段	城市化发展质量阶段
2000	0.181	28.646	初期阶段	初步发展阶段
2001	0.193	29.808	初期阶段	初步发展阶段
2002	0.199	30.615	中期阶段	初步发展阶段
2003	0.208	31.777	中期阶段	初步发展阶段
2004	0.215	33.742	中期阶段	初步发展阶段
2005	0.230	34.521	中期阶段	初步发展阶段
2006	0.243	35.691	中期阶段	初步发展阶段
2007	0.264	36.996	中期阶段	初步发展阶段
2008	0.283	38.480	中期阶段	初步发展阶段
2009	0.307	39.662	中期阶段	优化提升阶段
2010	0.338	41.440	中期阶段	优化提升阶段
2011	0.347	42.993	中期阶段	优化提升阶段
2012	0.367	44.740	中期阶段	优化提升阶段
2013	0.400	45.975	中期阶段	优化提升阶段
2014	0.412	47.374	中期阶段	优化提升阶段
2015	0.434	48.736	中期阶段	优化提升阶段
2016	0.479	50.192	中期阶段	优化提升阶段

5.2　西部地区城市化发展质量的阶段性特征

5.2.1　西部地区城市化发展质量的阶段演变特征

图5－1显示2000—2016年西部地区城市化发展质量的阶段演变，共经历了两个发展阶段，即2000—2008年的初步发展阶段和2009—2016年的优化提升阶段。数据分析得出，初步发展阶段城市化质量年均增加0.0128；优化提升阶段城市化质量年均增加0.0245。

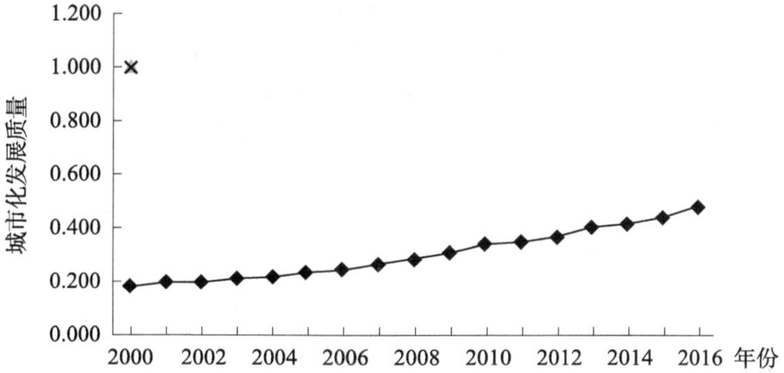

图5－1　2000—2016年西部地区城市化发展质量的阶段演变特征分析

5.2.2　西部地区城市化发展质量的阶段分异特征

利用V－－、V－、V＋、V＋＋分别代表城市化发展质量的初期阶段（$0<v\leq30\%$）、中期阶段（$30\%<v\leq60\%$）、后期阶段（$60\%<v\leq80\%$）、终期阶段（$80\%<v\leq100\%$），并分别对应城市化发展的低水平、中下水平、中上水平、高水平发展类型。Q－－、Q－、Q＋、Q＋＋分别代表城市化发展质量的初步发展阶段（$0<v\leq0.3$）、优化提升阶段（$0.3<v\leq0.6$）、后期完善阶段（$0.6<v\leq0.8$）、持续发展阶段（$0.8<v\leq1$），并分别对应城市化发展质量的低质量、中下质量、中上质量、高质量发展类型。❶

❶　方创琳，王德利．中国城市化发展质量的综合测度与提升路径［J］．地理研究，2011（11）．

据此将对西部地区12个省（直辖市、自治区）城市化发展质量阶段和城市化水平发展阶段分别进行判断。2000—2005年西部各省（直辖市、自治区）城市化发展质量都处于初步发展阶段。至2010年，各省（直辖市、自治区）城市化发展质量都有整体性提升，新疆、宁夏、内蒙古、陕西和重庆进入到优化提升阶段；到2016年，西部各省（直辖市、自治区）城市化质量全部进入优化提升阶段。

在城市化水平的发展阶段上，2000年，西部12省（直辖市、自治区）中有甘肃、西藏、云南、贵州、四川、广西等6省属于城市化低水平类型，其他6省为中下水平类型。2005年仅有贵州、云南、西藏仍处于城市化低水平类型，其他9个省份的城市化水平均为城市化中下水平阶段。2010—2016年，西部地区各省（直辖市、自治区）城市化水平都有提高，11省达到中下水平，而内蒙古达到城市化的中上水平（详见表5－2）。

表5－2　2000—2016年西部地区各省（直辖市、自治区）城市化发展质量类型的动态转换表

年份	2000			2005			2010			2016		
代码	V	Q	C	V	Q	C	V	Q	C	V	Q	C
内蒙古	0.428	0.206	V－Q－－	0.472	0.237	V－Q－－	0.555	0.362	V－Q－	0.612	0.517	V－Q－
广西	0.266	0.145	V－－Q－－	0.336	0.182	V－Q－－	0.400	0.274	V－Q－－	0.481	0.373	V－Q－
重庆	0.359	0.150	V－Q－－	0.452	0.205	V－Q－－	0.530	0.312	V－Q－	0.626	0.457	V－Q－
四川	0.267	0.154	V－－Q－－	0.330	0.196	V－Q－－	0.402	0.287	V－Q－－	0.492	0.405	V－Q－
贵州	0.224	0.096	V－－Q－－	0.269	0.151	V－－Q－－	0.338	0.234	V－Q－－	0.442	0.360	V－Q－
云南	0.236	0.133	V－－Q－－	0.295	0.154	V－－Q－－	0.347	0.253	V－Q－－	0.450	0.357	V－Q－
西藏	0.192	0.079	V－－Q－－	0.207	0.162	V－－Q－－	0.227	0.226	V－－Q－－	0.296	0.397	V－－Q－
陕西	0.319	0.177	V－Q－－	0.372	0.211	V－Q－－	0.458	0.311	V－Q－	0.553	0.420	V－Q－
甘肃	0.245	0.148	V－－Q－－	0.300	0.195	V－Q－－	0.361	0.241	V－Q－－	0.447	0.347	V－Q－
青海	0.348	0.182	V－Q－－	0.392	0.225	V－Q－－	0.448	0.295	V－Q－－	0.516	0.425	V－Q－
宁夏	0.329	0.200	V－Q－－	0.423	0.265	V－Q－－	0.479	0.377	V－Q－	0.563	0.529	V－Q－
新疆	0.352	0.213	V－Q－－	0.372	0.245	V－Q－－	0.430	0.332	V－Q－	0.483	0.477	V－Q－

注：V为城市化率，即城市化水平；Q为城市化发展质量；C为城市化发展类型。
初步发展阶段（$0 < UDQ \leq 0.3$），优化提升阶段（$0.3 < UDQ \leq 0.6$）。

5.3　西部地区城市化发展质量的空间分异特征

将西部12省（直辖市、自治区）划分为两个地区空间分布：一是西北地区，包括新疆、内蒙古、陕西、宁夏、甘肃和青海；二是西南地区，包括云南、贵州、四川、广西、重庆和西藏。对2000—2016年的数据进行分析，发现西北地区的城市化发展质量高于西南地区的城市化发展质量。2000年，西北地区的城市化发展质量平均值为0.19，西南地区的城市化发展质量平均值为0.13；2005年，西北地区的城市化发展质量均值为0.23，西南地区的均值为0.17；2010年，西北地区的城市化发展质量均值为0.32，西南地区的均值为0.26；到2016年，西北地区的城市化质量均值为0.45，西南地区的均值为0.39，其中西北地区的宁夏和内蒙古的城市化发展质量达到0.5以上。另外，从2000—2016年时间序列来看，城市化发展质量实现了西部地区范围内的整体提高。[1]

表5-3　西部地区各省（市、区）城市化发展质量（UDQ）各阶段空间分析表

省份	2000年 *UDQ*		2005年 *UDQ*		2010年 *UDQ*		2016年 *UDQ*	
陕西	0.18	西北地区均值：0.19	0.21	西北地区均值：0.23	0.31	西北地区均值：0.32	0.42	西北地区均值：0.45
甘肃	0.15		0.20		0.24		0.35	
青海	0.18		0.23		0.30		0.43	
宁夏	0.20		0.27		0.38		0.53	
新疆	0.21		0.25		0.33		0.48	
内蒙古	0.21		0.24		0.36		0.52	
广西	0.15	西南地区均值：0.13	0.18	西南地区均值：0.17	0.27	西南地区均值：0.26	0.37	西南地区均值：0.39
重庆	0.15		0.21		0.31		0.46	
四川	0.15		0.20		0.29		0.41	
贵州	0.10		0.15		0.23		0.36	
云南	0.13		0.15		0.25		0.36	
西藏	0.08		0.16		0.23		0.40	

5.4　西部地区城市化发展质量的分类特征

5.4.1　分类城市化发展质量及其子系统的时间演变特征

分类城市化发展质量在三个发展阶段呈现出不同的态势。

[1] 方梦园．西部地区旅游经济差异及影响因素分析［J］．重庆交通大学学报（社会科学版），2013（10）．

第一阶段为2000年至2005年。在这一阶段，社会城市化发展质量、空间城市化发展质量、经济城市化发展质量、人口城市化发展质量、城市生态环境质量发展呈稳态小幅增长态势，城乡协调发展质量的变化不大。六个子系统在这一阶段发展质量的大小为社会城市化发展质量>空间城市化发展质量>经济城市化发展质量>人口城市化发展质量>城市生态环境质量发展>城乡协调发展质量。其中，城市生态环境质量在2000—2005年三年间有较大的提升，由2000年的0.022增加到0.033，年均增长10.53%。同时，人口城市化发展质量提高得也较快，由2000年的0.024增加到2005年的0.038，年均增长率为9.63%。

第二阶段为2006年至2010年。社会城市化发展质量、空间城市化发展质量、经济城市化发展质量、人口城市化发展质量、城市生态环境质量发展五个子系统的城市化发展质量均保持增长趋势，而城乡协调发展质量的变动不大。社会城市化发展质量年均增长率为13.62%，经济城市化发展质量年均增长率为11.04%，城市生态环境质量年均增长率为7.07%，人口城市化发展质量年均增长率为5.20%，空间城市化发展质量年均增长率为4.09%。因此，可以发现，在这一阶段社会城市化发展质量和经济城市化发展质量增长较快（大于10%）。

第三阶段为2011年至2016年。在这一阶段，社会城市化发展质量和经济城市化发展质量继续保持较快增长，分别达到8.65%和8.03%。社会城市化发展质量仍高于经济城市化发展质量，分别由2011年的0.105、0.087增加到2016年的0.159、0.128。人口城市化发展质量和城市生态环境质量保持小幅增长态势，城乡协调发展质量是一个波动小幅度增长，而空间城市化发展质量呈现出先下降后上升的发展态势。到2016年，社会城市化发展质量和经济城市化发展质量远远高于其他子系统的发展质量（详见表5-4，图5-2）。

表5-4　2000—2016年西部地区分类城市化发展质量分解分析表

年份	人口城市化发展质量	经济城市化发展质量	社会城市化发展质量	空间城市化发展质量	城乡协调发展质量	城市生态环境质量
2000	0.024	0.038	0.038	0.046	0.014	0.020
2001	0.026	0.040	0.047	0.047	0.012	0.022
2002	0.028	0.040	0.049	0.044	0.014	0.024
2003	0.032	0.040	0.053	0.045	0.014	0.025
2004	0.035	0.043	0.050	0.043	0.014	0.031
2005	0.038	0.045	0.054	0.046	0.013	0.033
2006	0.040	0.050	0.057	0.046	0.014	0.035
2007	0.040	0.057	0.062	0.050	0.015	0.040

续表

年份	人口城市化发展质量	经济城市化发展质量	社会城市化发展质量	空间城市化发展质量	城乡协调发展质量	城市生态环境质量
2008	0.042	0.064	0.069	0.051	0.016	0.042
2009	0.044	0.067	0.082	0.053	0.016	0.044
2010	0.049	0.076	0.095	0.054	0.018	0.046
2011	0.050	0.087	0.105	0.037	0.020	0.047
2012	0.052	0.097	0.114	0.034	0.021	0.048
2013	0.054	0.106	0.130	0.037	0.024	0.048
2014	0.054	0.112	0.135	0.038	0.022	0.050
2015	0.056	0.122	0.145	0.038	0.022	0.051
2016	0.058	0.128	0.159	0.058	0.023	0.052

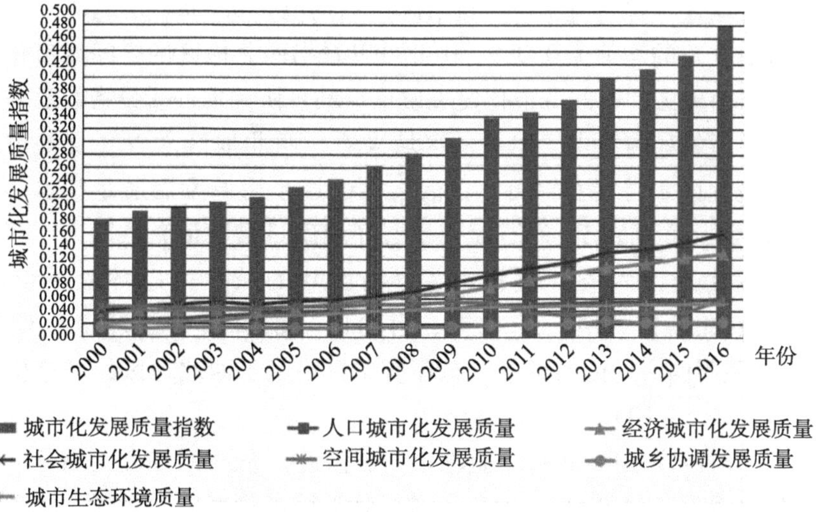

图 5－2　2000—2016 年西部地区城市化发展质量及其子系统发展质量演变过程

5.4.2　分类城市化发展质量子系统的空间分异特征

西部地区部分省份的城市化发展质量子系统有明显的空间分异特征。人口城市化发展质量，以新疆、陕西、内蒙古、重庆为最优，2000—2016 年均值大于 0.05。从区域来看，2000—2016 年西南地区六省（直辖市、自治区）的均值为 0.0358，西北地区六省（直辖市、自治区）的均值为 0.0492，这说明西北地区的人口城市化发展质量高于西南地区的人口城市化发展质量（详见表5-5）。经济城市化发展质量以重庆、陕西、内蒙古为最优，年均值大于0.08。从区域来看，2000—2016年西南地区六省（直辖市、自治区）的均值为0.071，西北地区六省（直辖市、自治区）的均值为0.070，这说明西北地区和西南地区的经济城市化发展质量相差不大（详见表5-6）。社会城市化发展质量从区域分类来看，西南地区六省（直辖市、自治区）的均值为0.059，西北地区六省（直辖市、自治区）的均值为0.083，西北地区的社会城市化发展质量远高于西南地区的社会城市化发展质量。其中，新疆为最高，2000—2016年均值大于0.1，其次是宁夏和青海，均值大于0.08。贵州、云南和广西为倒数三个省，不到新疆的1/2（详见表5-7）。空间城市化发展质量最高为宁夏和内蒙古，2000—2016年均值大于0.08，其次为新疆和青海。从表5-8来看，西南地区六省（直辖市、自治区）的均值为0.058，西北地区六省（直辖市、自治区）的均值为0.080，由此可以看出西北地区的空间城市化发展质量远高于西南地区的空间城市化发展质量。城乡协调发展质量指数最高为四川省，其次为新疆和内蒙古。但是从区域来看，西北地区六省（直辖市、自治区）和西南地区六省（直辖市、自治区）的城乡协调发展质量基本一样，均值都为0.017（详见表5-9）。城市生态环境质量指数最高依次为广西、宁夏和新疆。西南地区六省（直辖市、自治区）的城市生态环境质量均值为0.041，而西北地区六省（直辖市、自治区）的城市生态环境质量均值为0.039，这说明西南地区的城市生态环境质量略大于西北地区的城市生态环境质量（详见表5-10）。

另外，对西部地区12省（直辖市、自治区）从时间维度上划分三个阶段进行分析来看，2000年到2005年，省域分类城市化发展质量通常表现为社会城市化发展质量>空间城市化发展质量>经济城市化发展质量>人口城市化发展质量>城市生态环境质量>城乡协调发展质量；2005年到2010年，社会城市化发展质量>经济城市化发展质量>空间城市化发展质量>人口城市化发展质量>城市生态环境质量>城乡协调发展质量；2010年到2016年，社会城市化发展质量>经济城市化发展质量>人口城市化发展质量>城市生态环境质量>空间城市化发展质量>城乡协调发展质量，并且社会城市化发展质量和经济城市化发展质量远远大于人口城市化发展质量、城市生态环境质量、空间城市化发展质量、城乡协调发展质量。从2000—2016年整体来看，社会城市化发展质量指数均为最大值，而城乡协调发展质量均处于最小值。

表 5-5　2000—2016 年西部地区 12 省（直辖市、自治区）人口城市化发展质量分析表

	2000 年	2001 年	2002 年	2003 年	2004 年	2005 年	2006 年	2007 年	2008 年	2009 年	2010 年	2011 年	2012 年	2013 年	2014 年	2015 年	2016 年	均值
甘肃	0.018	0.020	0.022	0.037	0.047	0.048	0.031	0.039	0.042	0.043	0.049	0.045	0.047	0.047	0.050	0.052	0.054	0.041
新疆	0.044	0.044	0.044	0.044	0.044	0.050	0.058	0.057	0.059	0.058	0.064	0.066	0.064	0.064	0.066	0.062	0.063	0.056
内蒙古	0.036	0.039	0.039	0.040	0.043	0.050	0.044	0.046	0.048	0.052	0.057	0.060	0.061	0.061	0.063	0.069	0.074	0.052
宁夏	0.028	0.029	0.030	0.032	0.038	0.043	0.058	0.044	0.043	0.048	0.049	0.051	0.052	0.056	0.056	0.061	0.064	0.046
青海	0.029	0.032	0.035	0.039	0.040	0.051	0.043	0.046	0.047	0.051	0.052	0.054	0.058	0.063	0.064	0.063	0.062	0.049
陕西	0.029	0.031	0.033	0.043	0.045	0.048	0.059	0.057	0.059	0.060	0.061	0.063	0.063	0.061	0.062	0.059	0.062	0.053
四川	0.024	0.025	0.026	0.027	0.029	0.032	0.038	0.039	0.041	0.044	0.048	0.049	0.053	0.055	0.054	0.052	0.056	0.041
西藏	0.004	0.006	0.010	0.011	0.012	0.016	0.017	0.018	0.022	0.023	0.027	0.031	0.034	0.030	0.032	0.037	0.045	0.022
云南	0.008	0.010	0.012	0.013	0.020	0.023	0.028	0.032	0.033	0.034	0.040	0.044	0.047	0.045	0.047	0.050	0.054	0.032
重庆	0.028	0.031	0.036	0.038	0.040	0.045	0.043	0.045	0.048	0.051	0.058	0.061	0.061	0.061	0.067	0.068	0.070	0.050
广西	0.023	0.025	0.025	0.029	0.033	0.036	0.036	0.030	0.030	0.032	0.038	0.038	0.040	0.053	0.045	0.047	0.048	0.036
贵州	0.018	0.020	0.023	0.030	0.030	0.031	0.023	0.036	0.038	0.038	0.048	0.041	0.038	0.043	0.044	0.043	0.042	0.034

表 5-6　2000—2016 年西部地区 12 省（直辖市、自治区）经济城市化发展质量分析表

	2000 年	2001 年	2002 年	2003 年	2004 年	2005 年	2006 年	2007 年	2008 年	2009 年	2010 年	2011 年	2012 年	2013 年	2014 年	2015 年	2016 年	均值
甘肃	0.033	0.032	0.033	0.035	0.038	0.040	0.044	0.048	0.051	0.051	0.056	0.066	0.073	0.082	0.085	0.090	0.096	0.056
广西	0.037	0.042	0.044	0.042	0.044	0.043	0.048	0.054	0.059	0.062	0.070	0.079	0.087	0.093	0.100	0.106	0.112	0.066
贵州	0.032	0.033	0.034	0.036	0.043	0.046	0.049	0.060	0.066	0.066	0.074	0.084	0.091	0.096	0.103	0.111	0.114	0.067
内蒙古	0.039	0.040	0.039	0.040	0.043	0.046	0.055	0.067	0.082	0.089	0.101	0.119	0.130	0.139	0.148	0.153	0.159	0.088
宁夏	0.026	0.027	0.028	0.027	0.029	0.031	0.036	0.044	0.054	0.059	0.068	0.079	0.087	0.095	0.101	0.108	0.119	0.060
青海	0.034	0.035	0.036	0.040	0.042	0.045	0.050	0.057	0.066	0.068	0.077	0.088	0.097	0.101	0.107	0.113	0.118	0.069
陕西	0.048	0.050	0.053	0.051	0.053	0.058	0.060	0.067	0.077	0.082	0.093	0.109	0.119	0.131	0.139	0.149	0.164	0.089
四川	0.039	0.040	0.039	0.039	0.042	0.044	0.053	0.060	0.066	0.069	0.082	0.090	0.103	0.110	0.116	0.129	0.132	0.074
西藏	0.015	0.021	0.026	0.029	0.035	0.035	0.040	0.050	0.054	0.060	0.063	0.072	0.080	0.088	0.095	0.103	0.110	0.057
新疆	0.025	0.029	0.030	0.028	0.030	0.035	0.040	0.047	0.051	0.051	0.059	0.071	0.081	0.095	0.101	0.109	0.109	0.058
云南	0.050	0.053	0.056	0.052	0.056	0.053	0.054	0.060	0.064	0.066	0.071	0.082	0.089	0.095	0.101	0.106	0.111	0.072
重庆	0.058	0.059	0.053	0.052	0.056	0.057	0.062	0.066	0.073	0.078	0.091	0.109	0.125	0.134	0.142	0.163	0.176	0.091

表 5－7　2000—2016 年西部地区 12 省（直辖市、自治区）社会城市化发展质量分析表

	2000 年	2001 年	2002 年	2003 年	2004 年	2005 年	2006 年	2007 年	2008 年	2009 年	2010 年	2011 年	2012 年	2013 年	2014 年	2015 年	2016 年	均值
甘肃	0. 039	0. 041	0. 042	0. 043	0. 045	0. 047	0. 051	0. 055	0. 060	0. 064	0. 071	0. 076	0. 084	0. 090	0. 093	0. 100	0. 107	0. 065
广西	0. 025	0. 026	0. 027	0. 028	0. 029	0. 034	0. 036	0. 041	0. 046	0. 054	0. 066	0. 069	0. 075	0. 081	0. 086	0. 095	0. 107	0. 054
贵州	0. 017	0. 019	0. 019	0. 021	0. 022	0. 029	0. 031	0. 038	0. 045	0. 051	0. 055	0. 065	0. 072	0. 086	0. 093	0. 104	0. 111	0. 052
内蒙古	0. 051	0. 053	0. 052	0. 054	0. 056	0. 059	0. 061	0. 066	0. 070	0. 081	0. 084	0. 092	0. 099	0. 106	0. 111	0. 118	0. 127	0. 079
宁夏	0. 048	0. 052	0. 053	0. 058	0. 057	0. 062	0. 066	0. 072	0. 076	0. 082	0. 091	0. 099	0. 106	0. 114	0. 118	0. 123	0. 136	0. 083
青海	0. 058	0. 056	0. 056	0. 057	0. 058	0. 059	0. 062	0. 065	0. 069	0. 074	0. 078	0. 094	0. 100	0. 106	0. 116	0. 131	0. 142	0. 081
陕西	0. 047	0. 048	0. 051	0. 053	0. 054	0. 056	0. 058	0. 063	0. 068	0. 075	0. 083	0. 091	0. 099	0. 108	0. 112	0. 118	0. 128	0. 077
四川	0. 034	0. 037	0. 038	0. 038	0. 039	0. 043	0. 045	0. 051	0. 056	0. 064	0. 074	0. 083	0. 095	0. 105	0. 109	0. 117	0. 128	0. 068
西藏	0. 034	0. 028	0. 029	0. 029	0. 031	0. 049	0. 051	0. 053	0. 060	0. 067	0. 069	0. 075	0. 073	0. 086	0. 096	0. 108	0. 120	0. 062
新疆	0. 088	0. 091	0. 089	0. 094	0. 098	0. 094	0. 095	0. 098	0. 101	0. 107	0. 112	0. 122	0. 134	0. 141	0. 148	0. 151	0. 162	0. 113
云南	0. 036	0. 038	0. 036	0. 038	0. 038	0. 040	0. 041	0. 044	0. 047	0. 053	0. 058	0. 061	0. 065	0. 072	0. 075	0. 083	0. 096	0. 054
重庆	0. 026	0. 027	0. 029	0. 031	0. 036	0. 039	0. 042	0. 049	0. 056	0. 065	0. 076	0. 084	0. 089	0. 099	0. 107	0. 117	0. 127	0. 065

表 5－8　2000—2016 年西部地区 12 省（直辖市、自治区）空间城市化发展质量分析表

	2000 年	2001 年	2002 年	2003 年	2004 年	2005 年	2006 年	2007 年	2008 年	2009 年	2010 年	2011 年	2012 年	2013 年	2014 年	2015 年	2016 年	均值
甘肃	0.069	0.080	0.059	0.060	0.058	0.058	0.061	0.057	0.058	0.058	0.059	0.066	0.060	0.065	0.071	0.068	0.069	0.063
广西	0.058	0.058	0.052	0.052	0.052	0.057	0.054	0.058	0.046	0.064	0.064	0.064	0.059	0.060	0.061	0.064	0.064	0.058
贵州	0.044	0.045	0.042	0.044	0.040	0.041	0.043	0.044	0.045	0.047	0.044	0.045	0.047	0.055	0.060	0.063	0.064	0.048
内蒙古	0.071	0.070	0.067	0.065	0.063	0.070	0.074	0.084	0.090	0.090	0.092	0.101	0.108	0.114	0.112	0.113	0.117	0.088
宁夏	0.114	0.110	0.109	0.110	0.110	0.122	0.123	0.116	0.130	0.133	0.132	0.152	0.142	0.146	0.160	0.162	0.161	0.131
青海	0.064	0.061	0.060	0.060	0.071	0.065	0.067	0.070	0.071	0.074	0.078	0.063	0.074	0.081	0.079	0.075	0.077	0.070
陕西	0.055	0.055	0.050	0.053	0.044	0.047	0.052	0.057	0.063	0.061	0.063	0.065	0.044	0.051	0.049	0.050	0.051	0.054
四川	0.058	0.059	0.059	0.059	0.057	0.059	0.056	0.058	0.059	0.063	0.066	0.065	0.063	0.070	0.071	0.069	0.068	0.062
西藏	0.068	0.055	0.054	0.050	0.050	0.082	0.066	0.064	0.059	0.058	0.062	0.109	0.078	0.083	0.060	0.079	0.082	0.068
新疆	0.067	0.065	0.061	0.063	0.061	0.062	0.066	0.068	0.069	0.073	0.074	0.079	0.084	0.095	0.101	0.106	0.106	0.077
云南	0.036	0.036	0.035	0.034	0.032	0.034	0.030	0.063	0.070	0.066	0.067	0.068	0.048	0.059	0.069	0.063	0.067	0.052
重庆	0.041	0.047	0.047	0.052	0.046	0.057	0.059	0.062	0.065	0.069	0.066	0.068	0.063	0.065	0.066	0.067	0.067	0.059

表 5－9　2000—2016 年西部地区 12 省（直辖市、自治区）城乡协调发展质量分析表

	2000 年	2001 年	2002 年	2003 年	2004 年	2005 年	2006 年	2007 年	2008 年	2009 年	2010 年	2011 年	2012 年	2013 年	2014 年	2015 年	2016 年	均值
甘肃	0.008	0.007	0.014	0.013	0.012	0.010	0.009	0.009	0.011	0.012	0.013	0.013	0.014	0.017	0.015	0.016	0.016	0.012
广西	0.015	0.012	0.014	0.014	0.013	0.013	0.015	0.014	0.013	0.013	0.015	0.017	0.018	0.029	0.027	0.027	0.028	0.017
贵州	0.016	0.011	0.011	0.010	0.010	0.009	0.008	0.009	0.012	0.013	0.013	0.013	0.014	0.017	0.017	0.018	0.019	0.013
内蒙古	0.018	0.019	0.021	0.020	0.019	0.019	0.019	0.019	0.021	0.018	0.019	0.020	0.021	0.024	0.022	0.023	0.023	0.020
宁夏	0.015	0.015	0.020	0.020	0.021	0.018	0.018	0.018	0.016	0.016	0.018	0.019	0.020	0.026	0.024	0.024	0.024	0.020
青海	0.013	0.009	0.014	0.012	0.012	0.012	0.012	0.013	0.014	0.016	0.016	0.018	0.020	0.020	0.018	0.019	0.019	0.015
陕西	0.008	0.014	0.012	0.012	0.012	0.011	0.011	0.012	0.012	0.013	0.016	0.020	0.021	0.026	0.021	0.022	0.023	0.016
四川	0.020	0.019	0.019	0.018	0.019	0.020	0.019	0.020	0.022	0.021	0.022	0.024	0.024	0.029	0.027	0.027	0.028	0.022
西藏	0.023	0.006	0.004	0.008	0.006	0.006	0.019	0.017	0.019	0.021	0.023	0.029	0.030	0.026	0.023	0.023	0.025	0.018
新疆	0.012	0.010	0.013	0.019	0.018	0.021	0.021	0.021	0.020	0.022	0.025	0.027	0.028	0.028	0.027	0.025	0.026	0.021
云南	0.010	0.010	0.008	0.009	0.007	0.008	0.008	0.010	0.011	0.011	0.012	0.013	0.014	0.021	0.019	0.019	0.020	0.012
重庆	0.016	0.015	0.016	0.015	0.014	0.014	0.011	0.015	0.017	0.017	0.020	0.023	0.025	0.031	0.026	0.027	0.027	0.019

表 5-10　2000—2016 年西部地区 12 省（直辖市、自治区）城市生态环境发展质量分析表

	2000 年	2001 年	2002 年	2003 年	2004 年	2005 年	2006 年	2007 年	2008 年	2009 年	2010 年	2011 年	2012 年	2013 年	2014 年	2015 年	2016 年	均值
甘肃	0.015	0.017	0.018	0.023	0.027	0.026	0.027	0.028	0.031	0.030	0.032	0.034	0.036	0.038	0.039	0.039	0.041	0.030
广西	0.029	0.030	0.034	0.034	0.040	0.041	0.050	0.051	0.053	0.059	0.061	0.057	0.058	0.057	0.058	0.058	0.059	0.049
贵州	0.018	0.020	0.021	0.023	0.034	0.036	0.038	0.040	0.041	0.040	0.043	0.045	0.046	0.047	0.047	0.048	0.049	0.037
内蒙古	0.020	0.021	0.022	0.024	0.030	0.030	0.033	0.036	0.037	0.042	0.046	0.047	0.050	0.051	0.056	0.057	0.058	0.039
宁夏	0.016	0.019	0.023	0.023	0.032	0.039	0.044	0.052	0.058	0.056	0.065	0.062	0.063	0.068	0.068	0.067	0.069	0.048
青海	0.028	0.025	0.027	0.027	0.031	0.034	0.036	0.037	0.035	0.035	0.035	0.042	0.042	0.041	0.043	0.042	0.045	0.035
陕西	0.017	0.020	0.022	0.024	0.027	0.029	0.037	0.037	0.041	0.042	0.044	0.046	0.047	0.048	0.049	0.054	0.054	0.038
四川	0.018	0.021	0.023	0.026	0.036	0.038	0.039	0.041	0.044	0.045	0.047	0.047	0.048	0.049	0.048	0.049	0.050	0.039
西藏	0.019	0.020	0.022	0.024	0.018	0.019	0.035	0.047	0.048	0.050	0.049	0.052	0.059	0.051	0.067	0.069	0.070	0.042
新疆	0.028	0.030	0.032	0.032	0.042	0.041	0.036	0.044	0.047	0.052	0.052	0.056	0.058	0.059	0.060	0.061	0.062	0.047
云南	0.030	0.030	0.031	0.030	0.032	0.034	0.028	0.037	0.038	0.042	0.045	0.045	0.046	0.046	0.046	0.046	0.047	0.038
重庆	0.018	0.020	0.022	0.023	0.030	0.032	0.033	0.043	0.047	0.050	0.053	0.054	0.056	0.056	0.056	0.056	0.056	0.041

5.5　西部地区城市化发展质量子系统的分要素特征

5.5.1　子系统城市化发展质量的时间演变特征

5.5.1.1　人口城市化子系统

从数据的变化看，2000—2016 年人口城市化结构指数呈现平稳增长，由 2000 年的 0.208 上升为 2016 年的 0.636，年均增长率为 7.23%。而人口城市化潜力表现出波动性增长。具体来看，人口城市化潜力在 2000—2005 年呈现平稳增长态势，由 0.377 逐渐增长到 0.561。而在 2005—2011 年是一个先下降后上升的趋势，由 2005 年 0.561 下降到 2008 年最低点 0.374，之后在 2011 年上升为最高点 0.587。2011—2016 年呈现平稳波动态势（详见表 5－11、图 5－3）。

表 5－11　2000—2016 年西部地区人口城市化发展质量分解分析表

年份	人口城市化结构	人口城市化潜力	人口城市化发展质量
2000	0.208	0.377	0.024
2001	0.231	0.388	0.026
2002	0.253	0.399	0.028
2003	0.291	0.452	0.032
2004	0.332	0.469	0.035
2005	0.352	0.561	0.038
2006	0.428	0.389	0.04
2007	0.440	0.381	0.04
2008	0.465	0.374	0.042
2009	0.489	0.395	0.044
2010	0.514	0.519	0.049
2011	0.510	0.587	0.05
2012	0.549	0.533	0.052
2013	0.574	0.550	0.054
2014	0.585	0.538	0.054

续表

时间	人口城市化结构	人口城市化潜力	人口城市化发展质量
2015	0. 605	0. 545	0. 056
2016	0. 636	0. 552	0. 058

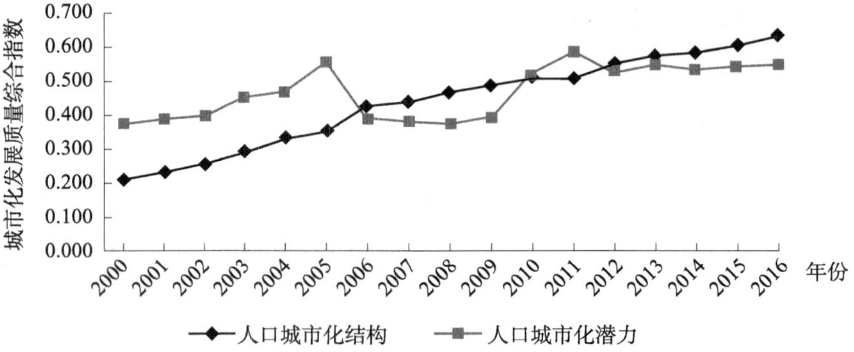

图 5－3　2000—2016 年西部地区人口城市化子系统发展质量演变过程

5. 5. 1. 2　经济城市化子系统

对表 5－12 进行分析，可以发现 2000—2016 年经济发展实力指数和经济增长动力指数增长较快，分别由 2000 年的 0. 031、0. 021 增加到 2016 年的 0. 639、0. 411，年均增长率分别为 20. 82% 和 20. 43%。经济发展效率指数变化不大，基本在 0. 38 上下波动。经济发展代价指数逐年减少，由 2000 年的 3. 08 减少为 2016 年的 0. 032。经济发展结构指数在 2011 年之后提升较快，由 2011 年的 0. 47 上涨为 2016 年的 0. 675（见图 5－4）。

表 5－12　2000—2016 年西部地区经济城市化发展质量分解分析表

年份	经济发展实力	经济发展结构	经济发展效率	经济增长动力	经济发展代价	经济城市化发展质量
2000	0. 031	0. 354	0. 366	0. 021	－0. 308	0. 038
2001	0. 044	0. 411	0. 349	0. 021	－0. 291	0. 040
2002	0. 052	0. 449	0. 331	0. 021	－0. 273	0. 040
2003	0. 065	0. 451	0. 309	0. 027	－0. 256	0. 040
2004	0. 086	0. 418	0. 321	0. 030	－0. 239	0. 043
2005	0. 104	0. 437	0. 315	0. 031	－0. 213	0. 045

续表

年份	经济发展实力	经济发展结构	经济发展效率	经济增长动力	经济发展代价	经济城市化发展质量
2006	0.129	0.466	0.330	0.042	-0.173	0.050
2007	0.179	0.452	0.347	0.055	-0.140	0.057
2008	0.219	0.455	0.376	0.064	-0.111	0.064
2009	0.244	0.501	0.351	0.092	-0.098	0.067
2010	0.303	0.472	0.379	0.143	-0.076	0.076
2011	0.385	0.470	0.421	0.148	-0.058	0.087
2012	0.449	0.493	0.433	0.208	-0.051	0.097
2013	0.502	0.554	0.436	0.251	-0.045	0.106
2014	0.554	0.580	0.440	0.267	-0.041	0.112
2015	0.601	0.635	0.432	0.385	-0.040	0.122
2016	0.639	0.675	0.439	0.411	-0.032	0.128
年均增长	20.82%	4.12%	1.14%	20.43%	13.20%	7.89%

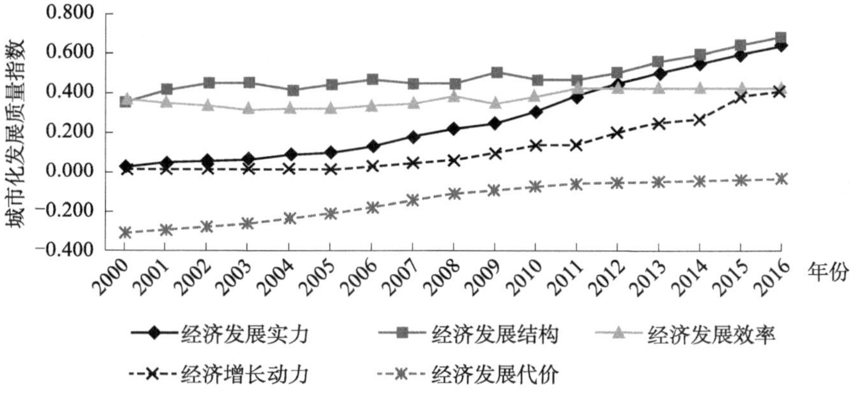

图 5-4 2000—2016 年西部地区经济城市化子系统发展质量演变过程

5.5.1.3 社会城市化子系统

表 5-13 数据表明，2000—2016 年，基础设施指数的增长最快，由 2000 年的 0.073，增长为 2016 年的 0.698，年均增长率为 15.16%。其次是公共服务指数，由 2000 年的 0.153 增长到 2016 年的 0.552，年均增长率为 8.35%。而社会保障指数在 2004 年之前波动幅度较大，之后呈现出逐年上升的趋势，由 2004 年的 0.365 上升为 2016 年的 0.619，其间的年均增长率为 4.61%（见图 5-5）。

表 5-13 2000—2016 年西部地区社会城市化发展质量分解分析表

年份	基础设施	公共服务	社会保障	社会城市化发展质量
2000	0.073	0.153	0.301	0.038
2001	0.087	0.156	0.436	0.047
2002	0.109	0.148	0.453	0.049
2003	0.131	0.147	0.483	0.053
2004	0.153	0.150	0.365	0.050
2005	0.176	0.161	0.392	0.054
2006	0.185	0.170	0.408	0.057
2007	0.204	0.193	0.429	0.062
2008	0.230	0.222	0.448	0.069
2009	0.306	0.262	0.481	0.082
2010	0.372	0.301	0.513	0.095
2011	0.421	0.339	0.544	0.105
2012	0.459	0.386	0.555	0.114
2013	0.558	0.436	0.567	0.130
2014	0.562	0.469	0.576	0.135
2015	0.625	0.508	0.577	0.145
2016	0.698	0.552	0.619	0.159
年均增长	15.16%	8.35%	4.61%	9.36%

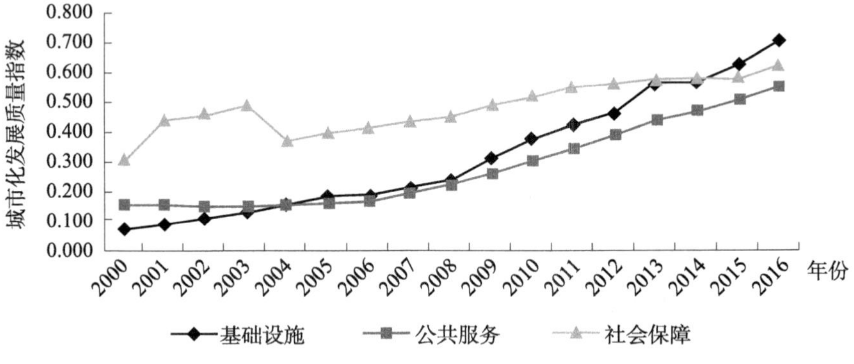

图 5-5 2000—2016 年西部地区社会城市化子系统发展质量演变过程

5.5.1.4 空间城市化子系统

对表 5-14 的数据进行分析，可以发现在空间城市化发展质量子系统中，水资源保障指数变化不大，基本在 0.013 上下波动；能源保障指数则增加较大，由2000年的0.034增长到2016年的0.310，年均增长率为14.79%；土地保障指数则呈现出较大的波动情形。分段变化具体表现为：2000—2010年的波动不大，基本在0.278上下变化；而2011到2015年有一个大幅度的下降，到2015年达到最小值0.143；之后再呈现增长态势，2016年增加到0.273（详见图5－6）。

表5－14　2000—2016年西部地区空间城市化发展质量分解分析表

年份	水资源保障	土地保障	能源保障	空间城市化发展质量
2000	0.012	0.286	0.034	0.046
2001	0.012	0.289	0.043	0.047
2002	0.012	0.269	0.046	0.044
2003	0.012	0.269	0.057	0.045
2004	0.012	0.255	0.068	0.043
2005	0.012	0.272	0.081	0.046
2006	0.015	0.264	0.100	0.046
2007	0.013	0.281	0.123	0.05
2008	0.012	0.282	0.141	0.051
2009	0.015	0.293	0.152	0.053
2010	0.013	0.293	0.176	0.054
2011	0.015	0.170	0.203	0.037
2012	0.013	0.146	0.215	0.034
2013	0.013	0.148	0.262	0.037
2014	0.013	0.147	0.289	0.038
2015	0.014	0.143	0.295	0.038
2016	0.013	0.273	0.310	0.058

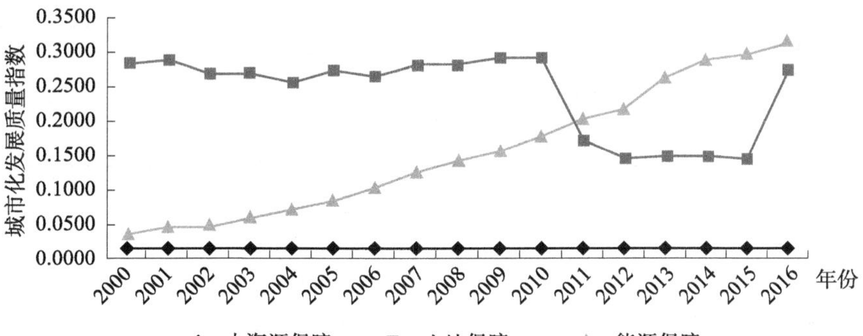

图5－6　2000—2016年西部地区空间城市化子系统发展质量演变过程

5.5.1.5 城乡协调发展子系统

收入协调指数和消费协调指数在2000—2016年均表现增长的趋势，但增长的态势有所不同。收入协调指数在2000—2009年的波动不大，均值为0.42；2010—2016年呈现快速增长态势，年均增长率为7.62%。这说明西部地区在城市化过程中，城乡居民收入差距逐渐加大，且在后期呈现逐渐加大的趋势。

消费协调指数2000—2005年呈现上下波动的态势，2006—2013年为逐年增长的态势，年均增长率达到8.67%，而在2013年之后，又呈现波动增长的态势。这说明西部地区的城乡消费差距也是表现出逐年加大的趋势，在2006—2013年这一差距增加较快，而在2014—2016年城乡消费差距有所降低（详见表5-15、图5-7）。

表5-15 2000—2016年西部地区城乡协调发展子系统分解分析表

年份	收入协调	消费协调	城乡协调发展质量
2000	0.439	0.203	0.014
2001	0.427	0.118	0.012
2002	0.419	0.198	0.014
2003	0.402	0.226	0.014
2004	0.409	0.199	0.014
2005	0.421	0.169	0.013
2006	0.415	0.214	0.014
2007	0.409	0.243	0.015
2008	0.427	0.270	0.016
2009	0.425	0.289	0.016
2010	0.486	0.296	0.018
2011	0.541	0.332	0.020
2012	0.563	0.350	0.021
2013	0.704	0.383	0.024
2014	0.742	0.240	0.022
2015	0.745	0.250	0.022
2016	0.755	0.266	0.023

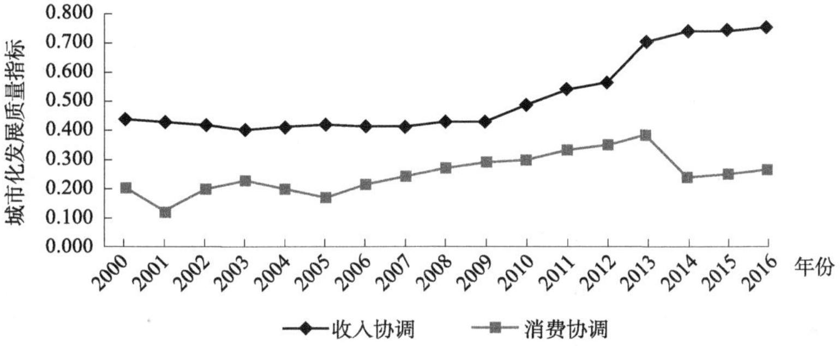

图 5 -7　2000—2016 年西部地区城乡协调发展子系统发展质量演变过程

5.5.1.6　城市生态环境子系统

环境支撑指数和环境保障指数的增长趋势大致相同，环境支撑指数年均增长率为 6.42%，环境保障指数年均增长率为 5.69%。这说明西部地区城市生态环境的提高主要是提高污水日处理能力、城市生活垃圾无害化处理率和工业固化废物综合利用率的结果。相反，在人均资源用水量、城市建成区绿化覆盖率和城镇人口人均绿化面积上还有很大的提升空间（详见表 5 - 16、图 5 -8）。

表 5 -16　2000—2016 年西部地区城市生态环境子系统分解分析表

年份	环境支撑	环境保障	城市生态环境质量
2000	0. 195	0. 241	0. 020
2001	0. 207	0. 268	0. 022
2002	0. 225	0. 294	0. 024
2003	0. 231	0. 312	0. 025
2004	0. 325	0. 335	0. 031
2005	0. 337	0. 370	0. 033
2006	0. 374	0. 371	0. 035
2007	0. 407	0. 434	0. 040
2008	0. 423	0. 465	0. 042
2009	0. 446	0. 500	0. 044
2010	0. 460	0. 545	0. 046

续表

年份	环境支撑	环境保障	城市生态环境质量
2011	0.473	0.533	0.047
2012	0.495	0.538	0.048
2013	0.488	0.552	0.048
2014	0.512	0.570	0.050
2015	0.521	0.569	0.051
2016	0.528	0.584	0.052

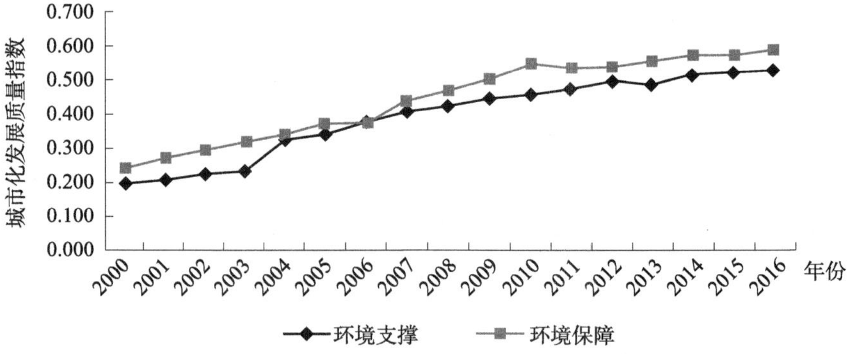

图 5－8　2000—2016 年西部地区城市生态环境子系统发展质量演变过程

5.5.2　分要素城市化发展质量的时间空间区域演变特征

5.5.2.1　人口城市化结构

对表 5－17 进行分析，2016 年人口城市化结构在空间上表现为重庆市最高，内蒙古次之，第三为青海省，排在最后四位的依次是贵州、西藏、广西和甘肃。从时间层面上看 2000—2016 年西部地区各省（市、区）人口城市化结构有很大水平的提高，2000 年的均值为 0.220，2005 年的均值为 0.360，2010 年的均值增加为 0.514，2016 年均值达到了 0.622。而对西部地区的西北和西南两个区域进行分析比较，西北地区的人口城市化结构指数均值为 0.504，西南地区人口城市化结构指数均值为 0.375，西北地区明显高于西南地区。

表 5－17　2000—2016 年西部地区 12 省（直辖市、自治区）人口城市化结构分析表

		2000 年	2001 年	2002 年	2003 年	2004 年	2005 年	2006 年	2007 年	2008 年	2009 年	2010 年	2011 年	2012 年	2013 年	2014 年	2015 年	2016 年	各省市区均值	区域均值
西北地区	甘肃	0.149	0.169	0.185	0.352	0.449	0.474	0.337	0.430	0.460	0.476	0.498	0.416	0.461	0.466	0.486	0.518	0.537	0.404	0.504
	新疆	0.290	0.287	0.298	0.316	0.334	0.365	0.596	0.579	0.595	0.594	0.634	0.632	0.626	0.651	0.677	0.627	0.642	0.514	
	内蒙古	0.392	0.418	0.412	0.434	0.450	0.466	0.483	0.502	0.543	0.588	0.615	0.637	0.669	0.706	0.719	0.748	0.772	0.562	
	宁夏	0.241	0.248	0.258	0.301	0.359	0.385	0.647	0.453	0.450	0.503	0.530	0.561	0.576	0.593	0.616	0.643	0.663	0.472	
	青海	0.341	0.370	0.403	0.413	0.439	0.460	0.464	0.482	0.486	0.514	0.554	0.590	0.632	0.660	0.669	0.689	0.713	0.522	
	陕西	0.300	0.316	0.350	0.408	0.421	0.433	0.633	0.616	0.623	0.634	0.653	0.687	0.686	0.645	0.680	0.639	0.665	0.552	
西南地区	四川	0.189	0.205	0.217	0.240	0.289	0.296	0.406	0.436	0.462	0.487	0.505	0.507	0.538	0.560	0.589	0.564	0.626	0.419	0.375
	西藏	0.054	0.074	0.116	0.134	0.148	0.179	0.198	0.211	0.246	0.259	0.233	0.247	0.318	0.340	0.373	0.404	0.473	0.236	
	云南	0.059	0.078	0.100	0.111	0.140	0.171	0.299	0.335	0.367	0.392	0.420	0.449	0.507	0.471	0.519	0.551	0.582	0.327	
	重庆	0.315	0.350	0.413	0.441	0.462	0.490	0.515	0.558	0.593	0.624	0.653	0.669	0.697	0.721	0.748	0.771	0.800	0.578	
	广西	0.200	0.226	0.227	0.249	0.302	0.336	0.385	0.324	0.347	0.359	0.377	0.341	0.438	0.603	0.483	0.511	0.536	0.367	
	贵州	0.107	0.135	0.176	0.202	0.248	0.263	0.229	0.396	0.415	0.431	0.493	0.360	0.374	0.400	0.393	0.422	0.451	0.323	
	均值	0.220	0.240	0.263	0.300	0.337	0.360	0.433	0.443	0.465	0.488	0.514	0.508	0.543	0.568	0.579	0.591	0.622		

5.5.2.2 人口城市化潜力

从空间分布上来看，2000—2016 年人口城市化潜力最高的为新疆，往下依次为陕西、宁夏和甘肃，最低的是西藏，云南、重庆次之。从时间层面上来看，虽然新疆的人口城市化潜力最高，但在 2000—2016 年间呈现下降趋势，由 2000 年的 0.999 减少为 2016 年的 0.737，其他各省除贵州外均表现为不同程度的增长态势。西藏在 2016 年仅为 0.454，在十二省（直辖市、自治区）中排名倒数第三，但其增速最高，2000—2016 年年均增速达到 46.58%。从区域来看，西北地区的人口城市化潜力指数均值为 0.562，西南地区的人口城市化潜力指数均值为 0.382，西北地区人口城市化潜力指数明显高于西南地区的人口城市化潜力。这表明未来西部地区在人口城市化上还有一定的提升空间，尤其是西南地区通过提高大专及以上学历人口比重促进人口城市化不失为一种颇具潜力的选择（详见表 5-18）。

5.5.2.3 经济发展实力

经济发展实力从空间分布来看，内蒙古最高，往下依次为重庆、陕西、宁夏。最低的两个省份为甘肃和贵州。从时间层面上来分析，2000—2016 年十二个省（直辖市、自治区）都表现为加速增长的趋势。2000—2005 年的上升速度不是很大，差距也不是很大，均值都小于 0.1。而在 2005—2016 年的上升速度较快，各省的差距由此而有所增加，2010 年均值增加到 0.301，2016 年增加到 0.643。从西部地区两个区域来看，西北地区的经济发展实力指数均值为 0.299，而西南地区的经济发展指数均值为 0.257，西南地区略低于西北地区，但是两个区域的经济发展实力指数均值都小于 0.5，这说明西部地区在提高城市化质量的进程中，提高地区经济发展实力是未来的一个发展重点，可从提高人均 GDP、城镇居民人均可支配收入、城镇居民人均可支配收入增长速度、人均地方财政一般预算内收入和人均固定资产投资额等方面加大政策的支持（详见表 5-19）。

表 5-18　2000—2016 年西部地区 12 省（直辖市、自治区）人口城市化潜力分析表

		2000 年	2001 年	2002 年	2003 年	2004 年	2005 年	2006 年	2007 年	2008 年	2009 年	2010 年	2011 年	2012 年	2013 年	2014 年	2015 年	2016 年	各省市区均值	区域均值
西北地区	甘肃	0.319	0.339	0.360	0.505	0.616	0.610	0.311	0.349	0.390	0.396	0.562	0.652	0.612	0.589	0.653	0.648	0.643	0.503	0.562
	内蒙古	0.342	0.372	0.401	0.381	0.450	0.717	0.389	0.431	0.408	0.414	0.545	0.616	0.560	0.452	0.482	0.648	0.814	0.495	
	宁夏	0.465	0.481	0.497	0.447	0.527	0.666	0.481	0.478	0.474	0.500	0.486	0.479	0.465	0.560	0.516	0.620	0.724	0.522	
	青海	0.206	0.224	0.242	0.398	0.346	0.756	0.435	0.508	0.521	0.587	0.546	0.523	0.528	0.677	0.670	0.581	0.491	0.485	
	陕西	0.316	0.335	0.354	0.570	0.626	0.718	0.576	0.571	0.612	0.608	0.595	0.588	0.572	0.613	0.551	0.585	0.619	0.553	
	新疆	0.999	0.983	0.967	0.897	0.867	0.990	0.660	0.654	0.690	0.660	0.798	0.874	0.797	0.742	0.735	0.736	0.737	0.811	
西南地区	广西	0.368	0.372	0.375	0.479	0.501	0.487	0.371	0.306	0.229	0.277	0.457	0.556	0.373	0.435	0.440	0.433	0.427	0.405	0.382
	贵州	0.438	0.436	0.434	0.654	0.512	0.504	0.280	0.331	0.352	0.324	0.521	0.629	0.465	0.624	0.675	0.541	0.407	0.478	
	四川	0.434	0.437	0.441	0.409	0.354	0.438	0.386	0.332	0.330	0.407	0.492	0.539	0.608	0.619	0.514	0.501	0.488	0.455	
	云南	0.176	0.197	0.217	0.193	0.406	0.466	0.284	0.360	0.292	0.239	0.414	0.509	0.449	0.493	0.419	0.463	0.507	0.358	
	重庆	0.244	0.263	0.281	0.292	0.281	0.429	0.275	0.216	0.231	0.289	0.472	0.572	0.462	0.419	0.572	0.556	0.541	0.376	
	西藏	0.001	0.028	0.057	0.048	0.058	0.156	0.124	0.142	0.204	0.191	0.442	0.578	0.478	0.240	0.240	0.347	0.454	0.223	
	均值	0.319	0.339	0.360	0.505	0.616	0.610	0.311	0.349	0.390	0.396	0.562	0.652	0.612	0.589	0.653	0.648	0.643		

表 5-19　2000—2016 年西部地区 12 省（直辖市、自治区）经济发展实力分析表

		2000 年	2001 年	2002 年	2003 年	2004 年	2005 年	2006 年	2007 年	2008 年	2009 年	2010 年	2011 年	2012 年	2013 年	2014 年	2015 年	2016 年	各省市区均值	区域均值
西北地区	新疆	0.047	0.071	0.075	0.081	0.098	0.118	0.149	0.193	0.224	0.234	0.298	0.385	0.466	0.560	0.615	0.658	0.665	0.290	0.299
	甘肃	0.022	0.029	0.047	0.049	0.068	0.080	0.099	0.130	0.156	0.176	0.217	0.273	0.323	0.384	0.419	0.451	0.487	0.201	
	内蒙古	0.037	0.046	0.060	0.095	0.130	0.168	0.211	0.297	0.379	0.443	0.537	0.665	0.752	0.833	0.901	0.920	0.962	0.437	
	宁夏	0.033	0.052	0.055	0.066	0.089	0.113	0.141	0.194	0.249	0.268	0.336	0.433	0.501	0.559	0.612	0.662	0.708	0.298	
	青海	0.033	0.052	0.048	0.066	0.079	0.100	0.127	0.167	0.209	0.233	0.285	0.366	0.434	0.516	0.567	0.613	0.633	0.266	
	陕西	0.031	0.035	0.061	0.062	0.084	0.106	0.137	0.190	0.249	0.278	0.346	0.464	0.527	0.578	0.639	0.682	0.703	0.304	
西南地区	四川	0.034	0.043	0.044	0.058	0.078	0.094	0.122	0.174	0.205	0.232	0.290	0.366	0.424	0.473	0.521	0.562	0.604	0.254	0.257
	西藏	0.047	0.054	0.058	0.079	0.085	0.095	0.103	0.170	0.180	0.201	0.239	0.284	0.362	0.421	0.481	0.561	0.618	0.238	
	广西	0.027	0.055	0.058	0.063	0.089	0.100	0.118	0.183	0.212	0.234	0.290	0.347	0.408	0.443	0.489	0.527	0.567	0.248	
	贵州	0.008	0.018	0.029	0.042	0.056	0.072	0.092	0.133	0.150	0.175	0.214	0.292	0.355	0.410	0.467	0.522	0.572	0.212	
	云南	0.035	0.050	0.056	0.063	0.100	0.095	0.122	0.162	0.202	0.219	0.265	0.333	0.390	0.435	0.475	0.517	0.557	0.240	
	重庆	0.040	0.052	0.069	0.091	0.119	0.141	0.174	0.216	0.279	0.312	0.396	0.528	0.602	0.607	0.696	0.770	0.835	0.349	
	均值	0.031	0.046	0.055	0.068	0.089	0.107	0.133	0.184	0.224	0.250	0.309	0.395	0.462	0.518	0.573	0.620	0.659		

5.5.2.4 经济发展结构

从空间层面上看，经济发展结构西藏最优，其次为宁夏、重庆。从时间层面上分析，西部地区十二省（直辖市、自治区）均表现为增长态势，但增长速度不一样，贵州省的年均增长率最高，为8.12%，其次为西藏和四川，年均增长率分别为7.07%和5.71%。从区域划分来看，西北与西南地区的经济发展结构指数均值相差不大，分别为0.537和0.523。这说明2000—2016年西部地区的经济发展结构得到了一定的优化，主要表现在非农产业比重和第三产业占GDP比重逐年提高，带动了西部地区城市发展质量的提高（详见表5-20）。

5.5.2.5 经济发展效率

从空间层面上来分析，到2016年经济发展效率指数最高为陕西省，最小为宁夏。从时间层面来看，2000—2016年间，除了云南和重庆的经济发展效率指数表现出下降态势外，其他十个省（直辖市、自治区）的经济发展效率均呈上升趋势，其中，西藏的年均增长率最大，为6.11%，其次为青海和内蒙古，年均增长率分别为3.75%和2.35%。进一步分析，经济发展效率下降主要发生在2005年之前的重庆、内蒙古、云南、广西和四川，也就是说除内蒙古外，经济发展效率下降的态势主要发生在2005年前的西南地区有关省份。从西北和西南地区来看，经济发展效率指数均值分别为0.333和0.384，西南地区的经济发展效率指数均值略大于西北地区的经济发展效率指数均值，但是二者均小于0.5。这表明未来在提高西部地区城市化发展质量进程中，要大力提高西部地区的经济发展效率，例如可以通过制定适应西部地区发展的投融资政策、促进西部农村劳动力向城镇转移的政策等来提高单位城镇人口实现的GDP、单位固定资产投资实现的GDP、单位建成区面积实现的GDP以及单位建成区面积吸纳的城镇人口数量等，带动西部地区经济实现高效率的发展（详见表5-21）。

表 5－20　2000—2016 年西部地区 12 省（直辖市、自治区）经济发展结构分析表

		2000 年	2001 年	2002 年	2003 年	2004 年	2005 年	2006 年	2007 年	2008 年	2009 年	2010 年	2011 年	2012 年	2013 年	2014 年	2015 年	2016 年	各省市区均值	区域均值
西北地区	新疆	0.357	0.454	0.494	0.353	0.327	0.311	0.339	0.341	0.340	0.380	0.238	0.324	0.360	0.471	0.483	0.562	0.564	0.394	0.537
	甘肃	0.458	0.443	0.484	0.502	0.474	0.495	0.496	0.478	0.486	0.511	0.452	0.512	0.528	0.604	0.623	0.714	0.769	0.531	
	内蒙古	0.321	0.390	0.447	0.485	0.490	0.487	0.527	0.532	0.544	0.572	0.535	0.517	0.528	0.553	0.613	0.635	0.706	0.522	
	宁夏	0.555	0.611	0.634	0.635	0.611	0.618	0.598	0.588	0.596	0.653	0.651	0.653	0.678	0.707	0.722	0.739	0.770	0.648	
	青海	0.569	0.574	0.601	0.629	0.574	0.547	0.563	0.532	0.491	0.540	0.497	0.459	0.470	0.530	0.556	0.664	0.695	0.558	
	陕西	0.563	0.607	0.610	0.593	0.534	0.568	0.560	0.553	0.533	0.580	0.535	0.501	0.503	0.541	0.567	0.645	0.682	0.569	
西南地区	四川	0.295	0.344	0.371	0.391	0.345	0.359	0.390	0.340	0.364	0.413	0.407	0.376	0.409	0.466	0.528	0.636	0.717	0.421	0.523
	广西	0.206	0.300	0.367	0.360	0.305	0.314	0.328	0.302	0.294	0.368	0.348	0.323	0.367	0.430	0.446	0.468	0.485	0.354	
	贵州	0.167	0.251	0.309	0.355	0.383	0.441	0.520	0.606	0.632	0.693	0.684	0.733	0.709	0.707	0.621	0.590	0.584	0.528	
	西藏	0.293	0.458	0.620	0.611	0.729	0.729	0.763	0.795	0.817	0.819	0.830	0.837	0.868	0.887	0.891	0.907	0.872	0.749	
	云南	0.301	0.348	0.383	0.400	0.372	0.406	0.412	0.440	0.416	0.468	0.493	0.515	0.500	0.537	0.557	0.606	0.644	0.459	
	重庆	0.515	0.554	0.575	0.585	0.529	0.567	0.654	0.578	0.549	0.576	0.557	0.558	0.630	0.793	0.803	0.825	0.834	0.628	
	均值	0.458	0.443	0.484	0.502	0.474	0.495	0.496	0.478	0.486	0.511	0.452	0.512	0.528	0.604	0.623	0.714	0.769		

表 5－21　2000—2016 年西部地区 12 省（直辖市、自治区）经济发展效率分析表

		2000 年	2001 年	2002 年	2003 年	2004 年	2005 年	2006 年	2007 年	2008 年	2009 年	2010 年	2011 年	2012 年	2013 年	2014 年	2015 年	2016 年	各省市区均值	区域均值
西北地区	甘肃	0.279	0.261	0.244	0.253	0.273	0.276	0.293	0.297	0.294	0.263	0.281	0.311	0.318	0.319	0.314	0.285	0.287	0.285	0.333
	内蒙古	0.375	0.347	0.299	0.257	0.250	0.235	0.276	0.315	0.396	0.392	0.432	0.510	0.533	0.527	0.538	0.550	0.545	0.399	
	宁夏	0.198	0.164	0.160	0.128	0.133	0.136	0.150	0.175	0.198	0.195	0.216	0.258	0.257	0.257	0.254	0.259	0.283	0.201	
	青海	0.239	0.223	0.234	0.250	0.276	0.295	0.311	0.348	0.413	0.394	0.452	0.484	0.520	0.455	0.455	0.415	0.430	0.364	
	陕西	0.387	0.400	0.400	0.377	0.386	0.408	0.398	0.411	0.462	0.459	0.488	0.546	0.567	0.583	0.591	0.549	0.558	0.469	
	新疆	0.241	0.224	0.222	0.222	0.236	0.261	0.263	0.284	0.293	0.260	0.303	0.317	0.325	0.328	0.333	0.305	0.315	0.278	
西南地区	广西	0.427	0.428	0.418	0.393	0.394	0.362	0.387	0.383	0.407	0.387	0.403	0.448	0.449	0.452	0.462	0.456	0.469	0.419	0.384
	四川	0.378	0.353	0.327	0.305	0.330	0.322	0.379	0.398	0.419	0.376	0.410	0.454	0.470	0.468	0.463	0.468	0.451	0.398	
	西藏	0.136	0.146	0.149	0.158	0.173	0.169	0.179	0.206	0.235	0.245	0.262	0.309	0.296	0.326	0.338	0.330	0.350	0.236	
	贵州	0.401	0.373	0.357	0.347	0.397	0.379	0.370	0.411	0.444	0.398	0.432	0.446	0.437	0.419	0.444	0.453	0.464	0.410	
	云南	0.493	0.506	0.517	0.458	0.470	0.428	0.398	0.410	0.420	0.396	0.389	0.439	0.452	0.457	0.462	0.444	0.443	0.446	
	重庆	0.530	0.507	0.405	0.352	0.366	0.339	0.324	0.333	0.360	0.341	0.354	0.381	0.413	0.424	0.425	0.431	0.472	0.398	
	均值	0.279	0.261	0.244	0.253	0.273	0.276	0.293	0.297	0.294	0.263	0.281	0.311	0.318	0.319	0.314	0.285	0.287		

5.5.2.6 经济增长动力

从时间分布上，2000—2016 年西部地区各省（自治区、直辖市）的经济增长动力均呈现出增长态势，其中重庆、陕西和四川的年均增长率最高，分别为 25.27%、24.61% 和 20.92%。进一步分析，在 2008 年之前，各省的增长率相差不是很大，其中以重庆市和四川省表现为最优。2008 年之后，增长态势趋于明显，各省之间的差距进一步加大，以重庆、陕西和四川增长较快，2016 年三省的数值处于 0.538 ~1.0 之间。其他九省的增长态势比以上三省较小，2016 年九省的数值处于 0.051 ~0.282 之间（见图 5 –9）。

对两个地区进行对比分析，西北地区的经济增长动力指数均值小于西南地区的经济增长动力指数，分别为 0.091 和 0.122（详见表 5 –22），这表明西南地区的经济增长动力普遍好于西北地区。

5.5.2.7 经济发展代价

从时间层面上来分析，2000—2016 年西部各省的经济发展代价均在减小（见图 5 –10），山西、贵州、内蒙古、广西年均降低速率位列前四，分别为 19.37%、18.47%、18.39% 和 17.78%。进一步分析，各省在 2010 年后的经济发展代价减少速率小于 2010 年之前的经济发展代价减少速率（见图5 –11），说明 2010 年前，西部各省的经济发展代价改善程度优于 2010 年之后。结合所采用的指标进行分析，在 2010 年实施新一轮西部大开发后，为了片面追求经济发展速度，西部地区的经济发展代价是增加的，万元 GDP 水耗、万元工业增加值废水排放量和万元 GDP 二氧化硫排放量等比 2010 年之前呈增加的趋势，这也是未来几年西部地区提高城市化发展质量需要重点注意和解决的问题。

从区域层面上进行分析，西南地区经济发展代价指数均值为 –0.168，西北地区的指数均值为 –0.182，表明西南地区的经济发展代价普遍略低于西北地区的经济发展代价（见表 5 –23、图 5 –12）。

表 5－22　2000—2016 年西部地区 12 省（直辖市、自治区）经济增长动力分析表

		2000 年	2001 年	2002 年	2003 年	2004 年	2005 年	2006 年	2007 年	2008 年	2009 年	2010 年	2011 年	2012 年	2013 年	2014 年	2015 年	2016 年	各省市区均值	区域均值
西北地区	甘肃	0.012	0.013	0.009	0.012	0.013	0.014	0.022	0.027	0.028	0.034	0.050	0.065	0.100	0.129	0.139	0.188	0.217	0.063	0.091
	内蒙古	0.022	0.020	0.019	0.023	0.023	0.023	0.027	0.037	0.037	0.042	0.059	0.063	0.087	0.108	0.113	0.155	0.164	0.060	
	宁夏	0.027	0.028	0.025	0.040	0.034	0.024	0.033	0.033	0.068	0.102	0.120	0.067	0.091	0.130	0.152	0.198	0.282	0.085	
	青海	0.014	0.012	0.010	0.010	0.007	0.009	0.011	0.027	0.028	0.045	0.032	0.066	0.064	0.060	0.074	0.146	0.162	0.046	
	陕西	0.027	0.025	0.028	0.030	0.037	0.035	0.046	0.065	0.083	0.115	0.190	0.221	0.282	0.394	0.430	0.626	0.906	0.208	
	新疆	0.026	0.027	0.022	0.026	0.027	0.031	0.040	0.051	0.048	0.060	0.082	0.084	0.108	0.156	0.161	0.263	0.210	0.084	
西南地区	四川	0.026	0.028	0.028	0.034	0.037	0.038	0.061	0.086	0.116	0.174	0.284	0.251	0.372	0.405	0.412	0.564	0.538	0.203	0.122
	西藏	0.003	0.004	0.001	0.002	0.004	0.009	0.019	0.015	0.021	0.069	0.028	0.032	0.029	0.026	0.031	0.042	0.051	0.023	
	广西	0.016	0.015	0.014	0.018	0.017	0.017	0.020	0.027	0.031	0.038	0.055	0.066	0.088	0.118	0.143	0.200	0.218	0.065	
	贵州	0.012	0.010	0.010	0.012	0.012	0.016	0.024	0.032	0.033	0.040	0.062	0.068	0.122	0.160	0.204	0.284	0.208	0.077	
	云南	0.019	0.021	0.017	0.018	0.019	0.020	0.024	0.032	0.030	0.044	0.058	0.063	0.088	0.102	0.121	0.174	0.178	0.060	
	重庆	0.027	0.028	0.043	0.072	0.090	0.090	0.115	0.125	0.120	0.186	0.297	0.378	0.492	0.595	0.579	0.920	1.000	0.303	
	均值	0.012	0.013	0.009	0.012	0.013	0.014	0.022	0.027	0.028	0.034	0.050	0.065	0.100	0.129	0.139	0.188	0.217		

表5-23　2000—2016年西部地区12省（直辖市、自治区）经济发展代价分析表

		2000年	2001年	2002年	2003年	2004年	2005年	2006年	2007年	2008年	2009年	2010年	2011年	2012年	2013年	2014年	2015年	2016年	各省市区均值	区域均值
西北地区	甘肃	-0.305	-0.289	-0.273	-0.256	-0.240	-0.215	-0.174	-0.142	-0.120	-0.112	-0.091	-0.079	-0.068	-0.060	-0.056	-0.062	-0.049	-0.152	-0.182
	新疆	-0.629	-0.597	-0.566	-0.534	-0.503	-0.433	-0.365	-0.324	-0.276	-0.277	-0.215	-0.176	-0.174	-0.157	-0.141	-0.141	-0.126	-0.331	
	内蒙古	-0.283	-0.266	-0.249	-0.233	-0.216	-0.182	-0.144	-0.104	-0.073	-0.062	-0.051	-0.039	-0.033	-0.030	-0.028	-0.028	-0.019	-0.120	
	宁夏	-0.585	-0.552	-0.519	-0.487	-0.454	-0.465	-0.369	-0.293	-0.219	-0.194	-0.151	-0.128	-0.110	-0.100	-0.090	-0.080	-0.060	-0.286	
	青海	-0.264	-0.249	-0.235	-0.220	-0.206	-0.210	-0.164	-0.136	-0.106	-0.095	-0.076	-0.058	-0.046	-0.041	-0.037	-0.036	-0.033	-0.130	
	陕西	-0.170	-0.161	-0.151	-0.141	-0.130	-0.113	-0.093	-0.075	-0.056	-0.048	-0.034	-0.028	-0.020	-0.016	-0.015	-0.018	-0.010	-0.075	
西南地区	四川	-0.231	-0.218	-0.205	-0.192	-0.179	-0.153	-0.118	-0.094	-0.073	-0.064	-0.047	-0.034	-0.029	-0.025	-0.024	-0.026	-0.024	-0.102	-0.168
	西藏	-0.533	-0.505	-0.477	-0.448	-0.420	-0.419	-0.293	-0.267	-0.241	-0.186	-0.180	-0.147	-0.123	-0.111	-0.104	-0.100	-0.084	-0.273	
	云南	-0.199	-0.190	-0.179	-0.170	-0.160	-0.143	-0.122	-0.102	-0.082	-0.077	-0.061	-0.067	-0.057	-0.049	-0.044	-0.045	-0.043	-0.105	
	广西	-0.466	-0.439	-0.411	-0.385	-0.358	-0.346	-0.270	-0.232	-0.191	-0.160	-0.122	-0.073	-0.067	-0.058	-0.051	-0.046	-0.034	-0.218	
	贵州	-0.452	-0.425	-0.399	-0.373	-0.347	-0.293	-0.257	-0.201	-0.153	-0.136	-0.112	-0.091	-0.076	-0.057	-0.050	-0.043	-0.030	-0.206	
	重庆	-0.227	-0.214	-0.201	-0.188	-0.175	-0.161	-0.138	-0.104	-0.082	-0.070	-0.049	-0.032	-0.027	-0.027	-0.022	-0.018	-0.018	-0.103	
	均值	-0.305	-0.289	-0.273	-0.256	-0.240	-0.215	-0.174	-0.142	-0.120	-0.112	-0.091	-0.079	-0.068	-0.060	-0.056	-0.062	-0.049		

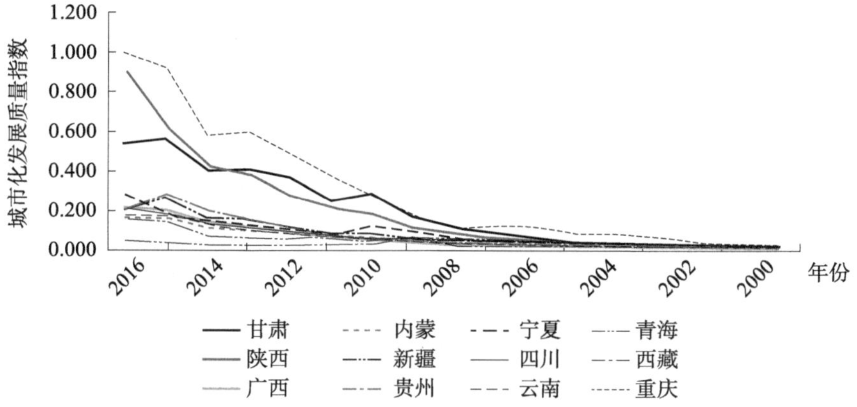

图 5－9　2000—2016 年西部地区 12 省（直辖市、自治区）经济增长动力分析

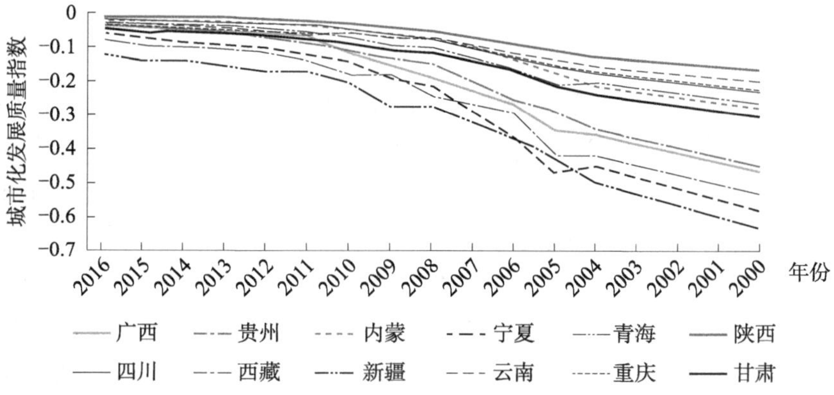

图 5－10　2000—2016 年西部地区 12 省（直辖市、自治区）经济发展代价分析

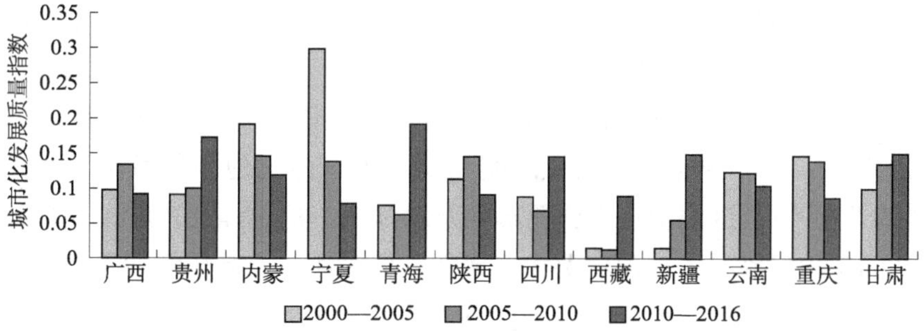

图 5－11　2000—2016 年西部地区各省（直辖市、自治区）基础设施时间演变

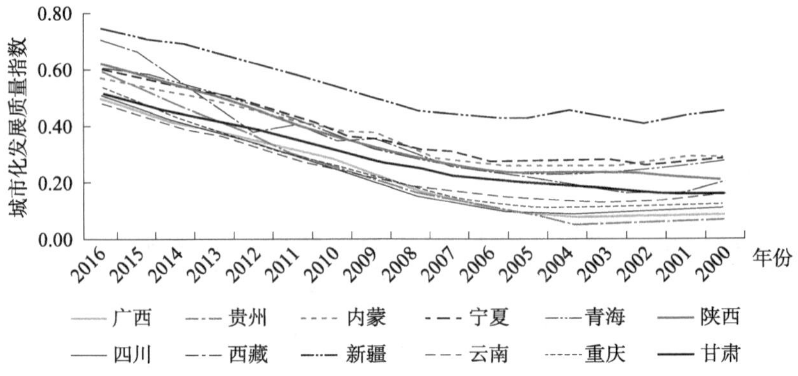

图 5-12　2000—2016 年西部地区 12 省（直辖市、自治区）公共服务发展时间演变分析

5.5.2.8　基础设施

基础设施指数从空间层面上来看，西部 12 省（直辖市、自治区）的基础设施投入相差不大，2000 年数值处于 0.03～0.12 之间，2016 年数值处于 0.22～0.45 之间。2016 年以青海省的基础设施指数为最高，其次为新疆，而处于最后两位的分别是西藏和云南。

从时间层面上进行分析，2000—2016 年，西部 12 省（直辖市、自治区）的基础设施投入均呈现增长态势，年均增长速率最高为宁夏，数值为 16.33%；其次为内蒙古，年均增长速率为 15.08%；重庆、甘肃和贵州的年均增长速率基本相同，分别为 12.20%、12.86%和 12.39%。进一步分析，贵州、新疆和甘肃在 2000—2005 年、2006—2010 年、2011—2016 年三个期间的基础设施指数年均增长速率呈现增加态势，而内蒙古、宁夏、云南、重庆在这三个期间表现为递减趋势（见图 5-11）。

从区域来分析，西北地区的基础设施指数均值为 0.17，西南地区的基础设施指数均值为 0.14，两个区域之间相差不大，西北地区稍微高于西南地区（详见表 5-24）。这说明自实施西部大开发以来，从总体上来看，西部地区各省市区的基础设施投入建设状况大概相似，但距离建设高质量的西部地区城市化发展所需要的基础设施条件还有比较大的差距，下一步要在相应政策、制度的制定上对西部地区有所倾斜，例如可在公共城市基础设施建设、公共服务基础设施建设、城市公共设施投入等方面加大力度。

表 5－24　2000—2016 年西部地区 12 省（直辖市、自治区）基础设施发展分析表

		2000 年	2001 年	2002 年	2003 年	2004 年	2005 年	2006 年	2007 年	2008 年	2009 年	2010 年	2011 年	2012 年	2013 年	2014 年	2015 年	2016 年	各省市区均值	区域均值
西北地区	甘肃	0.044	0.047	0.056	0.059	0.068	0.070	0.078	0.092	0.098	0.114	0.132	0.152	0.191	0.216	0.221	0.265	0.303	0.1297	0.169
	内蒙古	0.036	0.042	0.050	0.055	0.066	0.087	0.097	0.116	0.130	0.147	0.172	0.215	0.236	0.259	0.278	0.308	0.341	0.155	
	宁夏	0.031	0.046	0.069	0.084	0.091	0.115	0.135	0.151	0.174	0.191	0.220	0.237	0.254	0.274	0.283	0.304	0.349	0.1768	
	新疆	0.121	0.122	0.124	0.127	0.128	0.130	0.130	0.147	0.150	0.158	0.169	0.200	0.268	0.287	0.329	0.360	0.389	0.1963	
	青海	0.080	0.082	0.085	0.095	0.105	0.116	0.126	0.133	0.141	0.143	0.157	0.232	0.254	0.257	0.305	0.410	0.452	0.1866	
	陕西	0.060	0.067	0.073	0.082	0.091	0.102	0.106	0.137	0.156	0.171	0.202	0.218	0.243	0.264	0.274	0.300	0.342	0.1698	
西南地区	西藏	0.113	0.109	0.109	0.106	0.104	0.121	0.118	0.095	0.110	0.119	0.130	0.125	0.095	0.121	0.140	0.170	0.217	0.1236	0.141
	云南	0.044	0.047	0.052	0.060	0.067	0.079	0.080	0.105	0.110	0.131	0.141	0.143	0.142	0.163	0.169	0.208	0.256	0.1175	
	广西	0.062	0.067	0.073	0.080	0.088	0.099	0.103	0.117	0.129	0.162	0.186	0.186	0.202	0.222	0.232	0.275	0.315	0.1528	
	贵州	0.042	0.047	0.050	0.053	0.057	0.065	0.061	0.076	0.082	0.094	0.105	0.146	0.152	0.201	0.219	0.268	0.274	0.1172	
	四川	0.074	0.079	0.088	0.099	0.105	0.114	0.106	0.116	0.125	0.138	0.158	0.175	0.221	0.265	0.267	0.305	0.357	0.1643	
	重庆	0.054	0.062	0.075	0.084	0.097	0.108	0.124	0.144	0.163	0.175	0.207	0.225	0.219	0.251	0.268	0.312	0.342	0.1711	
	均值	0.063	0.068	0.075	0.082	0.089	0.100	0.105	0.119	0.131	0.145	0.165	0.188	0.206	0.232	0.249	0.291	0.328		

5.5.2.9 公共服务

从时间层面来分析，可以发现四个趋势：一是2000—2016年，西部各省的公共服务指数均呈现增长态势。二是各省区市的年均增长率有所差异。其中，贵州的年均增长率最高，达到14.99%，其次是广西，年均增长率为12.60%，第三是四川省，年均增长率为10.35%。三是年均增长率表现出阶段性特征，即2000—2005年的年均增长率小于2005—2016年的年均增长率，说明西部地区2005—2016年期间公共服务投入力度大于2000—2005年的公共服务投入力度。另外一个阶段性特征是，2000—2005年，重庆、云南、新疆、四川、青海和内蒙古六省（直辖市、自治区）的年均增长率是负值，公共服务指数是逐年递减的，说明这几个省（直辖市、自治区）的公共服务投入力度在这一阶段是减弱的。四是西部地区各省市区间的公共服务指数差距逐年变小。2000年，公共服务指数最大最小值分别为0.449、0.064，差值为0.385。2016年最大值为0.745，最小值为0.483，差值为0.262，这说明西部地区公共服务投入逐年增加的同时，省际差异正在变小。

从区域来分析，西北地区公共服务指数均值为0.38，西南地区公共服务指数均值为0.25，表明自2000年以后，西北地区的公共服务发展程度优于西南地区的公共服务发展程度，但是两个地区的公共服务指数均小于0.5，下一步还需加大发展力度（见表5－25）。

5.5.2.10 社会保障

社会保障指数从空间层面来看，新疆远远高于其他省份，其值在0.583～0.915之间，其次为四川省，其值处于0.319～0.796之间（见表5－26）。从时间层面上来分析，2000—2016年，西部地区各省均表现为增长趋势，除西藏外，其他各省增长态势的波动性不大。西藏的年均增长率最大，为14.73%，其他各省的年均增长率均小于10%，处于1.26%～9.83%之间。从区域方面分析，西北地区的社会保障指数均值为0.505，而西南地区的社会保障指数仅为0.406，西北地区高于西南地区。这表明两个地区的社会保障还是存在一定的差距，未来要在西部地区内实现协调性发展，在社会保障政策上有待加强，例如可以在养老、医疗、就业等政策上做好文章。

表 5-25　2000—2016 年西部地区 12 省（直辖市、自治区）公共服务发展分析表

		2000 年	2001 年	2002 年	2003 年	2004 年	2005 年	2006 年	2007 年	2008 年	2009 年	2010 年	2011 年	2012 年	2013 年	2014 年	2015 年	2016 年	各省市区均值	区域均值
西北地区	甘肃	0.162	0.161	0.169	0.177	0.183	0.194	0.215	0.229	0.262	0.282	0.318	0.350	0.391	0.422	0.453	0.482	0.518	0.292	0.378
	内蒙古	0.284	0.291	0.266	0.265	0.265	0.261	0.257	0.276	0.303	0.380	0.378	0.416	0.457	0.492	0.515	0.541	0.572	0.366	
	宁夏	0.274	0.279	0.257	0.282	0.277	0.277	0.277	0.310	0.323	0.356	0.383	0.431	0.471	0.514	0.536	0.572	0.624	0.379	
	青海	0.270	0.253	0.246	0.239	0.227	0.223	0.239	0.241	0.277	0.318	0.350	0.423	0.454	0.507	0.554	0.589	0.605	0.354	
	陕西	0.208	0.217	0.227	0.233	0.231	0.237	0.240	0.255	0.281	0.332	0.355	0.406	0.456	0.512	0.541	0.571	0.622	0.348	
	新疆	0.449	0.435	0.410	0.427	0.447	0.425	0.426	0.440	0.459	0.499	0.539	0.584	0.617	0.661	0.691	0.711	0.745	0.527	
西南地区	云南	0.147	0.152	0.134	0.132	0.135	0.143	0.153	0.164	0.184	0.218	0.250	0.278	0.322	0.371	0.395	0.435	0.483	0.241	0.251
	广西	0.076	0.079	0.075	0.069	0.074	0.109	0.117	0.147	0.174	0.206	0.277	0.306	0.342	0.383	0.419	0.462	0.507	0.225	
	四川	0.104	0.110	0.107	0.098	0.099	0.096	0.105	0.132	0.163	0.206	0.248	0.289	0.347	0.398	0.431	0.464	0.503	0.229	
	西藏	0.195	0.163	0.160	0.168	0.188	0.215	0.238	0.260	0.308	0.349	0.357	0.402	0.375	0.465	0.557	0.655	0.708	0.339	
	贵州	0.064	0.061	0.052	0.052	0.053	0.087	0.106	0.141	0.182	0.216	0.251	0.292	0.354	0.430	0.480	0.540	0.602	0.233	
	重庆	0.121	0.121	0.107	0.103	0.108	0.117	0.120	0.156	0.178	0.216	0.257	0.297	0.342	0.390	0.432	0.487	0.542	0.241	
	均值	0.162	0.161	0.169	0.177	0.183	0.194	0.215	0.229	0.262	0.282	0.318	0.350	0.391	0.422	0.453	0.482	0.518		

表 5 - 26　2000—2016 年西部地区 12 省（直辖市、自治区）社会保障分析表

		2000 年	2001 年	2002 年	2003 年	2004 年	2005 年	2006 年	2007 年	2008 年	2009 年	2010 年	2011 年	2012 年	2013 年	2014 年	2015 年	2016 年	各省市区均值	区域均值
西北地区	甘肃	0.361	0.378	0.371	0.379	0.385	0.395	0.406	0.430	0.455	0.471	0.483	0.490	0.483	0.480	0.476	0.467	0.459	0.433	0.505
	西藏	0.055	0.006	0.028	0.019	0.032	0.284	0.288	0.328	0.335	0.372	0.382	0.419	0.486	0.510	0.498	0.468	0.496	0.294	
	新疆	0.583	0.660	0.684	0.733	0.781	0.743	0.744	0.743	0.766	0.788	0.778	0.828	0.859	0.877	0.854	0.824	0.915	0.774	
	内蒙古	0.362	0.379	0.395	0.421	0.443	0.460	0.479	0.502	0.509	0.534	0.539	0.543	0.555	0.566	0.581	0.612	0.657	0.502	
	宁夏	0.321	0.367	0.389	0.407	0.392	0.423	0.461	0.479	0.497	0.515	0.571	0.599	0.632	0.653	0.667	0.653	0.727	0.515	
	青海	0.428	0.430	0.433	0.457	0.476	0.476	0.494	0.516	0.523	0.531	0.510	0.527	0.540	0.557	0.563	0.577	0.672	0.512	
西南地区	陕西	0.378	0.382	0.390	0.412	0.419	0.428	0.434	0.445	0.456	0.471	0.503	0.545	0.545	0.560	0.567	0.567	0.575	0.475	0.406
	广西	0.210	0.216	0.233	0.252	0.248	0.259	0.262	0.280	0.292	0.319	0.369	0.376	0.378	0.378	0.383	0.389	0.463	0.312	
	贵州	0.118	0.147	0.176	0.209	0.212	0.257	0.283	0.319	0.346	0.385	0.368	0.392	0.407	0.421	0.420	0.426	0.429	0.313	
	四川	0.319	0.342	0.362	0.357	0.357	0.427	0.461	0.497	0.522	0.574	0.632	0.695	0.718	0.731	0.750	0.758	0.796	0.547	
	云南	0.330	0.337	0.331	0.358	0.342	0.334	0.331	0.330	0.324	0.345	0.353	0.358	0.343	0.342	0.341	0.332	0.403	0.343	
	重庆	0.163	0.170	0.198	0.238	0.301	0.316	0.338	0.363	0.415	0.482	0.553	0.596	0.631	0.665	0.699	0.696	0.731	0.444	
	均值	0.302	0.318	0.332	0.354	0.366	0.400	0.415	0.436	0.453	0.482	0.503	0.531	0.548	0.562	0.567	0.564	0.610		

5.5.2.11　水资源保障

水资源保障从空间层面来看，宁夏远远高于其他省份，均值为0.825。西藏最小，均值为零。其他10省（市、区）的得分均不高，在0.004~0.068之间（详见表5-27）。从时间层面上来分析，2000—2016年12个省（直辖市、自治区）的水资源保障指数变化不大。从区域层面上来进行分析，我们可以发现西北地区的水资源保障指数均值为0.172，西南地区的水资源保障指数均值为0.010，西北地区远远高于西南地区（详见图5-13）。

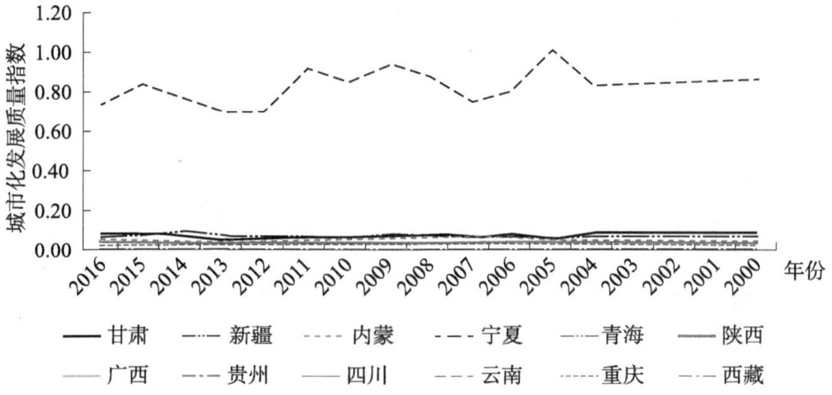

图5-13　2000—2016年西部地区各省（直辖市、自治区）水资源时间演变

5.5.2.12　土地保障

从空间层面来看，2016年西藏的土地保障指数最高，其值处于0.322~0.700之间，其次是内蒙古、新疆和宁夏，土地保障指数处于0.337~0.479之间。从时间层面上来分析，西部地区12个省（直辖市、自治区）的土地保障指数有增有减。其中，广西、贵州、内蒙古、宁夏、西藏、新疆、云南和重庆八个省（直辖市、自治区）的土地保障指数表现为增长趋势。重庆市的年均增长率最高为2.75%；其次为云南，其值为2.52%；处于第三位的贵州和新疆年均增长率相差不大，分别为1.17%和1.08%；青海、陕西、四川和甘肃四省土地保障指数呈现出减少的态势。年均下降率最大的省份为陕西省，其值为-2.28%；其次是甘肃省，年均下降率为-1.22%。从区域来看，西北地区和西南地区的土地保障指数均值相差不是很大，分别为0.369和0.343（详见表5-28）。

表 5－27　2000—2016 年西部地区 12 省（直辖市、自治区）水资源保障分析表

		2000 年	2001 年	2002 年	2003 年	2004 年	2005 年	2006 年	2007 年	2008 年	2009 年	2010 年	2011 年	2012 年	2013 年	2014 年	2015 年	2016 年	各省市区均值	区域均值
西北地区	甘肃	0.080	0.080	0.080	0.079	0.079	0.050	0.073	0.059	0.072	0.064	0.061	0.055	0.049	0.049	0.066	0.078	0.076	0.068	0.172
	新疆	0.065	0.065	0.064	0.063	0.063	0.057	0.058	0.064	0.069	0.076	0.051	0.063	0.070	0.066	0.086	0.066	0.055	0.065	
	内蒙古	0.040	0.040	0.041	0.041	0.042	0.041	0.046	0.065	0.045	0.051	0.050	0.047	0.039	0.020	0.036	0.037	0.048	0.043	
	宁夏	0.852	0.845	0.838	0.830	0.823	1.000	0.797	0.746	0.878	0.935	0.846	0.917	0.699	0.690	0.761	0.835	0.737	0.825	
	青海	0.005	0.005	0.005	0.004	0.004	0.003	0.005	0.004	0.005	0.002	0.003	0.004	0.002	0.004	0.003	0.004	0.004	0.004	
	陕西	0.023	0.024	0.024	0.025	0.026	0.017	0.033	0.023	0.030	0.021	0.017	0.015	0.024	0.027	0.027	0.029	0.036	0.025	
西南地区	广西	0.021	0.020	0.020	0.019	0.019	0.019	0.017	0.023	0.014	0.021	0.018	0.023	0.015	0.015	0.016	0.012	0.014	0.018	0.010
	贵州	0.009	0.009	0.009	0.009	0.009	0.012	0.013	0.010	0.009	0.012	0.011	0.016	0.010	0.012	0.008	0.008	0.009	0.010	
	四川	0.008	0.009	0.009	0.009	0.009	0.007	0.012	0.009	0.008	0.009	0.009	0.010	0.008	0.010	0.009	0.012	0.011	0.009	
	云南	0.007	0.007	0.007	0.007	0.007	0.008	0.008	0.006	0.006	0.010	0.007	0.010	0.009	0.009	0.008	0.008	0.007	0.008	
	重庆	0.014	0.014	0.014	0.014	0.014	0.014	0.020	0.012	0.015	0.019	0.019	0.017	0.018	0.018	0.013	0.018	0.013	0.016	
	西藏	0.000	0.000	0.000	0.000	0.000	0.000	0.000	0.000	0.000	0.000	0.000	0.000	0.000	0.000	0.000	0.000	0.000	0.000	
	均值	0.094	0.093	0.092	0.092	0.091	0.102	0.090	0.085	0.096	0.102	0.091	0.098	0.079	0.077	0.086	0.092	0.084		

注：选取的是人均用水量与人均水资源量之比来作为衡量水资源保障的指标，因西藏地区水资源量太小，标准化后为零。

表 5 - 28　2000—2016 年西部地区 12 省（直辖市、自治区）土地保障发展分析表

		2000 年	2001 年	2002 年	2003 年	2004 年	2005 年	2006 年	2007 年	2008 年	2009 年	2010 年	2011 年	2012 年	2013 年	2014 年	2015 年	2016 年	各省市区均值	区域均值
西北地区	甘肃	0.411	0.481	0.337	0.340	0.325	0.331	0.338	0.309	0.310	0.308	0.312	0.342	0.299	0.328	0.360	0.335	0.338	0.341	0.369
	内蒙古	0.421	0.409	0.388	0.364	0.337	0.368	0.365	0.383	0.408	0.408	0.404	0.426	0.463	0.479	0.437	0.437	0.445	0.408	
	宁夏	0.417	0.395	0.384	0.381	0.366	0.373	0.424	0.375	0.417	0.418	0.411	0.416	0.410	0.417	0.471	0.463	0.472	0.412	
	青海	0.370	0.350	0.344	0.349	0.405	0.351	0.348	0.356	0.362	0.363	0.361	0.260	0.307	0.334	0.334	0.316	0.318	0.343	
	陕西	0.345	0.337	0.305	0.324	0.258	0.279	0.305	0.332	0.363	0.351	0.353	0.365	0.219	0.253	0.236	0.240	0.239	0.300	
	新疆	0.401	0.386	0.364	0.369	0.360	0.362	0.383	0.388	0.392	0.410	0.411	0.424	0.444	0.468	0.468	0.482	0.477	0.411	
西南地区	云南	0.225	0.222	0.217	0.202	0.190	0.197	0.169	0.379	0.416	0.383	0.386	0.384	0.256	0.298	0.349	0.314	0.335	0.289	0.343
	广西	0.366	0.363	0.323	0.321	0.321	0.354	0.333	0.349	0.264	0.382	0.375	0.374	0.342	0.339	0.344	0.365	0.367	0.346	
	四川	0.371	0.370	0.373	0.366	0.353	0.363	0.337	0.349	0.357	0.375	0.392	0.382	0.364	0.397	0.396	0.383	0.370	0.371	
	西藏	0.442	0.360	0.353	0.327	0.322	0.534	0.429	0.412	0.381	0.372	0.394	0.700	0.501	0.533	0.377	0.495	0.517	0.438	
	贵州	0.267	0.269	0.249	0.258	0.231	0.232	0.234	0.231	0.232	0.233	0.216	0.219	0.222	0.271	0.303	0.319	0.322	0.253	
	重庆	0.257	0.294	0.297	0.325	0.285	0.356	0.366	0.381	0.397	0.417	0.399	0.407	0.374	0.381	0.391	0.395	0.397	0.360	
	均值	0.358	0.353	0.328	0.327	0.313	0.342	0.336	0.354	0.358	0.368	0.368	0.392	0.350	0.375	0.372	0.379	0.383		

5.5.2.13 能源保障

从空间层面上来分析，2016年，宁夏的能源保障指数最高，指数值处于0.124～0.974之间；其次为内蒙古，其能源保障指数值处于0.089～0.893；第三为青海，其指数值处于0.123～0.578之间；处于第四位的是新疆。可以发现，能源保障指数处于前四位的省份均是西北地区的省份。

从时间层面上来看，有三个趋势。一是西部地区各省能源保障指数均呈现出增长的态势。到2016年，西藏的指数值虽仅为0.091，但其年均增长率最大，达到53.05%；其次为新疆和重庆，年均增长值分别为19.27%和17.67%。二是年均增长率有一定的阶段性特征。2000—2010年间的年均增长率均大于2010—2016年，说明在2010年之后，西部各省的能源保障指数增加速率均高于2010年之前。三是2001—2016年，西部地区的能源保障指数在增长的趋势下各省之间的差距逐渐加大。2000年，省份间的最大最小值分别为0.131、0.001，差值为0.130；到2016年，省份间的最大最小值分别为0.974、0.091，指数差值达到0.883（详见表5－29）。

从区域上来分析，西北地区的能源保障指数均值为0.299，而西南地区的能源保障指数均值为0.099，西北地区远远高于西南地区，这是由两个地区的自然资源富裕度决定，由此可见，未来在推动西部地区城市化向高质量发展的进程中，可以考虑利用西北地区的能源优势，而在西南地区可以加大对能源的开发利用，利用加大对水资源的开发和利用效率等。

5.5.2.14 收入协调

收入协调指数从空间层面上来分析，各省间相差不是很大，四川省收入协调指数最高，其次为内蒙古，第三为新疆和宁夏（见表5－30）。从时间层面上来看，有两个趋势。一是2000—2016年西部各省的收入协调指数表现为增长趋势，年均增长率最高的为西藏，达到19.03%。二是西部地区各省在2000—2016年间收入协调指数为增长趋势的同时表现出省际差距减少的态势。2000年的最大值为0.788，最小值为0.042，差值为0.746。2016年的最大值为1，最小值为0.510，差值为0.49。进一步作图进行分析，可以发现差距缩小的趋势，在2000—2005年表现更为明显。从区域上进行分析，西北地区的收入协调指数均值稍微大于西南地区的收入协调指数均值，分别为0.544和0.483，这说明西南地区的城乡居民收入差异小于西北地区的城乡居民收入差异（见图5－14）。

表 5 – 29 2000—2016 年西部地区 12 省（直辖市、自治区）能源保障发展分析表

	2016 年	2015 年	2014 年	2013 年	2012 年	2011 年	2010 年	2009 年	2008 年	2007 年	2006 年	2005 年	2004 年	2003 年	2002 年	2001 年	2000 年	各省市区均值	区域均值
内蒙古	0.893	0.862	0.848	0.785	0.687	0.656	0.550	0.496	0.486	0.431	0.313	0.232	0.177	0.138	0.107	0.095	0.089	0.462	0.299
宁夏	0.974	0.954	0.964	0.931	0.856	0.809	0.505	0.416	0.413	0.401	0.346	0.280	0.227	0.185	0.153	0.135	0.124	0.510	
青海	0.576	0.525	0.543	0.578	0.529	0.442	0.451	0.366	0.299	0.298	0.273	0.208	0.165	0.123	0.133	0.137	0.131	0.327	
陕西	0.259	0.225	0.226	0.211	0.184	0.169	0.152	0.122	0.114	0.092	0.074	0.069	0.062	0.050	0.038	0.051	0.028	0.119	
甘肃	0.285	0.253	0.254	0.246	0.221	0.210	0.159	0.138	0.139	0.122	0.102	0.097	0.086	0.075	0.061	0.053	0.042	0.163	
新疆	0.684	0.574	0.495	0.398	0.249	0.208	0.160	0.128	0.114	0.096	0.083	0.072	0.061	0.053	0.043	0.045	0.041	0.215	
广西	0.156	0.137	0.140	0.136	0.121	0.111	0.111	0.095	0.087	0.066	0.048	0.039	0.029	0.028	0.021	0.020	0.020	0.082	0.099
四川	0.233	0.199	0.198	0.167	0.125	0.123	0.111	0.094	0.081	0.073	0.070	0.055	0.050	0.044	0.034	0.029	0.019	0.100	
西藏	0.091	0.063	0.042	0.038	0.021	0.036	0.025	0.020	0.021	0.015	0.015	0.012	0.009	0.005	0.002	0.000	0.000	0.025	
贵州	0.308	0.274	0.265	0.254	0.235	0.208	0.209	0.204	0.174	0.166	0.135	0.105	0.089	0.078	0.066	0.058	0.046	0.177	
云南	0.338	0.287	0.289	0.246	0.170	0.174	0.152	0.129	0.119	0.098	0.080	0.064	0.055	0.046	0.034	0.033	0.025	0.143	
重庆	0.126	0.112	0.112	0.104	0.088	0.097	0.084	0.079	0.076	0.060	0.044	0.037	0.038	0.026	0.022	0.021	0.019	0.067	
均值	0.410	0.372	0.365	0.341	0.291	0.270	0.222	0.191	0.177	0.160	0.132	0.106	0.087	0.071	0.060	0.056	0.049	0.202	

表 5 - 30　2000—2016 年西部地区 12 省（直辖市、自治区）收入协调分析表

		2000 年	2001 年	2002 年	2003 年	2004 年	2005 年	2006 年	2007 年	2008 年	2009 年	2010 年	2011 年	2012 年	2013 年	2014 年	2015 年	2016 年	各省市区均值	区域均值
西北地区	甘肃	0.275	0.322	0.362	0.328	0.327	0.298	0.272	0.241	0.314	0.321	0.367	0.372	0.381	0.468	0.499	0.517	0.510	0.363	0.544
	内蒙古	0.788	0.742	0.764	0.664	0.652	0.682	0.661	0.646	0.661	0.609	0.613	0.674	0.689	0.768	0.797	0.799	0.798	0.706	
	宁夏	0.602	0.602	0.630	0.615	0.655	0.602	0.559	0.522	0.484	0.502	0.577	0.591	0.609	0.806	0.841	0.845	0.848	0.641	
	青海	0.369	0.369	0.417	0.396	0.403	0.401	0.378	0.374	0.382	0.386	0.456	0.533	0.580	0.637	0.679	0.664	0.666	0.476	
	陕西	0.369	0.369	0.332	0.304	0.318	0.313	0.293	0.302	0.294	0.291	0.376	0.441	0.452	0.636	0.674	0.690	0.697	0.421	
	新疆	0.462	0.415	0.415	0.525	0.551	0.605	0.595	0.595	0.585	0.633	0.743	0.792	0.820	0.891	0.909	0.829	0.825	0.658	
西南地区	云南	0.229	0.229	0.192	0.191	0.136	0.184	0.198	0.225	0.248	0.245	0.303	0.342	0.355	0.552	0.587	0.614	0.626	0.321	0.483
	广西	0.509	0.509	0.439	0.411	0.393	0.409	0.461	0.388	0.373	0.357	0.398	0.450	0.475	0.758	0.798	0.827	0.862	0.519	
	四川	0.695	0.695	0.643	0.633	0.680	0.715	0.654	0.646	0.677	0.660	0.690	0.753	0.764	0.915	0.955	0.980	0.999	0.750	
	西藏	0.042	0.042	0.001	0.056	0.109	0.183	0.426	0.324	0.343	0.372	0.444	0.568	0.636	0.655	0.715	0.666	0.682	0.368	
	贵州	0.369	0.322	0.325	0.267	0.253	0.230	0.171	0.193	0.265	0.246	0.301	0.328	0.341	0.494	0.536	0.558	0.567	0.339	
	重庆	0.555	0.509	0.508	0.432	0.426	0.435	0.314	0.456	0.495	0.482	0.560	0.649	0.655	0.874	0.916	0.955	0.975	0.600	
	均值	0.439	0.427	0.419	0.402	0.409	0.421	0.415	0.409	0.427	0.425	0.486	0.541	0.563	0.704	0.742	0.745	0.755		

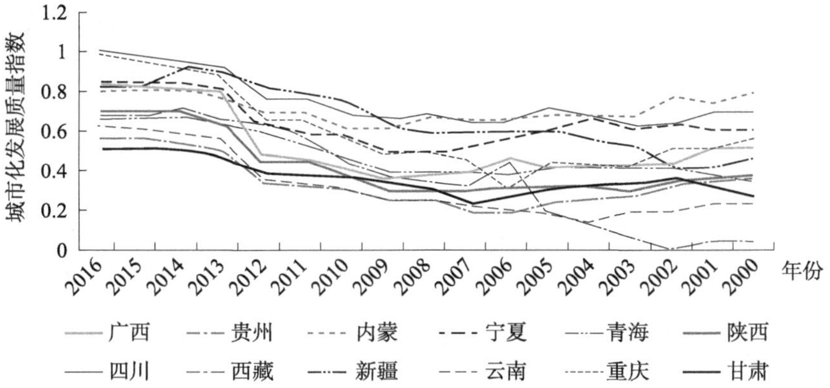

图 5－14　2000—2016 年西部地区 12 省（直辖市、自治区）收入协调时间演变

5.5.2.15　消费协调

从时间层面上来分析，2000—2016 年西部地区 12 省（直辖市、自治区）中，贵州、青海和西藏三省的消费协调指数呈现下降趋势，其他九省则表现为增长的态势。年均增长速率最高的为内蒙古，高达 39.94%，其次为宁夏和新疆，分别为 10.81% 和 10.71%。从区域上进行分析，虽然西北地区的消费协调指数均值小于西南地区的消费协调指数均值，但是二者的差距不是很大，分别为 0.227 和 0.273（详见表 5－31）。

5.5.2.16　环境支撑

环境支撑指数从空间层面上来看，到 2016 年西部地区各省（直辖市、自治区）的差异不是很突出。从时间层面上来分析，趋势有三：一是 2000—2016 年西部地区 12 省（直辖市、自治区）的环境支撑指数均为增长趋势，年均增长率最快的为宁夏，达到 11.19%；其次为重庆和甘肃，年均增长率分别为 8.85% 和 7.75%。二是年均增长率有一定的阶段性特征。表现为除西藏外，2000—2005 年的环境支撑指数年均增长率大于 2005—2016 年这一阶段的环境支撑指数年均增长速率。说明在 2005 年之后，西部地区各省（直辖市、自治区）人均水资源量、建成区绿化覆盖率和城镇人口人均绿化面积提高综合速度落后于前一阶段。三是经过2000—2016年的发展后，西部地区12省（直辖市、自治区）环境支撑指数省际差异呈现出加大的趋势。分地区进行分析，西北地区和西南地区的环境支撑指数均值相差不是很大，得分分别为0.414和0.421，西北地区略小于西南地区（详见表5－32，图5－15）。

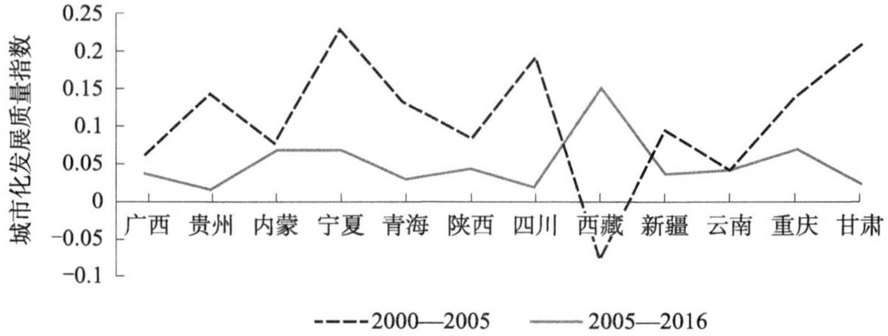

图5－15　2000—2016年西部地区12省（直辖市、自治区）环境支撑时间演变

5.5.2.17　环境保障

从空间层面来看，到2016年广西的环境保障指数最高，值处于0.346～0.879之间。其次是重庆市，处于0.26～0.66之间。从时间层面来分析，西部地区12省（直辖市、自治区）均为增长态势，年均增长率最快的两个省份为西藏和陕西，分别达到19.81%和12.89%。该指数年均增长率的阶段性特征不是很明显，各阶段相差不大，说明环境保障指数在2000—2005年、2005—2010年、2010—2016年三个阶段的变化速度大致相同。从区域上来分析，西北地区的环境保障指数均值为0.416，西南地区为0.458，西北地区小于西南地区（详见表5－33）。

表5-31 2000—2016年西部地区12省（直辖市、自治区）消费协调分析表

		2000年	2001年	2002年	2003年	2004年	2005年	2006年	2007年	2008年	2009年	2010年	2011年	2012年	2013年	2014年	2015年	2016年	各省市区均值	区域均值
西北地区	甘肃	0.061	0.005	0.267	0.247	0.216	0.125	0.137	0.158	0.181	0.221	0.214	0.195	0.217	0.300	0.175	0.197	0.193	0.183	0.227
	内蒙古	0.001	0.091	0.180	0.215	0.202	0.162	0.190	0.193	0.248	0.201	0.226	0.232	0.221	0.295	0.195	0.217	0.216	0.193	
	宁夏	0.042	0.052	0.262	0.281	0.269	0.197	0.235	0.293	0.231	0.210	0.235	0.272	0.297	0.332	0.242	0.203	0.216	0.228	
	青海	0.212	0.048	0.181	0.137	0.142	0.152	0.174	0.191	0.240	0.330	0.263	0.257	0.286	0.240	0.124	0.159	0.177	0.195	
	陕西	0.002	0.249	0.208	0.237	0.215	0.175	0.175	0.243	0.250	0.286	0.336	0.458	0.461	0.505	0.247	0.293	0.317	0.274	
	新疆	0.061	0.014	0.177	0.312	0.268	0.306	0.353	0.347	0.317	0.323	0.358	0.424	0.401	0.352	0.276	0.293	0.310	0.288	
西南地区	云南	0.219	0.231	0.146	0.198	0.187	0.166	0.157	0.209	0.220	0.258	0.243	0.219	0.246	0.378	0.270	0.231	0.252	0.225	0.273
	广西	0.164	0.025	0.190	0.188	0.187	0.148	0.214	0.214	0.218	0.236	0.250	0.304	0.306	0.546	0.379	0.363	0.377	0.253	
	贵州	0.325	0.168	0.153	0.182	0.192	0.176	0.177	0.203	0.277	0.317	0.261	0.238	0.282	0.251	0.196	0.240	0.288	0.231	
	四川	0.177	0.153	0.217	0.181	0.169	0.159	0.187	0.241	0.300	0.253	0.272	0.325	0.307	0.394	0.224	0.228	0.226	0.236	
	西藏	0.999	0.242	0.190	0.299	0.168	0.093	0.395	0.426	0.485	0.544	0.579	0.705	0.710	0.513	0.318	0.356	0.405	0.437	
	重庆	0.174	0.140	0.202	0.237	0.176	0.170	0.172	0.197	0.269	0.288	0.313	0.354	0.467	0.488	0.239	0.222	0.218	0.255	
	均值	0.203	0.118	0.198	0.226	0.199	0.169	0.214	0.243	0.270	0.289	0.296	0.332	0.350	0.383	0.240	0.250	0.266		

表 5 – 32　2000—2016 年西部地区 12 省（直辖市、自治区）环境支撑分析表

		2000 年	2001 年	2002 年	2003 年	2004 年	2005 年	2006 年	2007 年	2008 年	2009 年	2010 年	2011 年	2012 年	2013 年	2014 年	2015 年	2016 年	各省市区均值	区域均值
西北地区	甘肃	0.127	0.152	0.167	0.226	0.296	0.327	0.325	0.307	0.331	0.344	0.342	0.353	0.381	0.413	0.401	0.398	0.419	0.312	0.414
	内蒙古	0.218	0.224	0.230	0.249	0.328	0.313	0.348	0.372	0.400	0.429	0.470	0.486	0.525	0.534	0.596	0.610	0.621	0.409	
	宁夏	0.141	0.173	0.208	0.202	0.330	0.390	0.456	0.576	0.659	0.657	0.701	0.691	0.715	0.741	0.743	0.741	0.769	0.523	
	青海	0.162	0.172	0.189	0.199	0.268	0.299	0.325	0.340	0.347	0.362	0.358	0.382	0.397	0.395	0.408	0.394	0.412	0.318	
	陕西	0.229	0.252	0.270	0.283	0.325	0.337	0.404	0.426	0.434	0.437	0.438	0.446	0.464	0.469	0.476	0.533	0.531	0.397	
	新疆	0.305	0.324	0.349	0.335	0.486	0.474	0.414	0.534	0.537	0.589	0.578	0.614	0.635	0.658	0.664	0.675	0.694	0.521	
西南地区	广西	0.285	0.289	0.313	0.304	0.391	0.385	0.490	0.479	0.482	0.490	0.517	0.542	0.542	0.545	0.560	0.566	0.565	0.456	0.421
	四川	0.177	0.200	0.223	0.253	0.406	0.418	0.420	0.427	0.435	0.458	0.480	0.486	0.496	0.497	0.473	0.486	0.512	0.403	
	西藏	0.278	0.246	0.243	0.233	0.194	0.183	0.517	0.584	0.591	0.623	0.585	0.633	0.740	0.615	0.865	0.878	0.838	0.520	
	贵州	0.214	0.228	0.245	0.259	0.410	0.417	0.426	0.437	0.429	0.407	0.416	0.444	0.455	0.468	0.463	0.476	0.492	0.393	
	云南	0.249	0.258	0.274	0.246	0.280	0.300	0.291	0.352	0.366	0.416	0.446	0.465	0.474	0.455	0.461	0.456	0.466	0.368	
	重庆	0.144	0.151	0.167	0.164	0.263	0.274	0.291	0.395	0.446	0.482	0.517	0.530	0.560	0.546	0.547	0.550	0.561	0.388	
	均值	0.211	0.222	0.240	0.246	0.331	0.343	0.392	0.436	0.455	0.474	0.487	0.506	0.532	0.528	0.555	0.564	0.573		

表5-33　2000—2016年西部地区12省（直辖市、自治区）环境保障分析表

		2000年	2001年	2002年	2003年	2004年	2005年	2006年	2007年	2008年	2009年	2010年	2011年	2012年	2013年	2014年	2015年	2016年	各省市区均值	区域均值
西北地区	甘肃	0.218	0.238	0.239	0.262	0.275	0.182	0.210	0.270	0.305	0.272	0.315	0.354	0.370	0.377	0.440	0.448	0.461	0.308	0.416
	内蒙古	0.185	0.218	0.234	0.263	0.281	0.306	0.331	0.390	0.373	0.455	0.512	0.518	0.525	0.544	0.576	0.568	0.585	0.404	
	宁夏	0.223	0.246	0.309	0.331	0.358	0.465	0.477	0.477	0.506	0.458	0.651	0.564	0.570	0.669	0.646	0.621	0.646	0.483	
	青海	0.553	0.449	0.465	0.444	0.444	0.465	0.473	0.474	0.408	0.379	0.399	0.545	0.539	0.494	0.529	0.532	0.589	0.481	
	陕西	0.093	0.126	0.156	0.176	0.202	0.232	0.373	0.331	0.413	0.447	0.502	0.554	0.550	0.592	0.596	0.625	0.650	0.389	
	新疆	0.262	0.301	0.324	0.335	0.350	0.354	0.318	0.332	0.419	0.456	0.481	0.553	0.552	0.559	0.575	0.571	0.566	0.430	
西南地区	广西	0.346	0.376	0.462	0.456	0.473	0.516	0.584	0.650	0.697	0.879	0.879	0.725	0.748	0.717	0.699	0.711	0.718	0.626	0.458
	四川	0.217	0.260	0.284	0.302	0.337	0.372	0.387	0.438	0.509	0.516	0.527	0.518	0.514	0.536	0.553	0.565	0.564	0.435	
	西藏	0.030	0.134	0.211	0.282	0.190	0.246	0.075	0.315	0.325	0.334	0.365	0.361	0.368	0.376	0.392	0.408	0.533	0.291	
	贵州	0.141	0.173	0.184	0.204	0.248	0.315	0.359	0.387	0.419	0.462	0.526	0.520	0.550	0.557	0.550	0.555	0.567	0.395	
	云南	0.432	0.427	0.435	0.455	0.460	0.479	0.296	0.461	0.464	0.478	0.541	0.479	0.505	0.530	0.541	0.534	0.544	0.474	
	重庆	0.263	0.322	0.358	0.389	0.417	0.449	0.460	0.563	0.592	0.624	0.635	0.639	0.650	0.659	0.659	0.658	0.652	0.529	
	均值	0.247	0.273	0.305	0.325	0.336	0.365	0.362	0.424	0.453	0.480	0.528	0.527	0.537	0.551	0.563	0.566	0.590		

5.6 城市化发展质量与人口城市化发展水平的关联特征

由表5-34、图5-16可以看出，2000—2016年省域城市化发展质量指数相对人口城市化发展水平波动性较小。2000年城市化发展水平广西为26.60%，重庆为35.91%，而对应城市化发展质量水平分别为0.14和0.15。两个城市的人口城市化发展水平虽然相差较大，但是城市化发展质量水平差异较小；2005年人口城市化发展水平波动区间为20.71%~47.19%，城市化发展质量水平波动区间为0.15~0.26；2010年二者分别为22.67%~55.50%、0.22~0.37；2016年分别为29.61%~62.60%、0.34~0.52。这说明城市化发展质量与人口城市化发展水平无正相关关系，人口城市化发展水平高并不能说明城市化发展质量高。

表5-34 西部地区各省（直辖市、自治区）人口城市化水平与城市化综合发展质量

省份	2000年		2005年		2010年		2016年	
	人口城市化水平（%）	城市化综合发展质量	人口城市化水平（%）	城市化综合发展质量	人口城市化水平（%）	城市化综合发展质量	人口城市化水平（%）	城市化综合发展质量
内蒙古	42.75	0.206	47.19	0.237	55.50	0.362	61.19	0.517
广西	26.60	0.145	33.63	0.182	40.00	0.274	48.08	0.373
重庆	35.91	0.150	45.21	0.205	53.00	0.312	62.60	0.457
四川	26.69	0.154	33.00	0.196	40.17	0.287	49.21	0.405
贵州	22.40	0.096	26.86	0.151	33.80	0.234	44.16	0.360
云南	23.62	0.133	29.51	0.154	34.70	0.253	45.02	0.357
西藏	19.22	0.079	20.71	0.162	22.67	0.226	29.61	0.397
陕西	31.91	0.177	37.24	0.211	45.76	0.311	55.34	0.420
甘肃	24.46	0.148	30.02	0.195	36.13	0.241	44.67	0.347
青海	34.83	0.182	39.23	0.225	44.76	0.295	51.60	0.425
宁夏	32.90	0.200	42.28	0.265	47.87	0.377	56.30	0.529
新疆	35.21	0.213	37.16	0.245	43.02	0.332	48.33	0.477

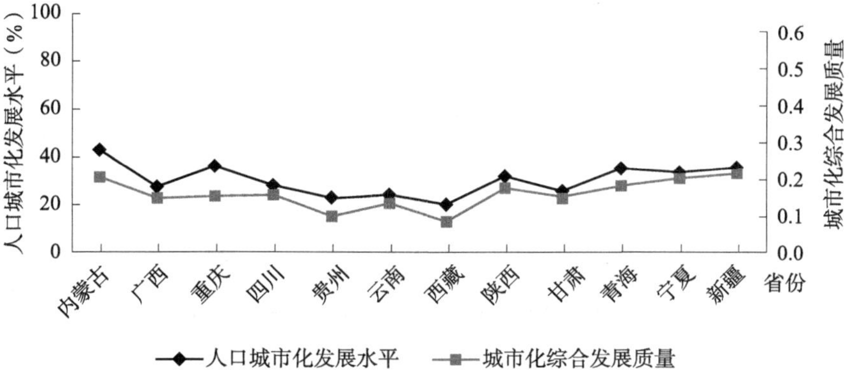

2000 年

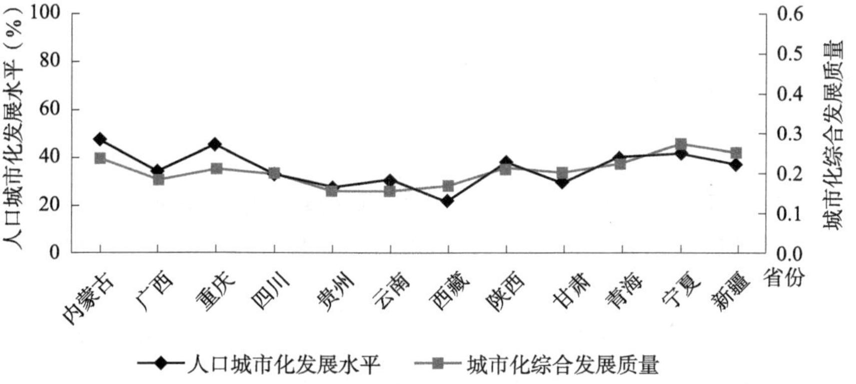

2005 年

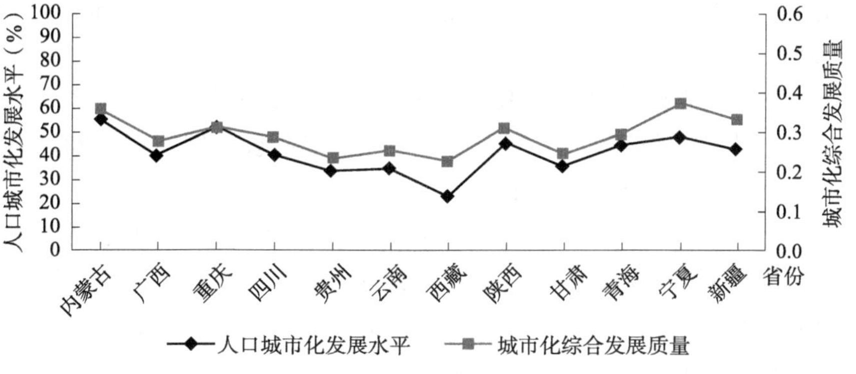

2010 年

图 5－16　2000—2016 年省域人口城市化水平与城市化综合发展质量对比关系

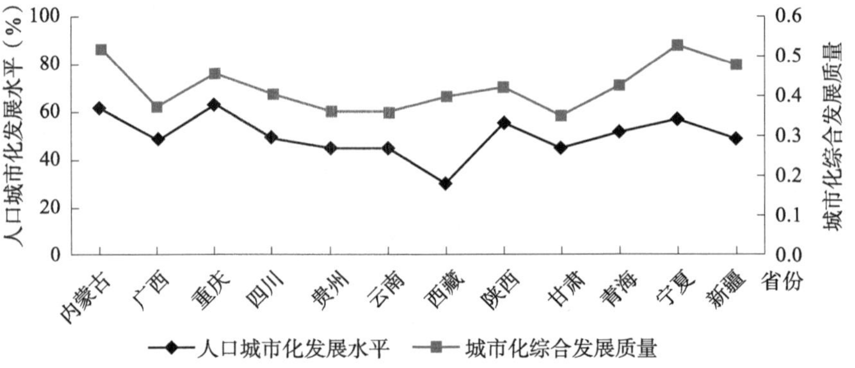

2016 年

图 5－16　2000—2016 年省域人口城市化水平与城市化综合发展质量对比关系（续）

5.7　本章小结

本章在城市化发展质量理论研究及综合测度模型构建基础上，对 2000—2016 年西部地区城市化发展质量及 2000 年、2005 年、2010 年、2016 年省域城市化发展质量进行综合测度分析。研究发现：

（1）总体上来看，西部地区城市化发展质量不高，年均增长率仅 1.86 个百分点。2000—2007 年，西部地区城市化发展质量年均增长率小于城市化率年均增长率，提“质”速度小于提“速”速度。2007—2016 年，西部地区城市化发展质量年均增长率高于城市化率年均增长率，提“质”速度略大于提“速”速度。

（2）城市化发展质量并不像城市化水平一样呈现稳定增长态势，西部地区城市化发展质量的阶段演变共经历了两个发展阶段，即 2000—2008 年的初步发展阶段和 2009—2016 年的优化提升阶段。

（3）将西部十二省（直辖市、自治区）划分为西北与西南两个区域空间分布：西北地区，包括新疆、内蒙古、陕西、宁夏、甘肃和青海；西南地区，包括云南、贵州、四川、广西、重庆和西藏。研究发现西北地区的城市化发展质量高于西南地区的城市化发展质量。

（4）西部地区分类城市化发展质量在三个时间发展阶段呈现出不同的态势。第一阶段为 2000—2005 年，在这一阶段社会城市化发展质量 > 空间城市

化发展质量 > 经济城市化发展质量 > 人口城市化发展质量 > 城市生态环境质量发展 > 城乡协调发展质量。其中城市生态环境质量在 2003—2005 年三年间有较大的提升，人口城市发展质量提高较快。第二阶段为 2006—2010 年。在这一阶段社会城市化发展质量、空间城市化发展质量、经济城市化发展质量、人口城市化发展质量、城市生态环境质量发展五个子系统的城市化发展质量均保持增长趋势，其中社会城市化发展质量和经济城市化发展质量增长较快。第三阶段为 2011—2016 年。在这一阶段，社会城市化发展质量和经济城市化发展质量继续保持较快增长，到 2016 年社会城市化发展质量和经济城市化发展质量远远高于其他子系统的发展质量。

（5）西部地区部分省份的城市化发展质量子系统有明显的空间分异特征。人口城市化发展质量、社会城市化发展质量和空间城市化发展质量表现为西北六省（直辖市、自治区）高于西南六省（直辖市、自治区），其中社会城市化发展质量和空间城市化发展质量，西北六省（直辖市、自治区）远高于西南六省（直辖市、自治区）的发展水平；城市生态环境发展质量表现为西北地区略低于西南地区；经济城市化发展质量和城乡协调发展质量西北地区与西南地区相差不大。

（6）城市化发展质量与城市规模不存在对应关系，人口城市化水平并不能反映城市化发展质量的高低，人口城市化水平高并不能说明城市化发展质量高。

（7）分要素城市化发展质量按时间、空间和区域的演变特征主要有：

人口城市化结构指数：2000—2016 年西部地区各省市区人口城市化结构有很大水平的提高；2016 年表现为重庆市最高，内蒙古次之，第三为青海省，排在最后四位的是贵州、西藏、广西和甘肃。两区域比较表现为西北地区明显高于西南地区。

人口城市化潜力指数：2000—2016 年除新疆外，其他各省均表现为不同程度的增长态势；2016 年最高的为新疆，其他依次为陕西、宁夏和甘肃，最低的是西藏，然后是云南和重庆。两区域比较表现为西北地区人口城市化潜力指数明显高于西南地区的人口城市化潜力。

经济发展实力指数：2000—2016 年 12 省（直辖市、自治区）都表现为加速增长的趋势；2016 年内蒙古为最高，其他依次为重庆、陕西、宁夏；最低的两个省份为甘肃和云南。两区域比较表现为西南地区略低于西北地区。

经济发展结构指数：2000—2016 年 12 省（直辖市、自治区）均表现为增长态势，特别是在 2011 年后增长较快；2016 年西藏最优，其次为宁夏、重庆。两区域比较表现为西北与西南地区的经济发展结构指数均值相差不大。

经济发展效率指数：2000—2016 年总体上看经济发展效率指数变化不大，除了云南和重庆的经济发展效率指数表现出下降态势外，其他十个省（直辖市、自治区）的经济发展效率均呈上升趋势；2016 年最高为陕西省，最小为宁夏。两区域比较表现为西南地区略大于西北地区。

经济增长动力指数：2000—2016 年 12 省（直辖市、自治区）均呈现出增长态势，其中重庆、陕西和四川的年均增长率最高；2016 年最优的三个省份依次为重庆、陕西和四川，其次为新疆、贵州和云南，最差为西藏和青海。两区域比较表现为西北地区的经济增长动力指数均值小于西南地区的经济增长动力指数。

经济发展代价指数：2000—2016 年西部各省均在减小，陕西、贵州、内蒙古、广西年均下降率位列前四；2016 年陕西、四川、重庆、青海的经济发展代价小于其他各省，新疆、西藏和宁夏三省的经济发展代价较大。两区域比较表现为西南地区的经济发展代价普遍略低于西北地区的经济发展代价。

基础设施指数：2000—2016 年 12 省（直辖市、自治区）的基础设施投入相差不大，均呈现增长态势，年均增长率最高为宁夏，其次为内蒙古，重庆、甘肃和贵州，这些省份增长速率基本相同；2016 年以青海省的基础设施指数为最高，其次为新疆，而处于倒数两位的是西藏和云南。两区域比较表现为西北地区稍微高于西南地区。

公共服务指数：2000—2016 年西部各省的公共服务指数均呈现增长态势，省际差异正在变小；新疆的公共服务指数最高，其次是宁夏、内蒙古、青海、陕西、西藏。两区域比较表现为西北地区的公共服务发展程度优于西南地区的公共服务发展程度。

社会保障指数：2000—2016 年西部地区各省均表现为增长趋势，除西藏外，其他各省增长态势的波动性不大；2016 年新疆远远高于其他省份，其次为四川省。两区域比较表现为西北地区高于西南地区。

水资源保障指数：2000—2016 年 12 个省（直辖市、自治区）的水资源保障指数变化不大；2016 年宁夏远远高于其他省份，西藏地区最小，其他十省（直辖市、自治区）均不高。两区域比较表现为西北地区远远高于西南地区。

土地保障指数：2000—2016 年西部地区 12 省（直辖市、自治区）的土地保障指数有增有减。其中，广西、贵州、内蒙古、宁夏、西藏、新疆、云南和重庆八个省（直辖市、自治区）的土地保障指数表现为增长趋势，青海、陕西、四川和甘肃四省土地保障指数呈现出减少的态势；2016 年西藏的土地保障指数最高，其次是新疆、宁夏和内蒙古。两区域比较表现为西北地区和西南地区的土地保障指数均值相关不大。

能源保障指数：2000—2016 年西部地区各省能源保障指数均呈现出增长的态势；2016 年宁夏的能源保障指数最高，其次为内蒙古，第三为新疆。两区域比较表现为西北地区远远高于西南地区。

收入协调指数：2000—2016 年西部各省的收入协调指数表现为增长趋势，同时表现出省际差距减少的态势；2016 年各省间的相差不是很大，四川省收入协调指数最高，其次为内蒙古，第三为新疆和宁夏。两区域比较表现为西北地区的收入协调指数均值稍微大于西南地区的收入协调指数均值。

消费协调指数：2000—2016 年贵州、青海和西藏三省的消费协调指数呈现下降趋势，其他九省（直辖市、自治区）则表现为增长的态势；2016 年除西藏外，西部地区各省的消费协调指数差距不大。两区域比较表现为西北地区的消费协调指数均值小于西南地区的消费协调指数均值，但是二者的差距不是很大。

环境支撑指数：2000—2016 年环境支撑指数均为增长趋势；2016 年西部地区各省的差距不明显。两区域比较表现为西北地区略小于西南地区。

环境保障指数：2000—2016 年西部地区 12 省（直辖市、自治区）均为增长态势，年均增长率最快的两个省份为西藏和陕西；2016 年广西的环境保障指数最高，其次是重庆。两区域比较表现为西北地区小于西南地区。

第六章　西部地区城市化“质”与“量”的协调性分析

中国城市化已经经历了70余年的发展历程，研究表明其大体上遵循世界城市化发展的阶段性规律，当前已经进入快速发展阶段。[1] 本章在对西部地区及省域城市化发展的阶段性、空间差异性进行分析的基础上，对西部地区人口城市化水平与土地城市化水平的协调性、城市化发展质量与人口城市化水平及土地城市化水平的协调性进行分析，并对城市化发展质量、水平及速度的互动发展模式进行轨迹探索，为未来城市化发展对策的制定提供理论支持和实践支撑。

6.1　西部地区城市化“质”与“量”的协调性分析

西部地区城市化发展质量的阶段性分析包括人口城市化和土地城市化两个方面。人口城市化发展质量的阶段性分析又包括人口城市化水平和人口城市化速度的阶段性划分；土地城市化阶段性分析又包括建设用地总量阶段性变化分析及人均建设用地面积阶段性变化分析。在以上分析的基础上，本研究对西部地区城市化水平与城市建设用地总量及人均量进行相关分析，建立建设用地弹性系数计算模型，研究西部地区人口城市化水平与土地城市化水平间的关系，以此对西部地区人口城市化与土地城市化的协调性进行研究，并在此基础上分析西部地区城市化发展水平、速度及质量三者之间的互动发展模式。

---

[1] 创琳，刘晓丽，蔺雪芹．中国城市化发展阶段的修正及规律性分［J］．干旱区地理，2008，31(04)：512－523．

6.1.1　西部地区城市化发展水平的时间演变特征分析

6.1.1.1　西部地区人口城市化发展水平的演变特征

正确的城市化发展水平是判定城市化发展水平与质量协调性的基础，本研究参考联合国的测算方法，根据“三普”到“五普”公布的城镇人口比重，修正2000—2016年的西部地区城市化水平。联合国测算方法的关键是在已知两次人口普查城镇人口和乡村人口的基础上，计算得出城乡人口增长率差，假设城乡人口增长率差在预测期维持不变，可以修正两次普查年间城市化发展的增长率，进而求得任一年的城市化率。❶

$$URGD = \ln\left\{\frac{PU(2)/[1-PU(2)]}{PU(1)/[1-PU(1)]}\right\}_n \qquad (式6-1)$$

式6－1中：*URGD* 为城乡人口增长率差，*PU*（1）和 *PU*（2）分别为前后两次人口普查的城镇人口比重，*n* 为两次人口普查间隔的年数。

（1）人口城市化水平的阶段性特征

本研究根据洛瑟姆提出的城市化“S”形曲线发展规律，结合课题组对西部大开发以来西部地区人口城市化水平的研究（表6－1与图6－1），将西部地区的人口城市化水平分为两个阶段，即2000—2005年的初期向加速期过渡阶段（人口城市化水平≤35%）和2006—2016年的加速期阶段（35%＜人口城市化水平≤60%）。具体如下：

2000—2005年的初期向加速期过渡阶段：这一阶段还可以详细划分为两个小阶段。第一个小阶段为2000—2001年，该阶段人口城市化水平小于30%，城市化发展速度和城市人口比重都相对较低，大量农村人口散居，小农经济现象突出。第二个小阶段为2002—2005年，该阶段人口城市化水平介于30%～35%之间，是从初期向加速期过渡的阶段，农村人口逐步向城市转移，人口城市化水平日渐提高。

2006—2016年的加速期阶段：在这个阶段大量农村人口向城市转移，人口城市化水平从35.6%持续增加到50.19%，城市在经济总量、规模以及数量

❶　王国霞．我国农村剩余劳动力转移问题研究：我国农村剩余劳动力的数量估算与转移规模预测［J］．山西大学学报（哲学社会科学版），2007，30（04）：19－24.

上有了很大发展。

表 6－1　西部大开发以来西部地区人口城市化水平变化情况

年份	人口城市化水平（人口城市化率）	人口城市化发展速度（人口城市化率较上年提高百分点）	年均增长百分点（各阶段年均发展速度）
2000	28.65%	—	1.17
2001	29.81%	1.16	
2002	30.62%	0.81	
2003	31.78%	1.16	
2004	33.74%	1.96	
2005	34.52%	0.78	
2006	35.60%	1.08	1.38
2007	37.00%	1.40	
2008	38.48%	1.48	
2009	39.66%	1.18	
2010	41.44%	1.78	
2011	42.99%	1.55	1.46
2012	44.74%	1.75	
2013	45.98%	1.24	
2014	47.37%	1.39	
2015	48.74%	1.37	
2016	50.19%	1.45	

注：根据《中国城市统计年鉴》和《中国统计年鉴》整理。

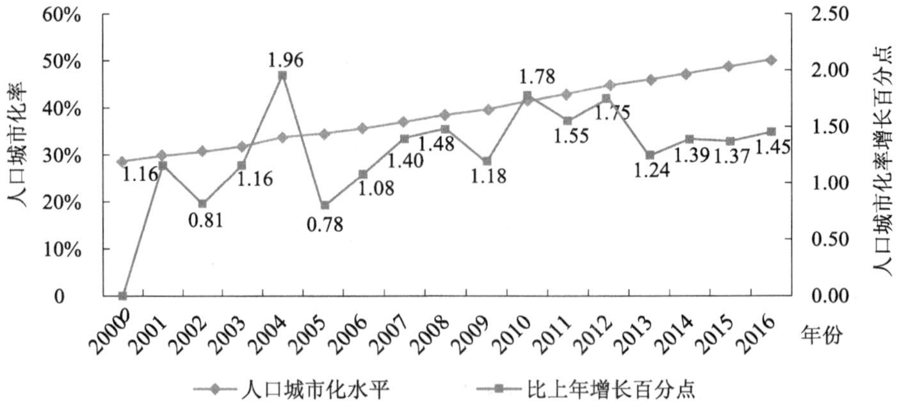

图 6－1　西部大开发以来西部地区人口城市化水平变化情况

（2）人口城市化速度阶段性发展分析

在对西部地区城市化发展速度分析时，本研究将人口城市化率较上一年增长百分点作为城市化发展速度划分依据，并依次分为四种发展速度类型：低速度（$v<0.3$），即人口城市化率较上一年增长0.3个百分点；中下发展速度（$0.3\leqslant v<0.6$），即人口城市化率较上一年增长0.3～0.6个百分点；中上发展速度（$0.6\leqslant v<0.8$），即人口城市化率较上一年增长0.6～0.8个百分点；高速度（$v\geqslant 0.8$），即人口城市化率较上一年增长0.8个百分点以上。通常来说，人口城市化率一年提高0.6～0.8个百分点是比较正常且能实现的，高于0.8个百分点甚至个别年份高达10个百分点也是有可能的，但平均每年超过10个百分点的城市化发展速度是很难实现的。[1] 为进一步反映西部地区城市化发展与经济社会发展水平的相适应性特征，本研究以全国“第十个五年计划”“第十一个五年计划”和“第十二个五年计划”的时间节点，来划分西部地区城市化发展进程，进而具体分析各个阶段的城市化发展速度特征（图6－2）。

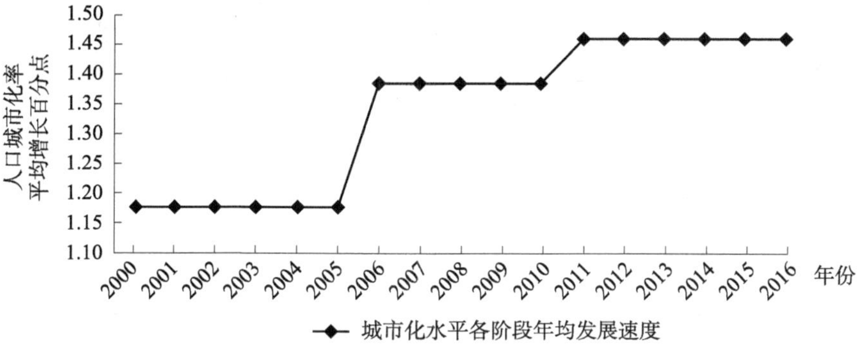

图6－2　西部大开发以来西部地区人口城市化速度阶段性变化情况

结合表6－1和图6－2分析发现，截至2016年年末，西部地区经过西部大开发和新一轮西部大开发17年的发展，城市化水平有了大幅度的提高。表现为自2000年实施西部大开发起，城市化发展速度就已经达到1.17个百分点，进入高速发展阶段。相关学者所提出的标准没有考虑重大国家战略对城市化水平的促进作用。本课题组在该标准上根据西部地区西部大开发战略的影响作用有所拓展，认为在进入高速发展阶段的5年后，西部地区城市化水平于2005—2010年进入中上高速发展阶段，人口城市化率年均增长1.38个百分点，2011—2016

[1] 罗志刚．对城市化速度及相关研究的讨论［J］．城市规划学刊，2007，172（06）：60－66．

年进入超高速发展阶段，人口城市化率年均增长达到1.46个百分点。

6.1.1.2 西部地区土地城市化发展水平的演变特征

（1）城镇建设用地总量阶段变化特点

本研究利用2000—2016年城市建设用地面积作为城镇建设用地面积总量的计算结果，并对应《中国统计年鉴》中的城镇人口数量。通过分析发现，2000—2016年城镇建设用地面积呈现稳定增长趋势，年均增长率为6.14%。但各年提升速度略有不同，最大增幅为2007—2008年的10.52%，最小增幅为2008—2009年的1.94%（详见表6－2）。

表6－2　2000—2016年西部地区城镇化建设用地面积变化情况

年份	西部地区城镇建设用地面积（平方公里）	比上年增加（%）
2000	4520	—
2001	4943	9.36
2002	5188	4.96
2003	5672	9.33
2004	5915	4.28
2005	6489	9.70
2006	6668	2.76
2007	6957	4.33
2008	7689	10.52
2009	7838	1.94
2010	8439	7.67
2011	8943	5.97
2012	9286	3.84
2013	9815	5.70
2014	10591	7.91
2015	11091	4.72
2016	11728	5.74

注：根据《中国统计年鉴》整理。

对2000—2016年城镇建设用地面积的变化趋势进行回归，发现西部地区城镇建设用地面积呈线性增长，增长公式为$y=438.96x+3800.7$（横轴x为第n年且以2000年为第一年，纵轴y为城镇建设用地面积），判定系数$R^2=0.9884$。从以上可以看出2000—2016年西部地区城镇建设用地面积大约以438.97km^2/年的速度呈线性增长（详见图6－3）。

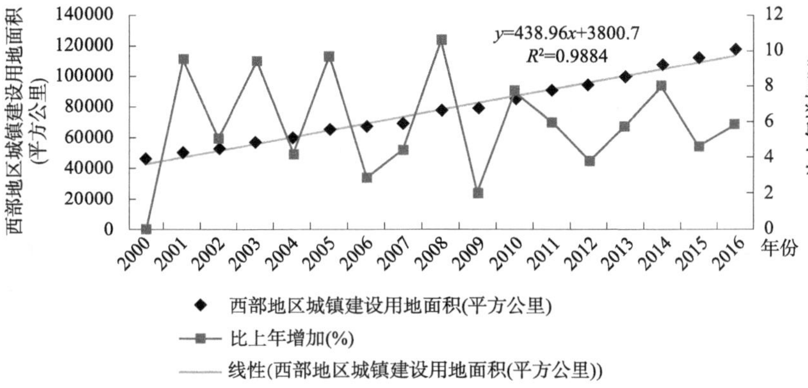

图 6－3　2000—2016 年西部地区城镇化建设用地面积变化及趋势分析

（2）人均城镇建设用地面积阶段变化分析

研究发现，西部地区人均城镇建设用地面积大体呈现稳定增长趋势，从 2000 年的 44. 28 平方米/人增加到 2016 年的 62. 45 平方米/人，人均城镇建设用地面积年均增长 2. 17%。但与中国城市规划标准规定的 100 ~ 120 平方米/人还有一定的发展差距（详见表 6－3、图 6－4）。

表 6－3　2000—2016 年西部地区人均城镇建设用地面积变化分析表

年份	城镇建设用地面积（平方公里）	年末城镇人口（万人）	城镇人口增长速度	人均城镇建设用地面积（平方米/人）	人均城镇建设用地面积比上年增加
2000	4520	10208	—	44. 28	—
2001	4943	10620	4. 04%	46. 54	5. 10%
2002	5188	10950	3. 11%	47. 38	1. 80%
2003	5672	11439	4. 47%	49. 58	4. 64%
2004	5915	12171	6. 40%	48. 60	－1. 98%
2005	6489	12399	1. 87%	52. 33	7. 67%
2006	6668	12855	3. 68%	51. 87	－0. 88%
2007	6957	13351	3. 86%	52. 11	0. 46%
2008	7689	13945	4. 45%	55. 14	5. 81%
2009	7838	14431	3. 49%	54. 31	－1. 51%
2010	8439	14947	3. 58%	56. 46	3. 96%
2011	8943	15573	4. 19%	57. 43	1. 72%
2012	9286	16298	4. 66%	56. 98	－0. 78%
2013	9815	16844	3. 35%	58. 27	2. 26%
2014	10591	17452	3. 61%	60. 69	4. 15%
2015	11091	18097	3. 70%	61. 29	0. 99%
2016	11728	18779	3. 77%	62. 45	1. 89%

注：根据《中国统计年鉴》整理。

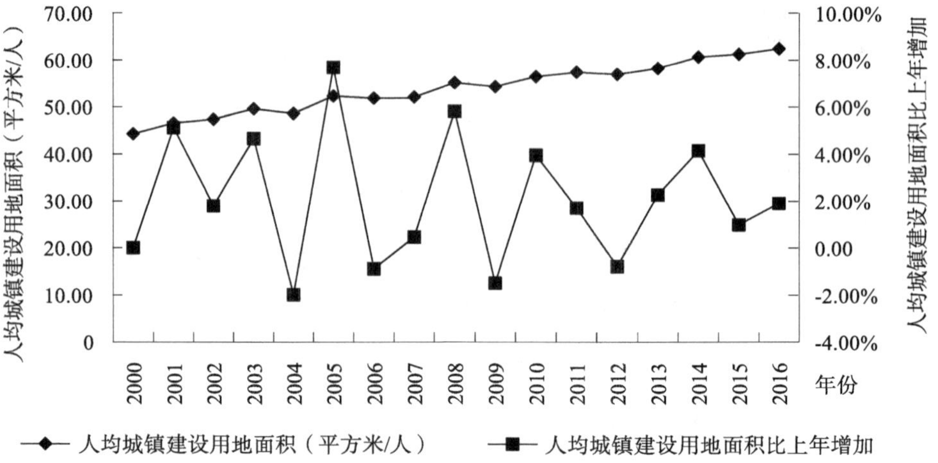

图 6－4　2000—2016 年西部地区人均城镇建设用地面积变化分析

6.1.1.3　西部地区人口城市化水平与土地城市化水平的关系模拟分析

（1）人口城市化水平与城镇建设用地面积总量关系分析

土地是城市生产和生活的重要载体，随着人口城市化水平的提高，对住房、交通、公共服务设施及基础设施等的需求也在不断增加。因而，人口城市化水平是推动土地城市化水平提高的直接原因。以人口城市化水平为 x 轴，城镇建设用地面积为 y 轴，对 2000—2016 年西部地区人口城市化水平与城镇建设用地面积总量进行相关性分析，发现人口城市化水平与城镇建设用地面积总量呈显著线性相关关系，即人口城市率每提高 1%，对城镇建设用地面积的需求相应增加 320 平方公里（$y = 32000x - 4696.9$，判定系数 $R^2 = 0.9931$，详见图 6－5）。

（2）人口城市化水平与人均城镇建设用地面积关系分析

在研究人口城市化水平与城镇建设用地面积总量的基础上，以人口城市化水平作为 x 轴，人均城镇建设用地面积为 y 轴，对 2000—2016 年西部地区的人口城市化水平与人均城镇建设用地面积进行相关性分析，发现人口城市化水平与人均城镇建设用地面积相关性较大（$y = 76.59x + 24.071$，判定系数 $R^2 = 0.9655$，详见图 6－6）。

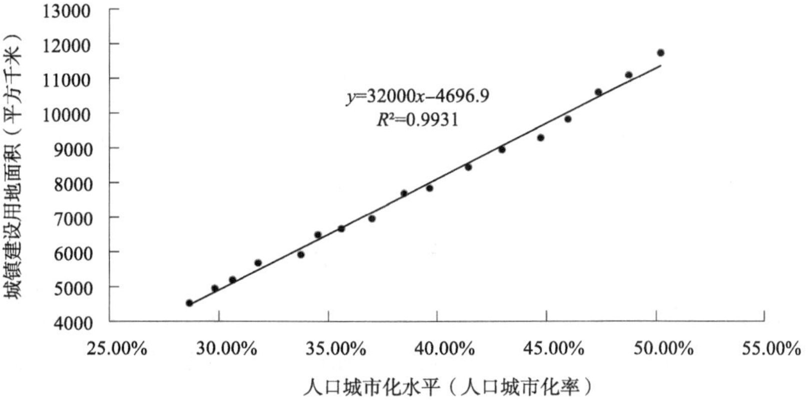

图6－5　2000—2016年西部地区人口城市化水平与城镇建设用地面积关系分析

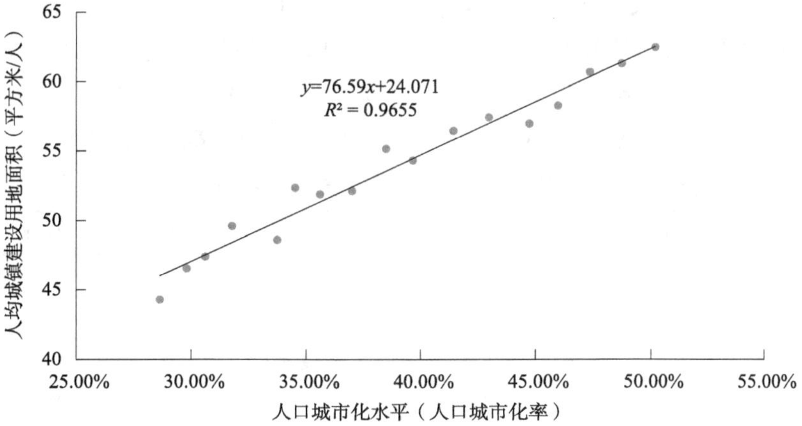

图6－6　2000—2016年西部地区人口城市化水平与人均城镇建设用地面积关系分析

6.1.2　西部地区人口城市化水平与土地城市化水平的协调性分析

6.1.2.1　西部地区城镇建设用地弹性系数

城市人口增长是城市建设用地增加的主要原因，城市人口增长率的高低从理论上决定了城镇建设用地的增长变化。城镇建设用地对城市人口的弹性系数为城镇建设用地增长率与城市人口增长率之比，用以表示城镇建设用地增长对城市人口增长的敏感程度。计算公式如下：

$$E = \frac{\Delta Y/Y}{\Delta X/X} \quad (式 6-2)$$

上式中：E 为城镇建设用地对城市人口的弹性系数，$\Delta Y/Y$ 表示城镇建设用地增长率，$\Delta X/X$ 表示城市人口增长率。若城市人口变量 X 和城镇建设用地变量 Y 均为时间序列变量时，上式可进一步表示为：

$$E = \frac{(Y_t - Y_{t-1})/Y_{t-1}}{(X_t - X_{t-1})/X_{t-1}} \quad (式 6-3)$$

式 6－3 说明：城镇建设用地对城市人口的弹性系数 E，表示城市人口增长率每提高 1 个百分点可以引起城镇建设用地增长率变动 E 个百分点。

在本研究中，为反映西部地区城市化发展同经济社会的相适应性，将研究期限（2000—2016 年）划分为三个阶段：2000—2005 年为第一个阶段、2006—2010 年为第二个阶段、2011—2016 年为第三个阶段。在研究这三个阶段的城镇建设用地对城市人口的弹性系数时，城市人口增长率和城镇建设用地增长率均采用各阶段的年均增长率，得出的各阶段的弹性系数，均反映出各个阶段西部地区城镇建设用地增长对城市人口增长的敏感程度，具体计算结果见表 6－4。

表 6－4　2000—2016 年西部地区城镇建设用地弹性系数变化分析

时间	指标	数值
2000—2005 年	年均城市人口增长率	3.966%
	年均城镇建设用地增长率	7.502%
	城镇建设用地对城市人口弹性系数	1.892
2006—2010 年	年均城市人口增长率	3.841%
	年均城镇建设用地增长率	6.065%
	城镇建设用地对城市人口弹性系数	1.579
2011—2016 年	年均城市人口增长率	3.815%
	年均城镇建设用地增长率	5.572%
	城镇建设用地对城市人口弹性系数	1.461
2000—2016 年	年均城市人口增长率	3.874%
	年均城镇建设用地增长率	6.380%
	城镇建设用地对城市人口弹性系数	1.644

注：各阶段的城市人口年均增长率和城镇建设用地年均增长率，均依据《中国统计年鉴》和《中国城市统计年鉴》推算提出；2000—2016 年的城市人口年均增长率和城镇建设用地年均增长率取三个阶段相应平均值。

通过计算 2000—2016 年西部地区土地城市化发展的城镇建设用地弹性系数可以看出，2000—2005 年西部地区城镇建设用地弹性系数为 1.892，2006—

2010年西部地区城镇建设用地弹性系数为1.579，2011—2016年西部地区城镇建设用地弹性系数为1.461。2000—2016年，西部地区城镇建设用地弹性系数呈现降低的趋势，平均用地弹性系数为1.644。西部地区城镇用地弹性系数呈现降低的趋势，这说明城镇人口增长所需要的城镇用地增长量逐年减少，即城镇人口增长驱动城市建设用地增加的动力是在递减的。同时也说明自实施西部大开发以后，西部地区人口城市化发展速度高于土地城市化速度，并且具有增大趋势。

6.1.2.2　西部地区人口城市化水平与土地城市化水平的协调性分析

最合理的城市化发展类型是人口城市化与土地城市化发展水平的同步协调发展。本研究对人口城市化发展水平与土地城市化水平协调系数的计算基于这样一个理念，即人口城市化发展水平与土地城市化水平同步发展的程度越高，说明其协调性越好。[1]

$$L(t) = \begin{cases} 0 & ,M(t) = V(t) \\ \dfrac{M(t) - V(t)}{|M(t) - V(t)|}\left[1 - \dfrac{\min\{M(t),V(t)\}}{\max\{M(t),V(t)\}}\right], & M(t) \neq V(t) \end{cases}$$

（式6-4）

其中 $L(t)$ 表示人口与土地的城市化水平协调度，当 $L(t)>0$ 时说明土地城市化超前于人口城市化，当 $L(t)<0$ 时说明土地城市化滞后于人口城市化，$L(t)$ 趋于0时说明人口城市化与土地城市化的协调性较好，$M(t)$ 和 $V(t)$ 分别表示第 t 年或 t 区域的土地城市化指数和人口城市化水平指数。

根据对人口城市化水平与土地城市化发展水平的协调系数 $L(t)$ 的计算结果，规定 $|L(t)| \leqslant 0.1$ 为基本协调型，$0.1 < |L(t)| \leqslant 0.5$ 为滞后型，$0.5 < |L(t)| \leqslant 1$ 为过度滞后型；$L(t)>0$ 为人口城市化水平滞后型，$L(t)<0$ 为土地城市化水平滞后型。[2]

研究发现2000—2016年西部地区城市化发展类型均为土地城市化滞后型。从2000—2016年人口城市化水平与土地城市化水平的协调性指数 $L(t)$ 可以看出，人口城市化与土地城市化协调性趋于协调，$|L(t)|$ 从2000年的0.56下降到2016年的0.38。2016年城镇建设用地可以承载的当年人口城市化水平为31.35%，而实际人口城市化水平为50.19%，人口城市化出现快速增长态势（详见表6-5）。

[1] 王德利，赵弘，孙莉，等. 首都经济圈城市化质量测度［J］. 城市问题，2011（12）.

[2] 王德利. 中国城市化发展质量的调控机理与提升对策研究［D］. 北京：中国科学院地理科学与资源研究所，2011（3）.

表 6-5 2000—2016 年西部地区人口城市化水平与土地城市化水平的协调性分析

年份	总人口（万人）	城镇人口（万人）	人口城市化水平	城镇建设用地面积（平方公里）	基于城镇建设用地面积的城镇人口（万人）	基于城镇建设用地面积的人口城市化水平	协调系数 $L(t)$	城市化协调发展类型
2000	35635	10208	28.65%	4520	4520	12.68%	-0.56	土地城市化过度滞后型
2001	35629	10620	29.81%	4943	4943	13.87%	-0.53	土地城市化过度滞后型
2002	35767	10950	30.61%	5188	5188	14.50%	-0.53	土地城市化过度滞后型
2003	35997	11439	31.78%	5672	5672	15.76%	-0.50	土地城市化滞后型
2004	36072	12171	33.74%	5915	5915	16.40%	-0.51	土地城市化过度滞后型
2005	35917	12399	34.52%	6489	6489	18.07%	-0.48	土地城市化滞后型
2006	36017	12855	35.69%	6668	6668	18.51%	-0.48	土地城市化滞后型
2007	36088	13351	37.00%	6957	6957	19.28%	-0.48	土地城市化滞后型
2008	36240	13945	38.48%	7689	7689	21.22%	-0.45	土地城市化滞后型
2009	36385	14431	39.66%	7838	7838	21.54%	-0.46	土地城市化滞后型
2010	36069	14947	41.44%	8439	8439	23.40%	-0.44	土地城市化滞后型
2011	36222	15573	42.99%	8943	8943	24.69%	-0.43	土地城市化滞后型
2012	36428	16298	44.74%	9286	9286	25.49%	-0.43	土地城市化滞后型
2013	36637	16844	45.98%	9815	9815	26.79%	-0.42	土地城市化滞后型
2014	36839	17452	47.37%	10591	10591	28.75%	-0.39	土地城市化滞后型
2015	37133	18097	48.74%	11091	11091	29.87%	-0.39	土地城市化滞后型
2016	37414	18779	50.19%	11728	11728	31.35%	-0.38	土地城市化滞后型

注：1. 基于城镇建设用地面积的城镇人口，为按照城乡规划标准人均城镇建设用地 100 平方米计算得来的城镇建设用地可承载的城镇人口数量。

2. 基于城镇建设用地面积的人口城市化水平，为按照以上计算得来的可承载城镇人口数量除以当年人口总量而得到的城市化水平。

3. 土地城市化水平可依据城镇建设用地面积除以西部地区国土空间总面积计算，进而最终计算得到协调系数 $L(t)$。

4. 表中数据来源于《中国统计年鉴》和《中国城市统计年鉴》。

6.1.3　西部地区城市化发展质量与城市化发展水平的协调性分析

6.1.3.1　城市化水平与城市化发展质量的协调性测度模型

尽管城市化发展质量在理论上滞后于城市化发展水平，但理想的城市化发展类型是城市化发展水平与城市化发展质量的协调性同步发展。当城市化发展水平与质量同步发展的程度越高时，也就表明两者的协调性越好。[1]

$$E(t)=\begin{cases}0 & ,Z(t)=V(t)\\ \dfrac{Z(t)-V(t)}{|Z(t)-V(t)|}\left[1-\dfrac{\min\{Z(t),V(t)\}}{\max\{Z(t),V(t)\}}\right], & Z(t)\neq V(t)\end{cases}$$

（式6－5）

$$V(t)=\begin{cases}\dfrac{V_t}{V_0}, & V_t<V_0\\ 1, & V_t>V_0\end{cases}$$ （式6－6）

其中$E(t)$表示城市化发展水平与质量的协调度，当$E(t)>0$时说明城市化发展质量超前于城市化发展水平，当$E(t)<0$时说明城市化发展质量滞后于城市化发展水平，当$E(t)$趋于0时说明城市化发展质量与水平的协调性越好。$Z(t)=UDQ\times100$和$V(t)$分别表示第t年或t区域城市化发展质量指数和城市化发展水平指数。

式6－6中V_t为第t年或t区域修正城市化水平，V_0为城市化发展水平目标值（本研究将中国城市化发展水平目标值确定为100%）。

根据对城市化发展水平与城市化发展质量的协调系数$E(t)$的计算结果，本研究定义$|E(t)|\leqslant0.1$为基本协调型，$0.1<|E(t)|\leqslant0.5$为城市化发展质量滞后型，$0.5<|E(t)|\leqslant1$为城市化发展质量过度滞后型；$E(t)>0$为城市化发展水平滞后型，$E(t)<0$为城市化发展质量滞后型。[2]

6.1.3.2　人口城市化水平与城市化发展质量的协调性分析

通过以上关于人口城市化和土地城市化的研究发现，人口城市化发展水平

[1] 王德利，赵弘，孙莉，等．首都经济圈城市化质量测度［J］．城市问题，2011（12）．

[2] 方创琳，王德利．中国城市化发展质量的综合测度与提升路径［J］．地理研究，2011（11）．

较土地城市化发展水平增长速度更快。在以上关于人口城市化水平与土地城市化水平互动发展模式研究的基础上，本节主要研究城市化发展质量与人口城市化发展水平的动态转换模式（详见表6－6）。

表6－6　2000—2016年西部地区人口城市化发展水平与城市化发展质量的对应分析

年份	*UDQ*	$Z(t)$	城市化率（%）	修正的城市化率（%）	$E(t)$	城市化发展类型
2000	0.181	18.1	28.65	40.93	－0.56	城市化发展质量过度滞后型
2001	0.193	19.3	29.81	42.59	－0.55	城市化发展质量过度滞后型
2002	0.199	19.9	30.62	43.74	－0.55	城市化发展质量过度滞后型
2003	0.208	20.8	31.78	45.40	－0.54	城市化发展质量过度滞后型
2004	0.215	21.5	33.74	48.20	－0.55	城市化发展质量过度滞后型
2005	0.230	23.0	34.52	49.31	－0.53	城市化发展质量过度滞后型
2006	0.243	24.3	35.69	50.99	－0.52	城市化发展质量过度滞后型
2007	0.264	26.4	37.00	52.86	－0.50	城市化发展质量滞后型
2008	0.283	28.3	38.48	54.97	－0.49	城市化发展质量滞后型
2009	0.307	30.7	39.66	56.66	－0.46	城市化发展质量滞后型
2010	0.338	33.8	41.44	59.20	－0.43	城市化发展质量滞后型
2011	0.347	34.7	42.99	61.41	－0.43	城市化发展质量滞后型
2012	0.367	36.7	44.74	63.91	－0.43	城市化发展质量滞后型
2013	0.400	40.0	45.98	65.69	－0.39	城市化发展质量滞后型
2014	0.412	41.2	47.37	67.67	－0.39	城市化发展质量滞后型
2015	0.434	43.4	48.74	69.63	－0.38	城市化发展质量滞后型
2016	0.479	47.9	50.19	71.70	－0.33	城市化发展质量滞后型

注：我国西部地区的城市化发展水平目标值为70%。

总体来说，2000—2016年西部地区城市化发展质量滞后于人口城市化发展水平，2000—2006年西部地区城市化为城市化发展质量过度滞后型，2007—2016年城市化发展质量稍有提升，改善为城市化发展质量滞后型。需要说明的是，西部地区城市化发展质量相对于人口城市化发展水平的滞后性具有逐渐缩小的趋势。主要因为在城市化发展中期城市化发展水平的提升速度逐渐加快，这一阶段许多政府部门还没有意识到城市化发展质量的重要性，主要注重城市化发展水平的提高，因此城市化发展质量提升速度相对城市化水平的提升速度较慢。值得注意的是，西部地区城市化发展质量与城市化水平在逐渐趋于协调，但随着城市化发展水平及发展速度协调性进一步的提高，现有的资源环境承载能力难以维持当前的经济、社会发展，将会呈现一系列的城市化问题，所以这一阶段一定要注意城市化发展质量问题，防止城市化问题成为日后城市化发展的“瓶颈”。

6.1.3.3 土地城市化水平与城市化发展质量的协调性分析

2000—2016 年西部地区 $|E(t)| \leqslant 0.1$，因此判断西部地区土地城市化水平与城市化发展质量属于基本协调型。但是从 2000—2016 年 $E(t)$ 值的计算结果（表 6-7）可以发现有一定的变化规律。2000—2009 年都为负值，2010—2016 年，除 2011 年外其他 $E(t)$ 为正值。这说明土地城市化水平与城市化发展质量虽然在 2000—2016 年属于基本协调型，但是最近几年土地城市化水平正在逐渐低于城市化发展质量的提高速度，表明有关调整西部地区城市化发展质量和土地城市化水平的政策效果已经开始显现(详见表 6-7)。

表 6-7 2000—2016 年西部地区土地城市化发展水平与城市化发展质量的对应分析

年份	*UDQ*	$Z(t)$	土地城市化水平（%）	修正的土地城市化水平（%）	$E(t)$	土地城市化水平与城市化发展质量的协调性
2000	0. 181	18. 1	12. 68	18. 11	-0. 001	土地城市化水平与城市化发展质量基本协调
2001	0. 193	19. 3	13. 87	19. 81	-0. 026	土地城市化水平与城市化发展质量基本协调
2002	0. 199	19. 9	14. 50	20. 71	-0. 039	土地城市化水平与城市化发展质量基本协调
2003	0. 208	20. 8	15. 76	22. 51	-0. 076	土地城市化水平与城市化发展质量基本协调
2004	0. 215	21. 5	16. 40	23. 43	-0. 082	土地城市化水平与城市化发展质量基本协调调
2005	0. 230	23. 0	18. 07	25. 81	-0. 091	土地城市化水平与城市化发展质量基本协调
2006	0. 243	24. 3	18. 51	26. 44	-0. 081	土地城市化水平与城市化发展质量基本协调
2007	0. 264	26. 4	19. 28	27. 54	-0. 041	土地城市化水平与城市化发展质量基本协调

续表

年份	*UDQ*	*Z*(*t*)	土地城市化水平（%）	修正的土地城市化水平（%）	*E*(*t*)	土地城市化水平与城市化发展质量的协调性
2008	0.283	28.3	21.22	30.31	-0.066	土地城市化水平与城市化发展质量基本协调
2009	0.307	30.7	21.54	30.77	-0.002	土地城市化水平与城市化发展质量基本协调
2010	0.338	33.8	23.40	33.43	0.011	土地城市化水平与城市化发展质量基本协调
2011	0.347	34.7	24.69	35.27	-0.016	土地城市化水平与城市化发展质量基本协调
2012	0.367	36.7	25.49	36.41	0.008	土地城市化水平与城市化发展质量基本协调
2013	0.400	40.0	26.79	38.27	0.043	土地城市化水平与城市化发展质量基本协调
2014	0.412	41.2	28.75	41.07	0.003	土地城市化水平与城市化发展质量基本协调
2015	0.434	43.4	29.87	42.67	0.017	土地城市化水平与城市化发展质量基本协调
2016	0.479	47.9	31.35	44.79	0.065	土地城市化水平与城市化发展质量基本协调

6.1.4 西部地区城市化发展质量、水平及速度的互动发展模式分析

根据2000—2016年西部地区城市化发展质量与人口城市化发展速度对应分析图，在关于城市化质量、速度及水平的象限互动关系与16种互动协调类型图的基础上，[1] 将2000—2016年西部地区城市化发展质量与城市化发展速度对应演变轨迹及趋势线与不同发展阶段城市化质量、速度及水平的象限互动关

[1] 王德利. 中国城市化发展质量的调控机理与提升对策研究［D］. 北京：中国科学院地理科学与资源研究所，2011（3）.

系图叠加分析，得到 2000—2016 年西部地区城市化发展水平与城市化质量、速度的象限互动分析图。由于西部地区城市化发展水平与质量的不协调问题，西部地区城市化发展并未严格按照城市化发展水平在城市化发展质量与城市化发展速度象限分析图中的理想轨迹演变，城市化发展质量与城市化发展速度具有一定的波动性，但可以利用城市化发展质量与速度演变散点图趋势线，来大体模拟 2000—2016 年西部地区城市化发展轨迹在城市化质量、速度的象限图中的演变模式（详见图 6－7）。研究发现，2000—2010 年西部地区为低质量低速度发展阶段，2011—2016 年为中低速度中低发展质量阶段（详见图 6－8）。

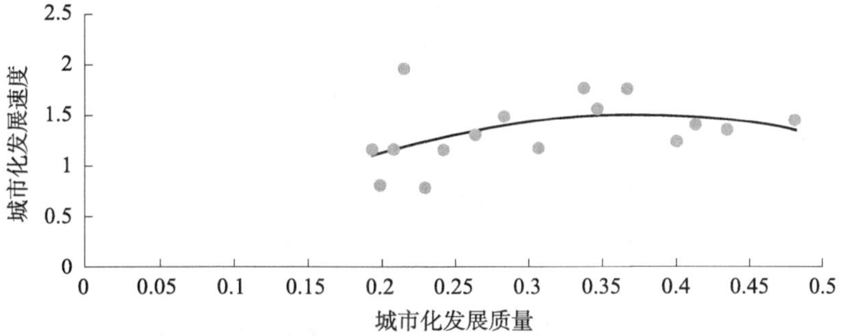

图 6－7 2000—2016 年西部地区城市化发展质量与城市化发展速度对应分析

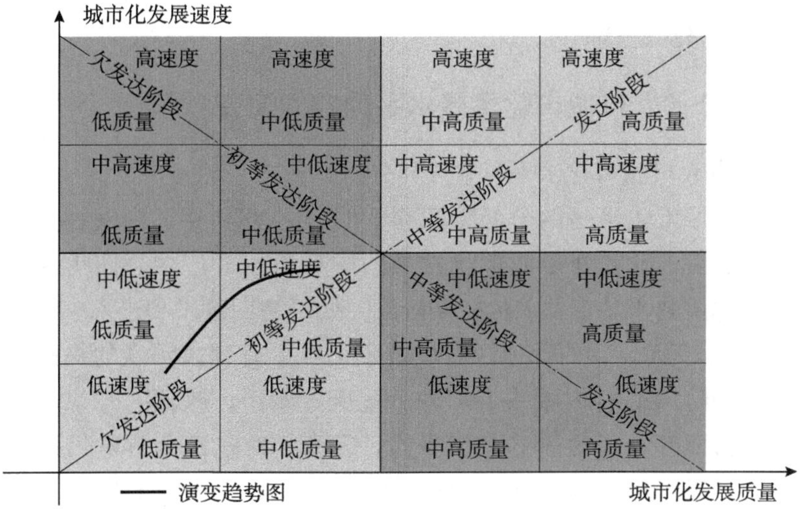

图 6－8 2000—2016 年西部地区城市化发展轨迹在城市化质量、速度及水平互动象限图中演变模式分析

6.2 分省城市化“质”与“量”的协调性分析

由于西部地区各个区域的经济发展、社会需求、资源禀赋等方面的不同，城市化进程也会有一定的差异，所以分省城市化模式的空间差异性研究具有十分重要的意义。分省人口城市化发展研究包括人口城市化水平的空间研究和人口城市化速度的空间差异性研究。由于数据限制，本研究利用城市建设用地来研究分省土地城市化空间差异变化及分省人均建设用地面积的空间差异性变化。在以上分析的基础上，本研究对分省城市化水平与城市建设用地总量及人均城市建设用地量进行相关分析，建立分省城市建设用地弹性系数，以此对分省人口城市化与土地城市化的协调模式进行分析。最后，在此基础上研究分省城市化发展质量与城市化水平的动态转换模式，分析研究分省城市化发展质量、速度及水平的互动发展模式。

6.2.1 分省城市化发展水平的空间分异特征分析

利用城市建设用地面积与对应城市非农业人口数量，对分省城市化发展水平的时空分异格局进行研究。

6.2.1.1 分省人口城市化发展水平的空间演变特征

（1）分省人口城市化水平时空分异分析

分省人口城市化水平的分异特征非常明显。2000 年，内蒙古、重庆、陕西、青海、宁夏、新疆处于城市化发展的中期阶段，广西、四川、贵州、云南、西藏、甘肃处于城市发展的初期阶段，处于初期阶段和进入中期阶段的城市各占 50%；2005 年，西部地区省域城市化水平有较大幅度的提高，进入城市化发展中期阶段的有内蒙古、广西、重庆、四川、陕西、甘肃、青海、宁夏、新疆，占西部地区的 75%，仅贵州、云南、西藏三个省份仍处于城市化发展的初期阶段；2010 年，西部地区 12 个省（直辖市、自治区）中已有 11 个进入城市化的中期阶段，区域城市化水平提升也比较明显，仅有西藏处于城市化发展的初期阶段。2016 年相对于 2010 年城市化发展水平的空间差异性没有变化（详见表 6－8）。

表 6－8　2000—2016 年西部地区分省人口城市化发展阶段分析

省份	2000 年	发展阶段	2005 年	发展阶段	2010 年	发展阶段	2016 年	发展阶段
内蒙古	42.75	中期	47.19	中期	55.50	中期	61.19	中期
广西	26.60	前期	33.63	中期	40.00	中期	48.08	中期
重庆	35.91	中期	45.21	中期	53.00	中期	62.60	中期
四川	26.69	前期	33.00	中期	40.17	中期	49.21	中期
贵州	22.40	前期	26.86	前期	33.80	中期	44.16	中期
云南	23.62	前期	29.51	前期	34.70	中期	45.02	中期
西藏	19.22	前期	20.71	前期	22.67	前期	29.61	前期
陕西	31.91	中期	37.24	中期	45.76	中期	55.34	中期
甘肃	24.46	前期	30.02	中期	36.13	中期	44.67	中期
青海	34.83	中期	39.23	中期	44.76	中期	51.60	中期
宁夏	32.90	中期	42.28	中期	47.87	中期	56.30	中期
新疆	35.21	中期	37.16	中期	43.02	中期	48.33	中期

注：1. 城市化率大于 30% 为前期，30%（含）到 70% 为中期，70%（含）以上为后期阶段；

2. 数据来源：根据中国统计年鉴整理。

（2）分省人口城市化发展速度的时空分异分析

按照城市化发展低速度（$v<0.3$）、中低发展速度（$0.3\leqslant v<0.6$）、中高发展速度（$0.6\leqslant v<0.8$）、高速度（$v\geqslant 0.8$）四种类型的划分，对省域城市化发展速度进行判定分析。从表 6－9 可以看出，分省城市化发展速度与城市化发展水平相对应，各省城市化发展速度符合洛瑟姆“S”形曲线中城市化速度的变化特征。2010—2016 年，西部地区各省均处于城市化的高速发展阶段（详见表 6－9）。

表 6－9　2000—2016 年西部地区分省城市化发展速度阶段分析表

省份	2000—2005 年	速度判定	2006—2010 年	速度判定	2011—2016 年	速度判定
内蒙古	0.89	高速度	1.66	高速度	0.95	高速度
广西	1.41	高速度	1.27	高速度	1.35	高速度
重庆	1.86	高速度	1.56	高速度	1.60	高速度
四川	1.26	高速度	1.43	高速度	1.51	高速度
贵州	0.89	高速度	1.39	高速度	1.73	高速度

续表

省份	2000—2005年	速度判定	2006—2010年	速度判定	2011—2016年	速度判定
云南	1.18	高速度	1.04	高速度	1.72	高速度
西藏	0.30	中低发展速度	0.39	中低发展速度	1.16	高速度
陕西	1.06	高速度	1.70	高速度	1.60	高速度
甘肃	1.11	高速度	1.22	高速度	1.42	高速度
青海	0.88	高速度	1.11	高速度	1.14	高速度
宁夏	1.88	高速度	1.12	高速度	1.40	高速度
新疆	0.39	中低发展速度	1.17	高速度	0.89	高速度

注：低于0.3为低速度，0.3（含）到0.6为中低发展速度，0.6到0.8（含）为中高发展速度，0.8（含）以上为高速度。

6.2.1.2 分省土地城市化发展水平的空间演变特征

（1）分省城市建设用地总量时空变化分析

研究发现，城市建设用地总量与人口城市化水平呈显著正相关关系。根据分省城市用地总量的地域差异性特点，将西部地区各省域分为高用地量区（>3000km²）、较高用地量区（2000~3000km²）、中等用地量区（1000~2000km²）、较低用地量区（500~1000km²）和低用地量区（<500km²）五种类型区。

2000年西部地区12个省（直辖市、自治区）中有9个为低用地量区，3个为较低用地量。2016年省域城市建设用地总量迅速增加，没有出现高用地量城市，较高用地量区域仅有四川省，达到2468km²；中等用地量区域（1000~2000km²）包括内蒙古、广西、重庆、云南、陕西、新疆6省（直辖市、自治区）；较低城市用地量区域（500~1000km²）主要有贵州、甘肃2个省；低用地量区域（<500km²）包括西藏、青海2个省区，这些省城市人口较少，城市经济不发达（详见表6-10）。

2000年后西部地区大部分省域的城市建设用地总量都基本保持稳定增长态势。整个西部地区城市建设用地总量年均增长6.14%，12个省（直辖市、自治区）中重庆年均增长率最高，达到了9.18%，青海年均增长率最低，只有4.19%（图6-9）。

表 6－10　2000—2016 年西部地区分省城市建设用地总量统计表

单位：平方公里

年份	内蒙古	广西	重庆	四川	贵州	云南	西藏	陕西	甘肃	青海	宁夏	新疆	西部地区
2000	559	541	289	947	300	315	66	434	363	91	116	497	4520
2001	577	570	320	1037	325	326	72	452	506	97	142	520	4943
2002	598	637	386	1134	351	343	72	499	403	98	150	517	5188
2003	639	691	434	1221	387	387	72	534	453	101	188	565	5673
2004	641	697	437	1261	432	402	72	585	464	126	217	581	5915
2005	796	764	574	1331	446	450	74	581	525	105	237	606	6489
2006	779	745	620	1210	465	536	78	653	505	108	265	704	6668
2007	790	783	656	1293	471	695	79	662	515	109	206	698	6957
2008	862	1006	694	1382	474	726	79	740	535	109	299	783	7689
2009	905	846	770	1473	497	755	79	668	567	112	332	834	7838
2010	1123	909	856	1610	477	833	83	705	594	113	284	852	8439
2011	1180	932	945	1746	524	887	40	706	615	122	313	933	8943
2012	1199	1030	859	1856	556	847	111	776	643	122	333	954	9286
2013	1188	1099	921	2004	601	791	111	885	658	149	357	1051	9815
2014	1266	1141	1029	2138	636	911	125	946	757	156	376	1110	10591
2015	1165	1230	1116	2227	702	975	143	1038	771	173	384	1167	11091
2016	1147	1293	1180	2468	777	1027	187	1096	806	176	384	1187	11728
年均增长率	4.60%	5.59%	9.18%	6.17%	6.13%	7.66%	6.69%	5.96%	5.11%	4.19%	7.79%	5.59%	6.14%

注：数据来源于中国城市统计年鉴。

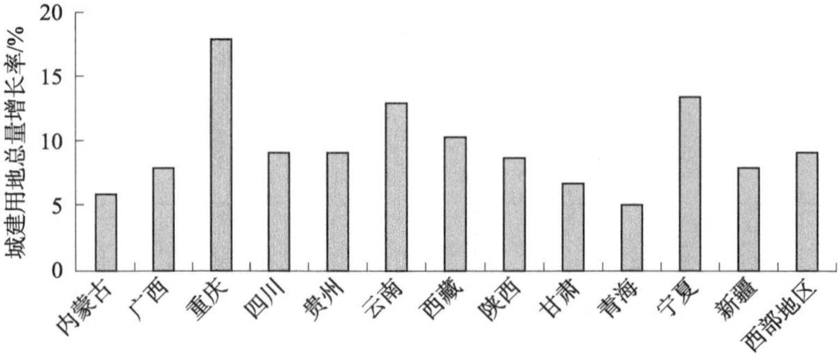

图 6－9　2000—2016 年西部地区省域城市建设用地总量增长率分析

（2）分省人均城市建设用地变化特点

根据对 2000—2016 年人均城市建设用地的空间分级研究，可将人均城市建设用地分为六个等级：低（ $<60m^2$）、较低（$60\sim80m^2$）、中等（$80\sim100m^2$）、较高（$100\sim120m^2$）、高（$120\sim140m^2$）、极高（ $>140m^2$）。2000—2016 年，西部地区各省域人均城建用地均有一定幅度的增长。到 2016 年西部地区省域范围内没有人均城市建设用地中等区和高等区。人均城市建设用地低地区有广西（$55.59m^2$）、贵州（$49.49m^2$）、云南（$47.81m^2$）、陕西（$51.94m^2$）、青海（$57.52m^2$）五个省；人均城市建设用地较低地区有内蒙古（$74.38m^2$）、重庆（$61.84m^2$）、四川（$60.70m^2$）、甘肃（$69.13m^2$）四个省（直辖市、自治区）；人均城市建设用地较高地区有宁夏（$101.05m^2$）、新疆（$102.42m^2$）两个省；人均城市建设用地极高的地区有西藏（$190.82m^2$）。由于受到数据可得性的限制，本研究统计的是非农业人口人均城市建设用地的面积，而在城市建设用地中居住的不仅仅是城市非农业人口，还有大量的流动人口，所以本研究统计的人均城市建设用地略有偏高（详见表 6－11）。

人均城市建设用地的年均增长率相对城市建设用地总量的变化增长率较小。依据对 2000—2016 年西部地区各省域人均城市建设用地增长比例的计算结果，可将其划分为低增长变化地区（ $<4\%$）、较低增长变化地区（$4\%\sim8\%$）、中等增长变化地区（$8\%\sim12\%$）、较高增长变化地区（$12\%\sim16\%$）、高增长变化地区（$16\%\sim20\%$）五种类型区。低增长变化地区主要有内蒙古、广西、四川、贵州、云南、西藏、陕西、甘肃、青海、宁夏、新疆 11 个省（直辖市、自治区）；较低增长变化地区有重庆市；没有中等增长变化地区、较高增长变化地区和高增长变化地区（见图 6－10）。

表 6-11　2000—2016 年西部地区省域人均城市建设用地面积统计表

单位：平方米

年份	内蒙古	广西	重庆	四川	贵州	云南	西藏	陕西	甘肃	青海	宁夏	新疆	西部地区
2000	55.11	42.84	28.29	42.62	35.66	31.47	133.72	37.32	59.04	50.67	63.48	76.34	44.28
2001	55.78	42.23	30.22	46.12	35.70	30.54	88.52	36.72	80.12	51.24	75.85	82.11	46.55
2002	57.07	46.63	34.36	49.56	37.63	30.42	86.02	39.26	59.88	49.40	76.76	80.25	47.38
2003	60.04	48.99	36.92	49.62	40.39	33.23	73.49	40.72	63.49	49.63	87.91	85.00	49.59
2004	58.62	44.97	35.95	46.47	42.11	32.40	71.97	43.43	61.93	60.72	90.94	84.19	48.60
2005	70.19	48.76	45.38	49.11	44.51	34.27	127.59	42.29	68.72	49.30	94.05	81.12	52.33
2006	66.30	45.57	47.29	43.18	45.90	39.21	130.00	45.13	63.76	50.23	101.92	90.49	51.87
2007	64.86	45.31	48.24	44.69	45.91	48.74	127.42	43.96	62.65	49.32	76.58	85.12	52.11
2008	68.20	54.73	48.91	45.40	45.27	48.43	123.44	47.28	62.50	48.23	107.55	92.66	55.14
2009	68.93	44.43	52.20	46.50	47.02	48.58	119.70	41.21	63.64	47.86	115.28	96.98	54.31
2010	81.85	49.30	55.98	49.81	40.56	52.16	122.06	41.25	64.22	44.84	93.73	90.64	56.46
2011	83.99	47.99	58.84	51.86	43.20	52.05	57.97	39.89	64.53	46.39	98.12	96.99	57.43
2012	83.38	50.54	51.19	52.79	43.81	46.26	158.57	41.34	64.36	44.85	101.52	97.15	56.98
2013	81.04	51.96	53.14	55.05	45.36	41.70	150.00	45.83	63.51	53.21	105.00	104.37	58.27
2014	84.91	52.17	57.71	56.73	45.30	46.31	152.44	47.66	70.09	53.79	105.92	104.82	60.69
2015	76.95	54.50	60.72	56.93	47.34	47.45	158.89	50.76	68.66	58.45	104.07	104.66	61.29
2016	74.38	55.59	61.84	60.70	49.49	47.81	190.82	51.94	69.13	57.52	101.05	102.42	62.45
年均增长率（%）	1.89	1.64	5.01	2.23	2.07	2.65	2.25	2.09	0.99	0.80	2.95	1.85	2.17

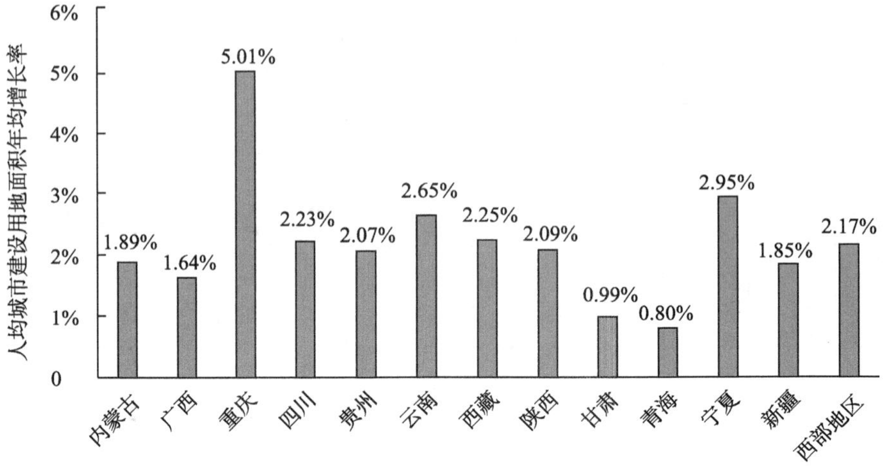

图 6－10　2000—2016 年西部地区人均城市建设用地年均增长率分析

6.2.1.3　分省人口城市化水平与土地城市化水平的关系模拟分析

（1）分省城市建设用地总量与人口城市化水平相关性分析

2000—2016 年，西部地区各省市城市建设用地总量不断增长，相应地城市化水平也不断提高，两者呈现出正相关变化关系。从人口城市化水平与城市建设用地面积总量相关关系图看，分省城市建设用地量随城市化水平的变化基本与全国层面情况相似，大部分省（直辖市、自治区）都存在城市建设用地量总量与城市化水平的正相关发展、同步提高趋势。但从各省来看，某一地区城市建设用地的增长与城市化水平的提高之间的正相关关系变化又有所不同。以城市化水平为 x 轴，城市建设用地总面积为 y 轴，对 2000—2016 年西部地区各省域的人口城市化水平与城市建设用地面积总量进行相关性分析，发现人口城市化发展水平与城市建设用地面积总量呈现显著线性相关关系（见图 6－11）。2000—2016 年西部地区 12 个省（直辖市、自治区）中有 11 个省（直辖市、自治区）处于 0.8～1.0 之间，仅有西藏的相关系数处于 0.7～0.8 之间。但各省城市建设用地总量的年均增长率有较大差异，重庆、四川的年均城市建设用地增长量超过 50 平方公里，而贵州、西藏、甘肃、青海、宁夏等省（区）城市建设用地年均增长不到 30 平方公里。

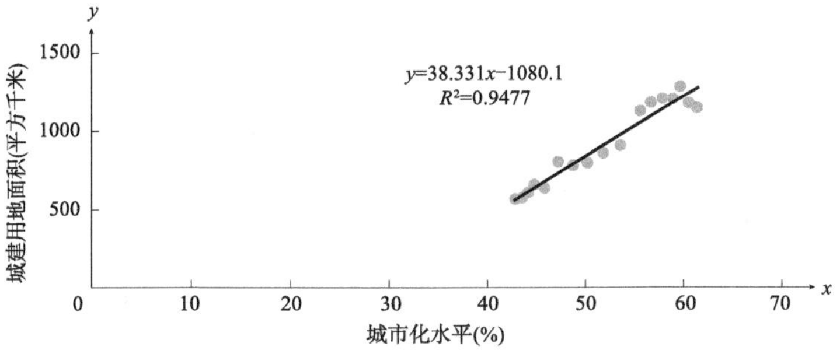

内蒙古

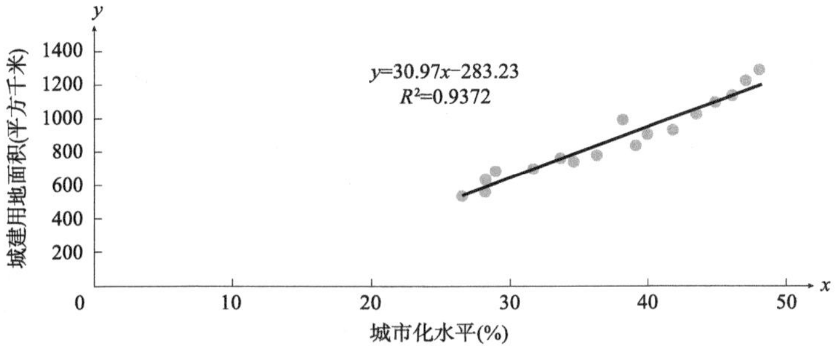

广西

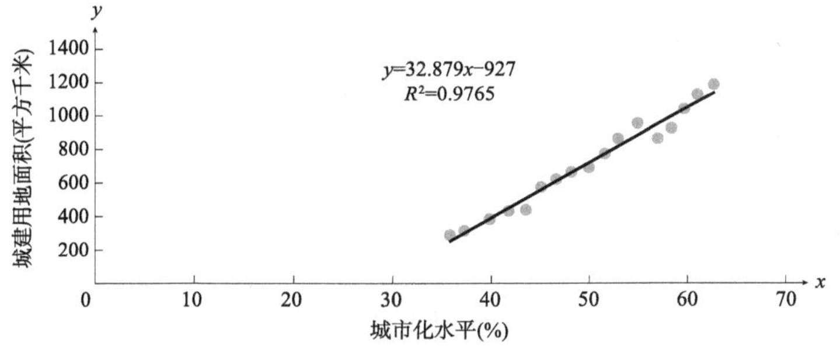

重庆

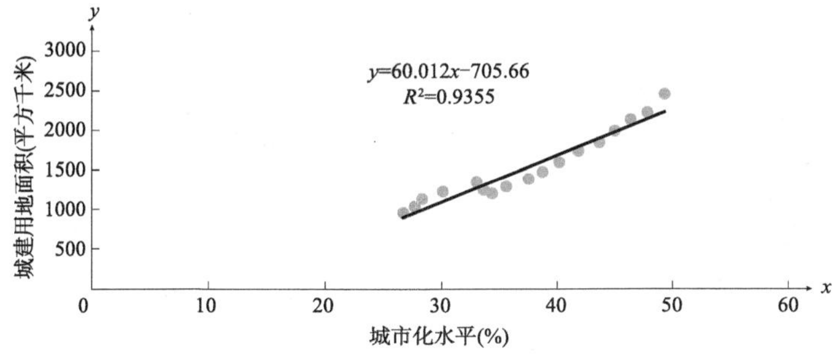

四川

图6－11　西部地区省域人口城市化水平与城市建设用地总量相关分析

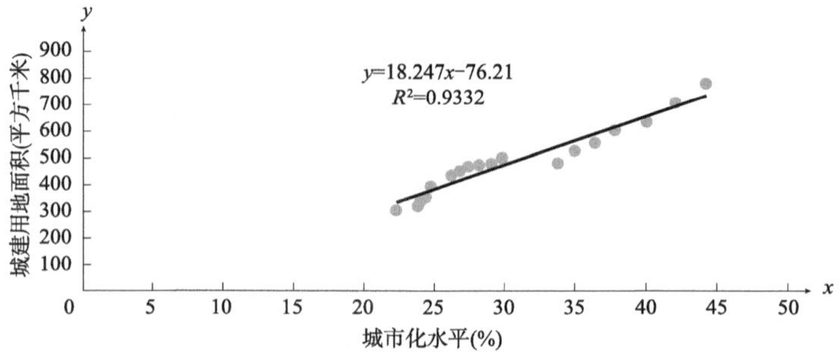

贵州

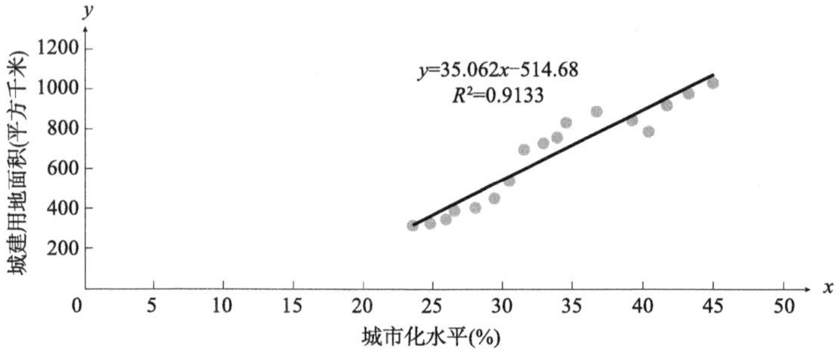

云南

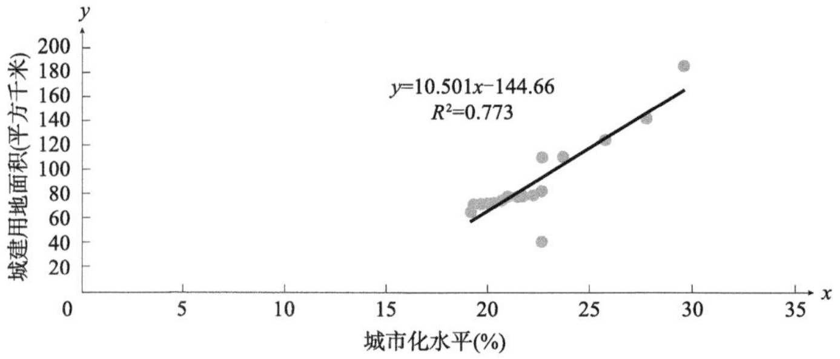

西藏

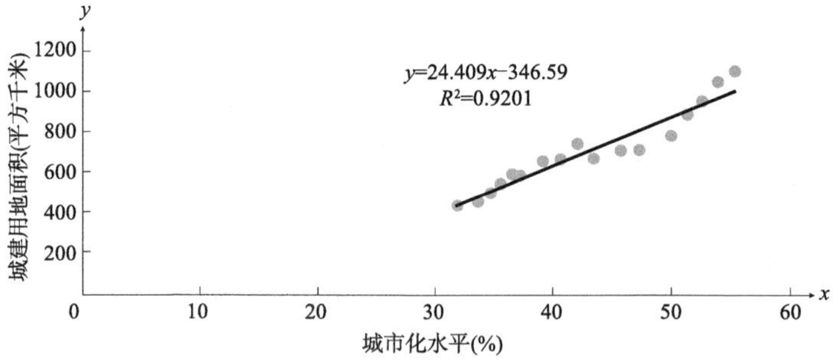

陕西

图 6－11　西部地区省域人口城市化水平与城市建设用地总量相关分析（续）

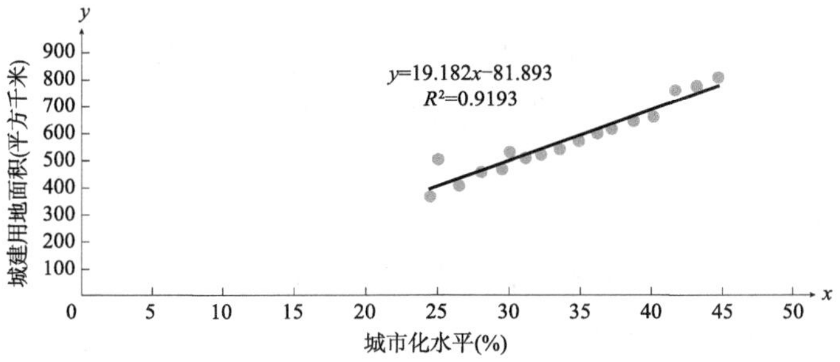

甘肃

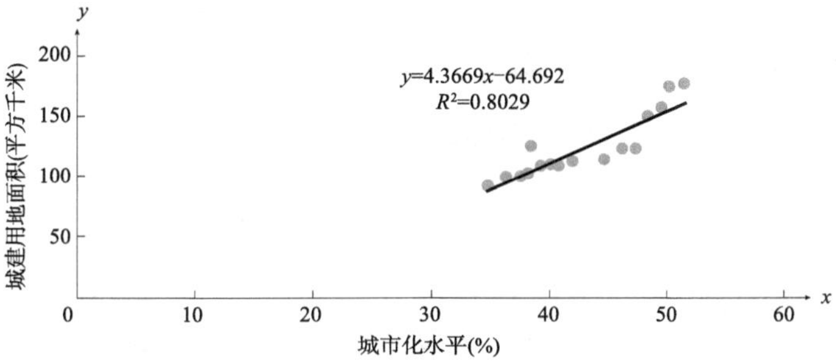

青海

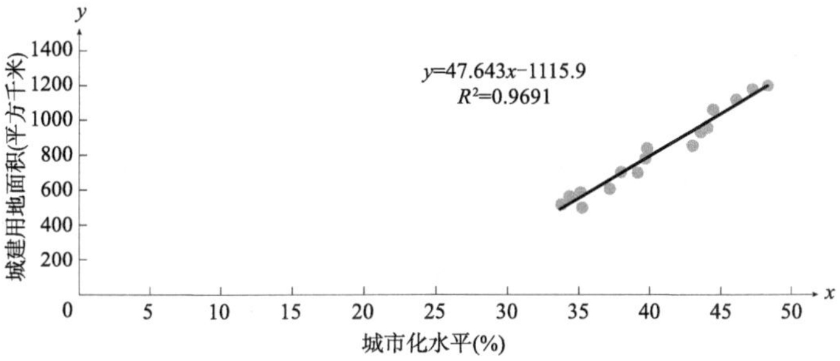

新疆

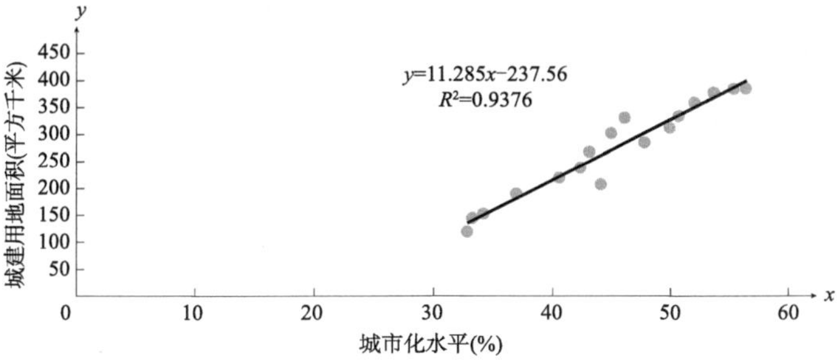

宁夏

图 6－11　西部地区省域人口城市化水平与城市建设用地总量相关分析（续）

（2）分省人均城建用地面积与人口城市化水平相关性分析

以城市化水平为 x 轴，人均城市建设用地面积为 y 轴，对 2000—2016 年西部地区省域的人口城市化水平与人均城市建设用地进行相关性分析（见图 6－12），发现多数省份人口城市化发展水平与人均城市建设用地面积相关性很小，仅有内蒙古、重庆相关系数在 0.8 以上。城市化水平较低的贵州、云南、陕西等省，随着城市化发展水平的提高，人均城市建设用地变化量不大，这与此阶段城市化发展速度有很大关系；随着城市化水平的提高，当城市化水平达到60%（内蒙古、重庆），人口城市化发展水平与人均城市建设用地面积相关性变大。西部地区各省总的发展态势是随着城市化水平的提高，十二省（直辖市、自治区）的人均城市建设用地面积都呈现出增加的变化，增加较快的前五位省份依次为内蒙古、广西、陕西、重庆和贵州（见图 6－15）。

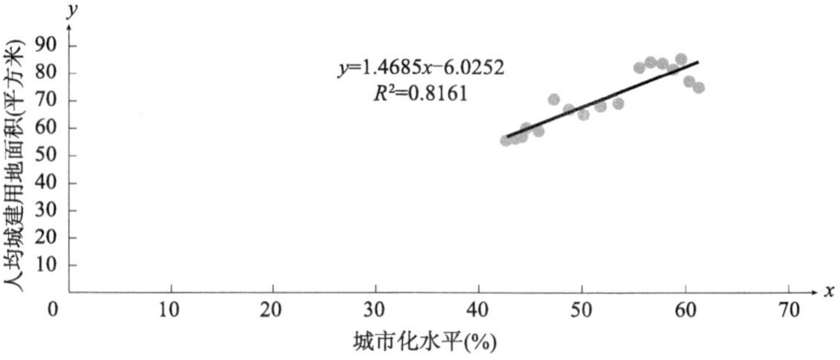

内蒙古

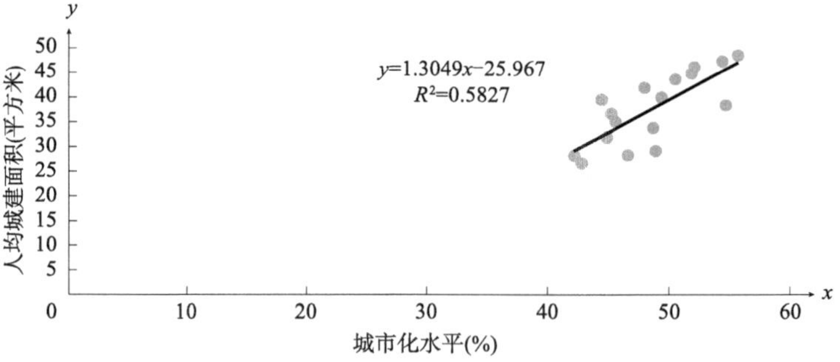

广西

图 6－12　西部地区各省市人口城市化水平与人均城市建设用地相关分析

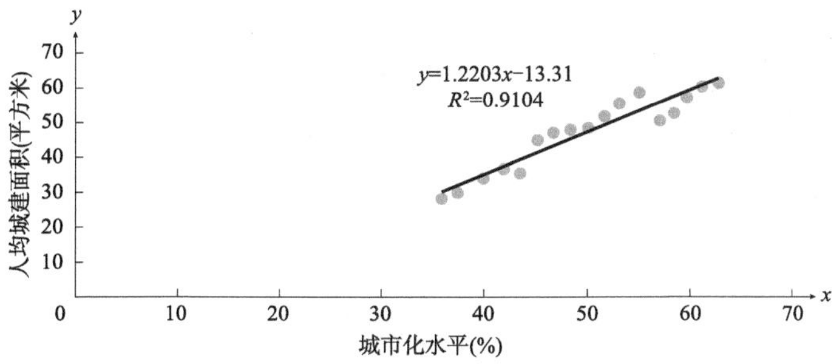

重庆

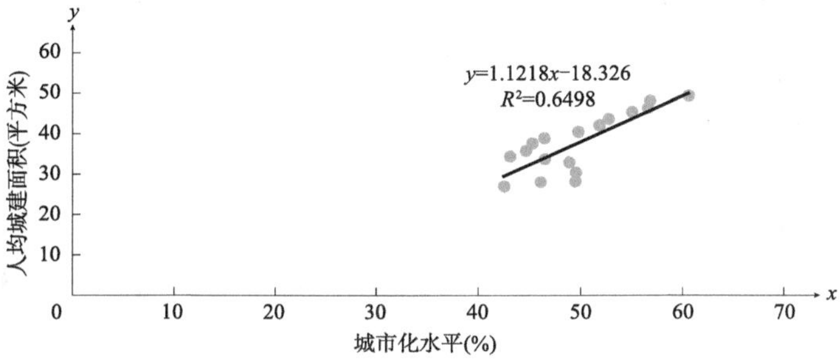

四川

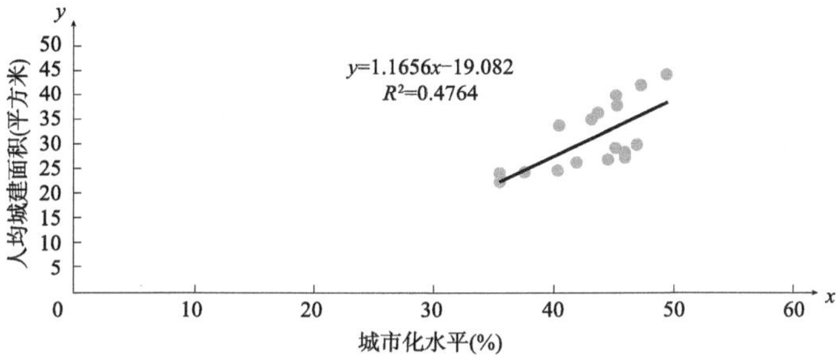

贵州

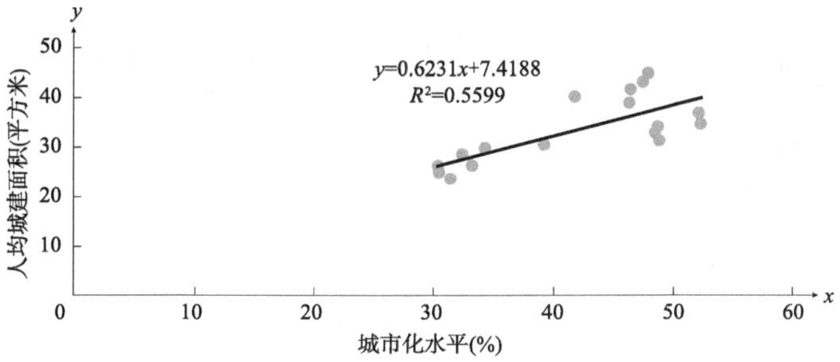

云南

图6－12　西部地区各省市人口城市化水平与人均城市建设用地相关分析（续）

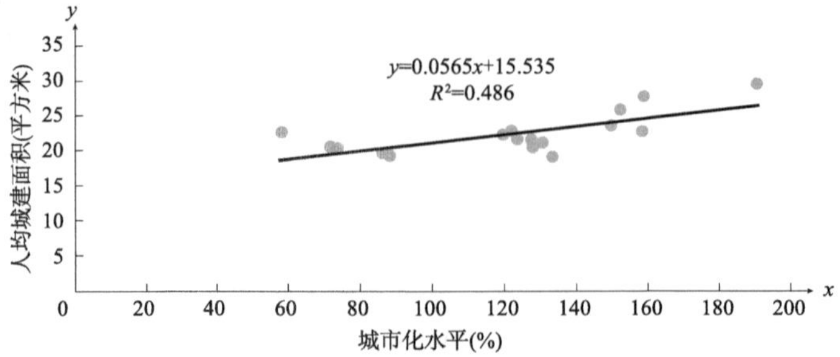

西藏

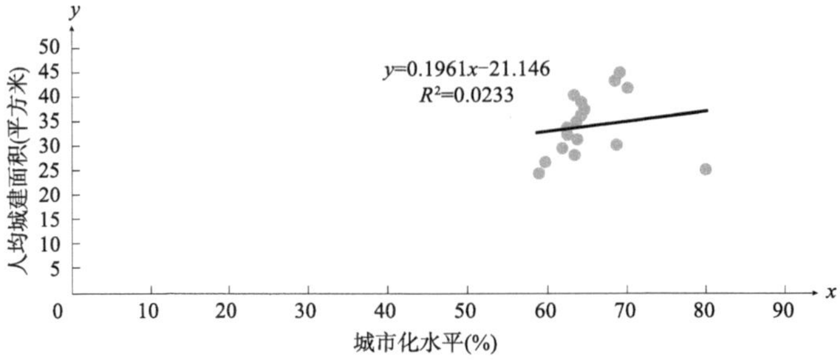

甘肃

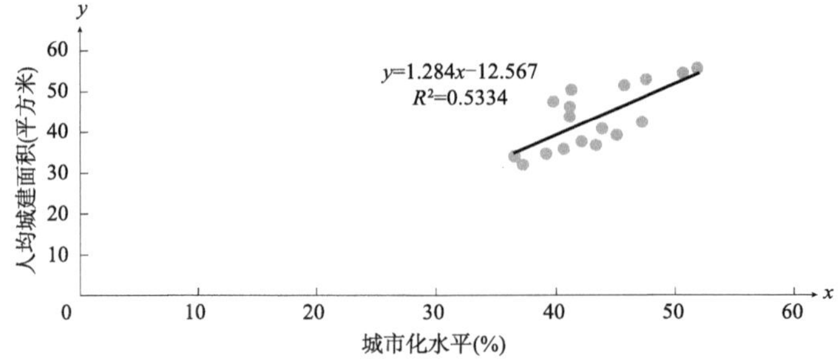

陕西

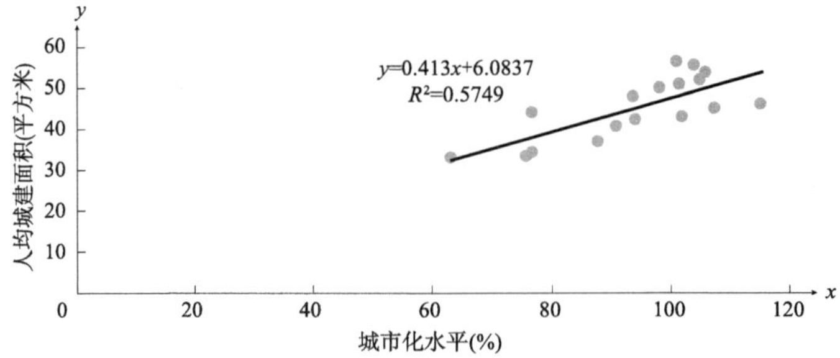

宁夏

图 6－12 西部地区各省市人口城市化水平与人均城市建设用地相关分析（续）

6.2.2　分省人口城市化水平与土地城市化水平的协调性分析

6.2.2.1　分省城市建设用地弹性系数

到2016年，西部地区各省都已基本进入城市化高速发展时期（见表6－9），各省人口城市化速度与土地城市化步伐的协调性问题成为城市化进程中的一个关键和焦点问题。表6－12反映了西部地区各省2000—2016年间城市建设用地规模弹性系数的变化情况。

表6－12　西部地区各省2000—2016年间城市用地规模弹性系数

地区	城市用地年均增长率（%）	城镇人口年均增长率（%）	城市用地规模弹性系数
内蒙古	4.6	2.65	1.73
广西	5.59	3.89	1.44
重庆	9.18	3.97	2.31
四川	6.17	3.85	1.6
贵州	6.13	3.98	1.54
云南	7.66	4.88	1.57
西藏	6.69	4.35	1.54
陕西	5.96	3.79	1.57
甘肃	5.11	4.08	1.25
青海	4.19	3.37	1.24
宁夏	7.79	4.7	1.66
新疆	5.59	3.67	1.52

相对其他省（直辖市、自治区），青海、甘肃的城市建设用地弹性系数分别为1.24和1.25。重庆城市建设用地弹性系数较大，达到2.0以上，用地城市化速度远高于人口城市化速度。但是，从总体来看，西部地区十二个省（直辖市、自治区）的城市建设用地弹性系数差异性较小。

6.2.2.2　分省人口城市化水平与土地城市化水平的协调性分析

为了更准确地研究人口城市化水平与土地城市化水平的协调模式，本节利用仅有的2016年分省城市建设用地面积来表示较为准确的城镇建设用地面积，并对应《中国统计年鉴》上的分省城镇人口规模。由表6－13可以看出，人口城市化水平与土地城市化水平的协调系数$|L(t)|$最差的为云南（0.52）

和贵州（0.51）；其次为西藏、陕西、广西和青海，｜$L(t)$｜均在0.4以上。总体分析，内蒙古、广西、重庆、四川、陕西、甘肃、青海为土地城市化滞后型，贵州、云南为过度土地城市化滞后型，西藏为人口城市化滞后型，仅有宁夏、新疆均为基本协调型区域。

表6－13　2016年西部地区分省人口城市化发展水平与土地城市化水平的协调性分析

地区	总人口（万人）	城镇人口（万人）	实际人口城市化水平（%）	城市建设用地面积（平方公里）	基于城镇建设用地面积的城镇人口（万人）	基于城镇建设用地面积的人口城市化水平（%）	$L(t)$	城市化发展类型
内蒙古	2520	1542	61.19	1147	1147	45.52	－0.26	土地城市化滞后型
广西	4838	2326	48.08	1293	1293	26.73	－0.44	土地城市化滞后型
重庆	3048	1908	62.60	1180	1180	38.71	－0.38	土地城市化滞后型
四川	8262	4066	49.21	2468	2468	29.87	－0.39	土地城市化滞后型
贵州	3555	1570	44.16	777	777	21.86	－0.51	过度土地城市化滞后型
云南	4771	2148	45.02	1027	1027	21.53	－0.52	过度土地城市化滞后型
西藏	331	98	29.61	187	187	56.50	0.48	人口城市化滞后型
陕西	3813	2110	55.34	1096	1096	28.74	－0.48	土地城市化滞后型
甘肃	2610	1166	44.67	806	806	30.88	－0.31	土地城市化滞后型
青海	593	306	51.60	176	176	29.68	－0.42	土地城市化滞后型
宁夏	675	380	56.30	384	384	56.89	0.01	基本协调型
新疆	2398	1159	48.33	1187	1187	49.50	0.02	基本协调型

注：1. 基于城镇建设用地面积的城镇人口，为按照城乡规划标准人均城镇建设用地100平方米计算得来的城镇建设用地可承载的城镇人口数量；

2. 基于城镇建设用地面积的人口城市化水平，为按照以上计算的而来可承载城镇人口数量除以当年人口总量而得到的城市化水平；

3. 土地城市化水平可依据城镇建设用地面积除以国土空间总面积而来，进而最终算得协调系数$L(t)$；

4. 表中数据来源于中国统计年鉴和中国城市统计年鉴。

6.2.3　分省城市化发展质量与城市化发展水平的协调性分析

6.2.3.1　人口城市化水平与城市化发展质量的协调性分析

根据对中国及分省城市化发展水平与城市化发展质量的协调系数$E(t)$的计算结果，规定$|E(t)| \leq 0.1$为基本协调型，$0.1 < |E(t)| \leq 0.5$为滞后型，$0.5 < |E(t)| \leq 1$为过度滞后型，$0 < E(t)$为城市化水平滞后型，$0 > E(t)$为质

量滞后型。[1] 从表6－14可以看出2000—2016年西部地区和各省城市化发展质量与人口城市化发展水平的协调性状况。2000年西部地区十二个省（直辖市、自治区）中没有城市化水平与城市化发展质量的协调型区域，内蒙古、广西等六个省份为过度城市化发展质量滞后型，云南、西藏等六个省份为城市化发展质量滞后型；2005年，云南城市化发展质量由滞后型下降为过度滞后型；2010年，西部地区各省城市化发展质量等级有所提升，西藏城市化发展质量改善为基本协调型，其余省份除重庆仍为过度城市化发展质量滞后型外，其他省份均为城市化发展质量滞后型；2016年，重庆由过度城市化发展质量滞后型改善为城市化发展质量滞后型，其余各省城市化发展质量均为滞后型。

表6－14　西部地区各省城市化发展质量与人口城市化水平协调性分析表

地区	2000年		2005年		2010年		2016年	
	$E(t)$	城市化发展类型	$E(t)$	城市化发展类型	$E(t)$	城市化发展类型	$E(t)$	城市化发展类型
内蒙古	－0.62	过度城市化发展质量滞后型	－0.59	过度城市化发展质量滞后型	－0.50	城市化发展质量滞后型	－0.36	城市化发展质量滞后型
广西	－0.51	过度城市化发展质量滞后型	－0.54	过度城市化发展质量滞后型	－0.45	城市化发展质量滞后型	－0.39	城市化发展质量滞后型
重庆	－0.63	过度城市化发展质量滞后型	－0.62	过度城市化发展质量滞后型	－0.52	过度城市化发展质量滞后型	－0.41	城市化发展质量滞后型
四川	－0.49	过度城市化发展质量滞后型	－0.50	过度城市化发展质量滞后型	－0.41	城市化发展质量滞后型	－0.34	城市化发展质量滞后型
贵州	－0.55	过度城市化发展质量滞后型	－0.50	过度城市化发展质量滞后型	－0.43	城市化发展质量滞后型	－0.37	城市化发展质量滞后型
云南	－0.50	城市化发展质量滞后型	－0.54	过度城市化发展质量滞后型	－0.41	城市化发展质量滞后型	－0.39	城市化发展质量滞后型
西藏	－0.41	城市化发展质量滞后型	－0.30	城市化发展质量滞后型	－0.10	基本协调型	0.06	基本协调型
陕西	－0.55	过度城市化发展质量滞后型	－0.53	过度城市化发展质量滞后型	－0.45	城市化发展质量滞后型	－0.39	城市化发展质量滞后型
甘肃	－0.48	城市化发展质量滞后型	－0.46	城市化发展质量滞后型	－0.46	城市化发展质量滞后型	－0.40	城市化发展质量滞后型
青海	－0.55	过度城市化发展质量滞后型	－0.53	过度城市化发展质量滞后型	－0.47	城市化发展质量滞后型	－0.37	城市化发展质量滞后型
宁夏	－0.48	城市化发展质量滞后型	－0.48	城市化发展质量滞后型	－0.38	城市化发展质量滞后型	－0.29	城市化发展质量滞后型
新疆	－0.48	城市化发展质量滞后型	－0.43	城市化发展质量滞后型	－0.37	城市化发展质量滞后型	－0.24	城市化发展质量滞后型

[1] 王德利，赵弘，孙莉，等．首都经济圈城市化质量测度［J］．城市问题，2011（12）．

6.2.3.2 土地城市化水平与城市化发展质量的协调性分析

表6-15详细反映了2016年西部地区分省土地城市化发展水平与城市化发展质量的协调性状况。可以看出，各省土地城市化发展水平与城市化发展质量的空间协调差异性较大，西部地区十二个省（直辖市、自治区）中有4个省份属于土地城市化水平基本协调型，6个省份为城市化发展质量滞后型，2个省份为土地城市化滞后型。

表6-15 2016年西部地区分省城市化发展质量与土地城市化发展水平协调性分析

地区	*UDQ*	*Z*(*t*)	土地城市化水平（%）	修正的土地城市化水平（%）*V*(*t*)	*E*(*t*)	土地城市化发展类型
内蒙古	0.517	51.7	45.52	65.03	-0.205	城市化发展质量滞后型
广西	0.373	37.3	26.73	38.19	-0.023	基本协调型
重庆	0.457	45.7	38.71	55.30	-0.174	城市化发展质量滞后型
四川	0.405	40.5	29.87	42.67	-0.051	基本协调型
贵州	0.360	36.0	21.86	31.23	0.133	土地城市化水平滞后型
云南	0.357	35.7	21.53	30.76	0.138	土地城市化水平滞后型
西藏	0.397	39.7	56.50	80.71	-0.508	城市化发展质量过度滞后型
陕西	0.420	42.0	28.74	41.06	0.022	基本协调型
甘肃	0.347	34.7	30.88	44.11	-0.213	城市化发展质量滞后型
青海	0.425	42.5	29.68	42.40	0.002	基本协调型
宁夏	0.529	52.9	56.89	81.27	-0.349	城市化发展质量滞后型
新疆	0.477	47.7	49.50	70.71	-0.325	城市化发展质量滞后型

注：1. 按照城乡规划标准，人均城镇建设用地100m^2计算得到的当年城镇建设用地可承载的城镇人口数量；
2. 按照以上计算得到的可承载的城镇人口数量与当年人口总量相比计算得到的城市化水平。

6.2.4 分省城市化发展质量、速度及城市化水平的互动发展模式分析

由图6-13可以看出，西部地区大部分省（直辖市、自治区）经历了城市化的高速发展阶段，随着城市化发展速度逐渐降低，城市化发展质量也开始逐渐提升。但由于存在城市化发展水平和发展质量的不协调性、城市化提升速

度的不稳定性以及研究时间段较短，城市化发展速度与发展质量的拟合曲线并非所有都出现倒“U”形演变趋势。其中，贵州、云南、西藏、甘肃的城市化发展速度呈现出波动中上升的趋势，内蒙古、广西、陕西、青海、新疆近几年城市化发展速度出现倒“U”形下降趋势，重庆、四川城市化发展速度的变化幅度相对较小，增长幅度相对较稳定。

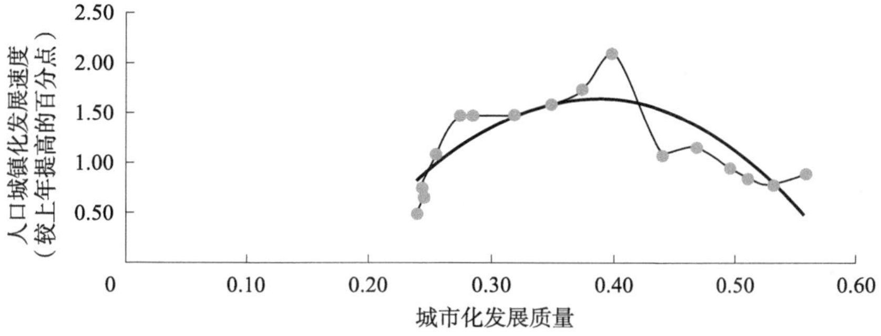

内蒙古

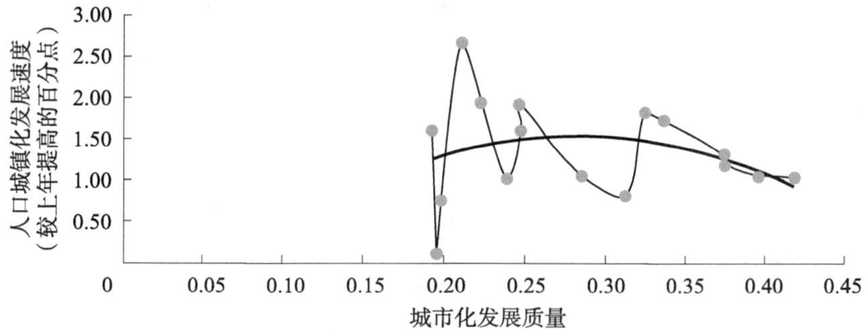

广西

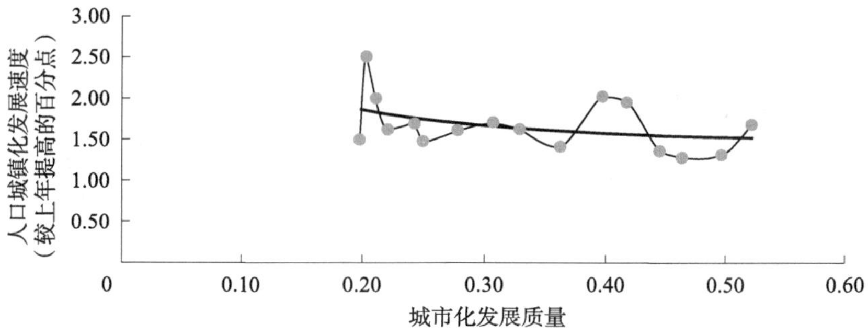

重庆

图 6－13　2000—2016 年西部地区各省份城市化发展质量、速度及水平互动发展模式示意

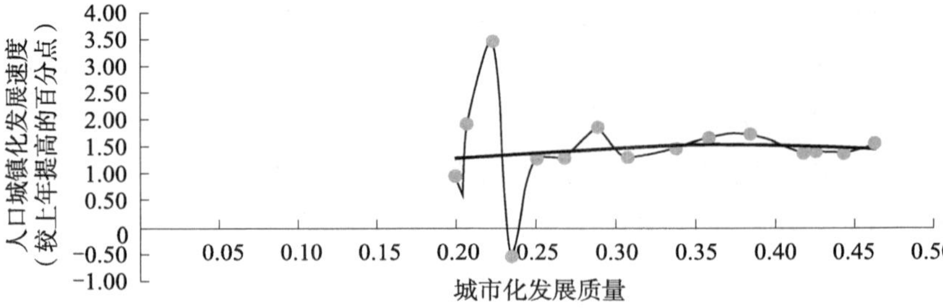

四川

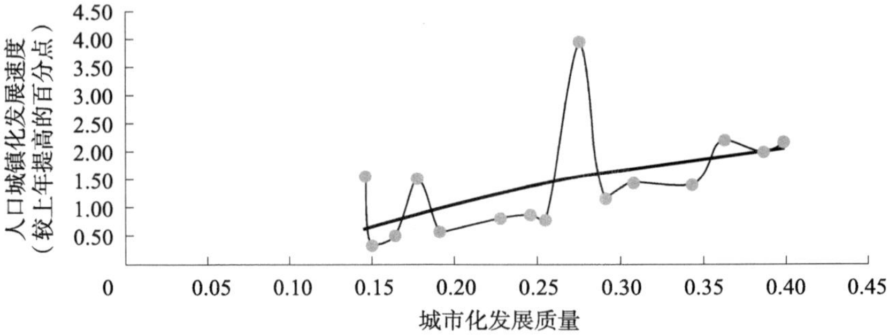

贵州

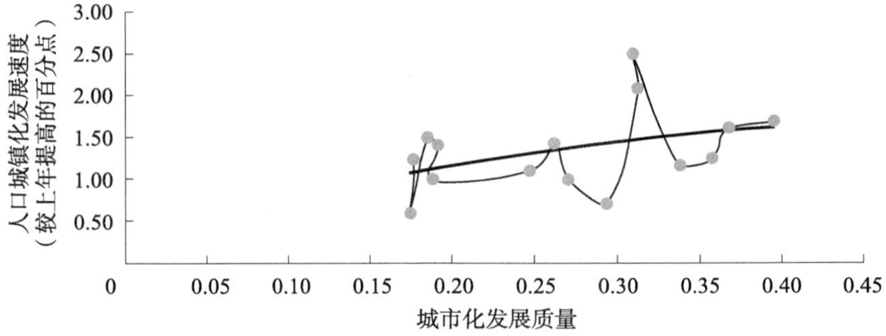

云南

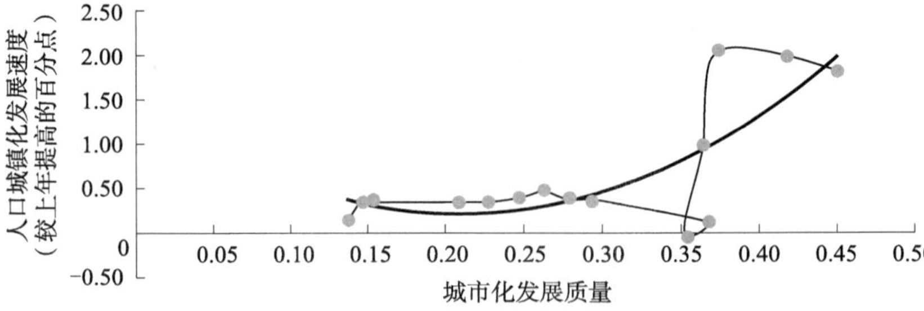

西藏

图 6－13　2000—2016 年西部地区各省份城市化发展质量、速度及水平互动发展模式示意（续）

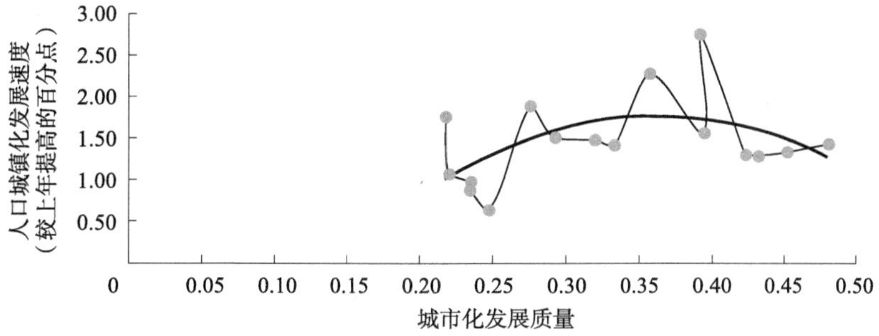

陕西

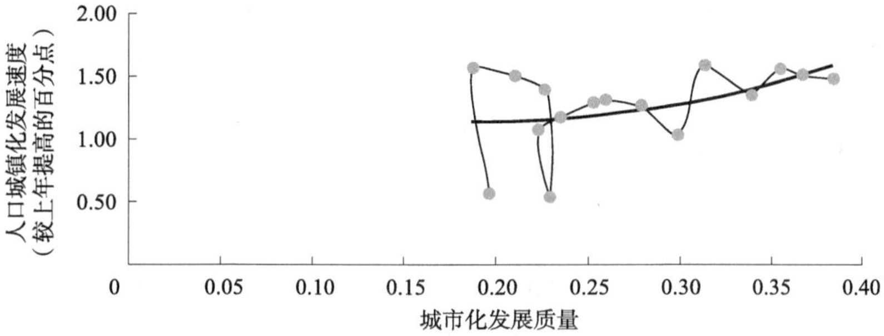

甘肃

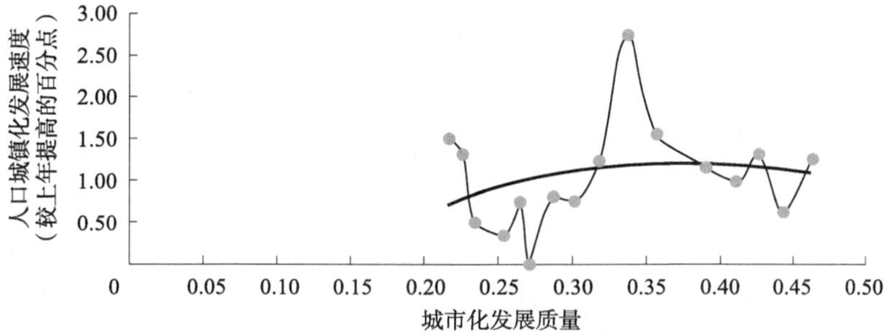

青海

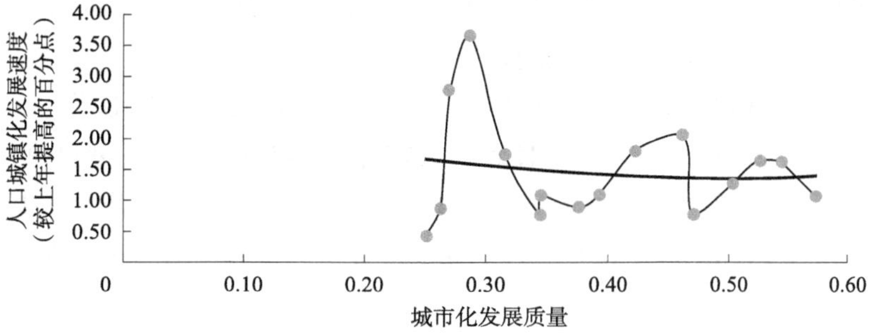

宁夏

图 6－13　2000—2016 年西部地区各省份城市化发展质量、速度及水平互动发展模式示意（续）

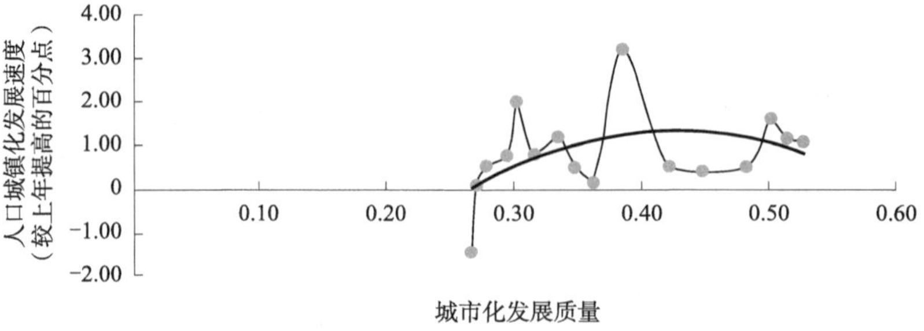

新疆

图 6－13　2000—2016 年西部地区各省份城市化发展质量、速度及水平互动发展模式示意（续）

6.3　本章小结

本章在对西部地区及省域城市化发展的阶段性、空间差异性进行分析的基础上，探讨人口城市化水平与土地城市化水平、城市化发展质量与人口城市化水平、城市化发展质量与土地城市化水平的协调性，并对城市化发展质量、水平及速度的互动发展模式进行轨迹探索。研究得出：

（1）2000—2016 年西部地区城镇建设用地面积大约以 438.96 平方公里/年的速度呈直线增长；到 2016 年人均城镇建设用地面积为 62.45 平方米/人，但与中国城市规划标准规定的 100 ~ 120 平方米/人还有一定的发展差距；人口城市化发展水平与城镇建设用地面积总量和人均城镇建设用地面积呈现显著线性相关关系；西部地区城镇建设用地弹性系数呈现降低的趋势，西部地区人口城市化发展速度高于土地城市化速度，并且具有增大趋势；2016 年城镇建设用地可以承载的当年人口城市化水平为 31.35%，而实际人口城市化水平为 50.19%，人口城市化出现快速增长态势。

（2）总体来说，2000—2016 年西部地区城市化发展质量滞后于人口城市化发展水平，2000—2006 年西部地区城市化为城市化发展质量过度滞后型，2007—2016 年城市化发展质量稍有提升，改善为城市化发展质量滞后型。需要说明的是，西部地区城市化发展质量相对于人口城市化发展水平的滞后性具有逐渐缩小的趋势。

西部地区土地城市化水平与城市化发展质量属于基本协调型。但是最近几年土地城市化水平正在逐渐低于城市化发展质量的提高速度，表明有关调整西部地区城市化发展质量和土地城市化水平的政策效果已经开始显现。

（3）由于西部地区城市化发展水平与质量的不协调问题，西部地区城市化发展并未严格按照城市化发展水平在城市化发展质量与城市化发展速度象限分析图中的理想轨迹演变，城市化发展质量与城市化发展速度具有一定的波动性。2000—2010 年西部地区为低质量低速度发展阶段，2011—2016 年为中低速度中低发展质量阶段。

（4）分省人口城市化发展水平与城市建设用地面积总量呈现显著线性相关关系，多数省份人口城市化发展水平与人均城市建设用地面积相关性很小；西部地区十二个省（直辖市、自治区）的城市建设用地弹性系数差异性较小；西部地区分省人口城市化发展水平与土地城市化水平表现为内蒙古、广西、重庆、四川、陕西、甘肃、青海为土地城市化滞后型，贵州、云南为过度土地城市化滞后型，西藏为人口城市化滞后型，仅有宁夏、新疆为基本协调型区域。

（5）分省人口城市化水平与城市化发展质量的协调性表现为 2000 年西部地区十二个省（直辖市、自治区）中没有城市化水平与城市化发展质量的协调型区域，内蒙古、广西等六个省份为过度城市化发展质量滞后型，云南、西藏等六个省份为城市化发展质量滞后型；2005 年，云南城市化发展质量由滞后型下降为过度滞后型；2010 年，西部地区各省城市化发展质量等级有所提升，西藏城市化发展质量改善为基本协调型，其余省份除重庆仍为过度城市化发展质量滞后型外，其他省份均为城市化发展质量滞后型；2016 年，重庆由过度城市化发展质量滞后型改善为城市化发展质量滞后型，其余各省城市化发展质量均为滞后型。

（6）土地城市化水平与城市化发展质量的协调性表现为各省土地城市化发展水平与城市化发展质量的空间协调差异性较大，其中 4 个省份属于土地城市化水平基本协调型，5 个省份为城市化发展质量滞后型，3 个省份为土地城市化滞后型。

（7）西部的大部分地区经历了城市化的高速发展阶段，随着城市化发展速度逐渐降低，城市化发展质量也开始逐渐提升。但城市化发展速度与发展质量的拟合曲线并非所有都出现倒“U”形演变趋势，其中，贵州、云南、西藏、甘肃的城市化发展速度呈现出波动中上升的趋势，内蒙古、广西、陕西、青海、新疆近几年城市化发展速度出现倒“U”形下降趋势，重庆、四川城市化发展速度的变化幅度相对较小，增长幅度相对较稳定。

第七章　西部地区省际城市化发展质量差异形成因素分析

上一章讨论了省际城市化质量存在着差异，那么这些差异形成的因素是什么呢？城市化发展与哪些因素有关？本章运用灰色关联度分析法和趋同分析法对西部地区省际城市化发展质量差异形成因素进行分析，为城市化发展质量提升路径提供支持。

7.1　基于灰色关联度分析西部地区省际城市化发展质量差异形成因素

7.1.1　灰色关联度分析方法

根据第四章构建的城市化发展质量综合评价指标体系，选取 47 个指标进行分析。在城市化发展质量系统中，诸多因素之间的关系是灰色的，为确定影响西部地区城市化发展质量差异主要因素，本研究采取灰色关联分析。[1] 这种方法是基于灰色系统的灰色过程，强调因素间数组之间的比较，对数据样本量要求不高。对于两个系统之间的因素，随时间或不同对象而变化的关联性大小的量度，称为关联度。[2] 在城市化发展质量系统发展过程之中，假如两个因素变化的趋势具有一致性，即同步变化程度较高，我们称之为两者关联程度较

[1] 李林. 中国城市化质量差异与其影响因素研究［D］. 北京：中国农业大学，2007.

[2] 陈红娇. 内蒙古东西部城市化水平的比较研究［D］. 呼和浩特：内蒙古大学，2007.

高；反之，则较低。[1] 计算公式如下。

7.1.1.1　计算关联系数

设 n 个数据序列形成如下矩阵：

$$(\boldsymbol{X}_1', \boldsymbol{X}_2', \cdots, \boldsymbol{X}_n') = \begin{pmatrix} x_1'(1) & x_2'(1) & \cdots & x_n'(1) \\ x_1'(2) & x_2'(2) & \cdots & x_n'(2) \\ \vdots & \vdots & & \vdots \\ x_1'(m) & x_2'(m) & \cdots & x_n'(m) \end{pmatrix} \quad \text{（式 7－1）}$$

其中 m 为指标的个数，$\boldsymbol{X}_i' = (x_i'(1), x_i'(2), \cdots, x_i'(m))^{\mathrm{T}}, i = 1, 2, \cdots, n$。对数据进行无量纲化处理，计算所有被评价对象的指标序列与参考序列对应元素的绝对差值，即

$$| x_0(k) - x_i(k) | \quad \text{（式 7－2）}$$

确定 $\min\limits_{i=1}^{n} \min\limits_{k=1}^{m} | x_0(k) - x_i(k) |$ 与 $\max\limits_{i=1}^{n} \max\limits_{k=1}^{m} | x_0(k) - x_i(k) |$，计算所有比较序列和参考序列对应元素的关联系数。

$$\zeta_i(k) = \frac{\min\limits_{i} \min\limits_{k} | x_0(k) - x_i(k) | + \rho \cdot \max\limits_{i} \max\limits_{k} | (x_0(k) - x_i(k) |}{| x_0(k) - x_i(k) | + \rho \cdot \max\limits_{i} \max\limits_{k} | x_0(k) - x_i(k) |}$$

$$k = 1, 2, \cdots, m \quad \text{（式 7－3）}$$

式中 ρ 为分辨系数，在（0，1）内取值，若 ρ 越小，关联系数间差异越大，区分能力越强，本研究 ρ 取 0.45。

7.1.1.2　计算关联度

对各评价对象（比较序列）分别计算其个指标与参考序列对应元素的关联系数的均值，以反映各评价对象与参考序列的关联关系，[2] 并称其为关联序，记为：

$$r_{0i} = \frac{1}{m} \sum_{k=1}^{m} \zeta_i(k) \quad \text{（式 7－4）}$$

如果各指标在综合评价中所起的作用不同，可对关联系数求加权平均值，即

---

[1] 刘利科，黄辉，等. 湖南省工业园区土地集约利用与区域经济发展的关联性分析［J］. 经济师，2015（07）.

[2] 吴京龙. 基于灰色关联度的 GM（1，1）－BP 神经网络组合模型研究［J］. 重庆理工大学学报（自然科学），2019（11）.

$$r'_{0i} = \frac{1}{m}\sum_{k=1}^{m} W_k \cdot \zeta_i(k) \quad (k = 1,2,\cdots,m) \qquad (式7-5)$$

式中 W_k 为各指标权重。

7.1.1.3 排关联序

从上述的城市化发展质量关联度分析可知，各因素的关联度数值实际意义不大，关联度值是因素间关联性比较的度量，仅仅衡量各因素同密切程度的相对大小，比较各序列对于相同参考序列的关联程度孰大孰小[1]。将 m 比较序列对参考序列的关联度按大小顺序进行排列，组成关联序。

7.1.2 西部地区城市化发展质量灰色关联度分析结果

通过以上方法计算出2000年、2006年、2010年和2016年西部地区12个省（直辖市、自治区）城市化发展质量地域差异与47个指标的灰色关联系数和关联度，见表7－1。不同年份影响西部地区省际城市化发展质量地域差异的主要因素按各自贡献度排序（详见图7－1、图7－2、图7－3、图7－4）。

表7－1 各因素与西部地区省际城市化发展质量地域差异关联系数表

指　　标	关联系数			
	2000年	2006年	2010年	2016年
1. 人口城市化率	0.6310	0.5770	0.5481	0.5701
2. 城市人口密度	0.4676	0.4724	0.4752	0.5567
3. 第三产业就业人数比重	0.6253	0.6024	0.6903	0.6785
4. 大专以上学历人口与城镇人口比重	0.4147	0.4867	0.7361	0.6864
5. 人均地区生产总值	0.5574	0.5425	0.5930	0.6301
6. 城镇居民人均可支配收入	0.8230	0.8901	0.7887	0.8510
7. 城镇人均可支配收入增长速度	0.4832	0.5293	0.7812	0.8025
8. 地方财政一般预算收入	0.6363	0.6081	0.5954	0.6217
9. 人均固定资产投资额	0.5758	0.5527	0.5517	0.6949
10. 非农产业比重	0.8111	0.8643	0.8639	0.8910
11. 第三产业占GDP比重	0.8163	0.7970	0.7776	0.7912
12. 西部各省单位城镇人口实现的GDP	0.6631	0.6671	0.6580	0.6646

[1] 陈敬武，雷升．基于熵值赋权的上市公司投资价值灰关联评判［J］．河北工业大学学报，2008（01）．

续表

指　　标	关联系数			
	2000 年	2006 年	2010 年	2016 年
13. 单位固定资产投资实现的 GDP	0. 6473	0. 6570	0. 7646	0. 7209
14. 单位建成区面积实现的 GDP	0. 5596	0. 5296	0. 5212	0. 6080
15. 单位建成区面积吸纳的城镇人口数量	0. 4883	0. 5227	0. 5419	0. 5306
16. 万人国内专利申请授权量	0. 4427	0. 5319	0. 5533	0. 4815
17. 万元 GDP 水耗	0. 5378	0. 5466	0. 5297	0. 5419
18. 万元工业增加值废水排放量	0. 1288	0. 5230	0. 5130	0. 5136
19. 万元 GDP 二氧化硫排放量	0. 4103	0. 4071	0. 4027	0. 4547
20 每万人高速等级公路里程	0. 4720	0. 4030	0. 4002	0. 4028
21. 万人拥有公交车辆数	0. 6402	0. 5452	0. 5857	0. 6224
22. 人均互联网宽带接入端口	0. 3907	0. 6745	0. 7596	0. 7346
23. 城市燃气普及率	0. 6177	0. 6589	0. 7508	0. 5678
24. 城市人均日生活用水量	0. 6358	0. 5998	0. 5463	0. 5921
25. 城市市政设施建设固定资产投资	0. 4396	0. 4963	0. 4636	0. 4546
26. 万人拥有卫生技术人员数	0. 6313	0. 6318	0. 6693	0. 6709
27. 万人拥有医疗卫生床位数	0. 6115	0. 6335	0. 7461	0. 7095
28. 百人拥有小学专任教师数	0. 7309	0. 6884	0. 6885	0. 7281
29. 人均教育经费	0. 5789	0. 6723	0. 6998	0. 6834
30. 城镇恩格尔系数	0. 8139	0. 7401	0. 7111	0. 7033
31. 城镇登记失业率	0. 6746	0. 8131	0. 7630	0. 6347
32. 常住人口城镇职工基本养老参保率	0. 5796	0. 5408	0. 5364	0. 5786
33. 城镇职工基本医疗保险参保率	0. 4451	0. 6743	0. 6824	0. 6808
34. 人均用水量与人均水资源量之比	0. 6643	0. 6386	0. 6629	0. 6393
35. 居住用地占城市建设用地面积比重	0. 8108	0. 7813	0. 7412	0. 6897
36. 工业用地占城市建设用地面积比重	0. 5607	0. 5505	0. 5632	0. 5553
37. 城市人均居住面积	0. 5854	0. 6194	0. 5705	0. 5943
38. 人均城市道路面积	0. 6250	0. 5500	0. 5429	0. 6522
39. 人均发电量	0. 5314	0. 4997	0. 4686	0. 4954
40. 城乡居民收入差异系数	0. 6455	0. 7450	0. 7985	0. 7750
41. 城乡恩格尔系数差值	0. 6881	0. 8221	0. 8325	0. 8011
42. 人均水资源量	0. 7290	0. 7119	0. 6900	0. 6851
43. 城市建成区绿化覆盖率	0. 3865	0. 6867	0. 6819	0. 7619
44. 城镇人均绿地面积	0. 5348	0. 5718	0. 5818	0. 6292
45. 人均城市污水日处理能力	0. 4350	0. 4964	0. 6103	0. 6435
46. 城市生活垃圾无害化处理率	0. 4449	0. 4494	0. 5064	0. 6952
47. 工业固体废物综合利用率	0. 4419	0. 4110	0. 4085	0. 3822

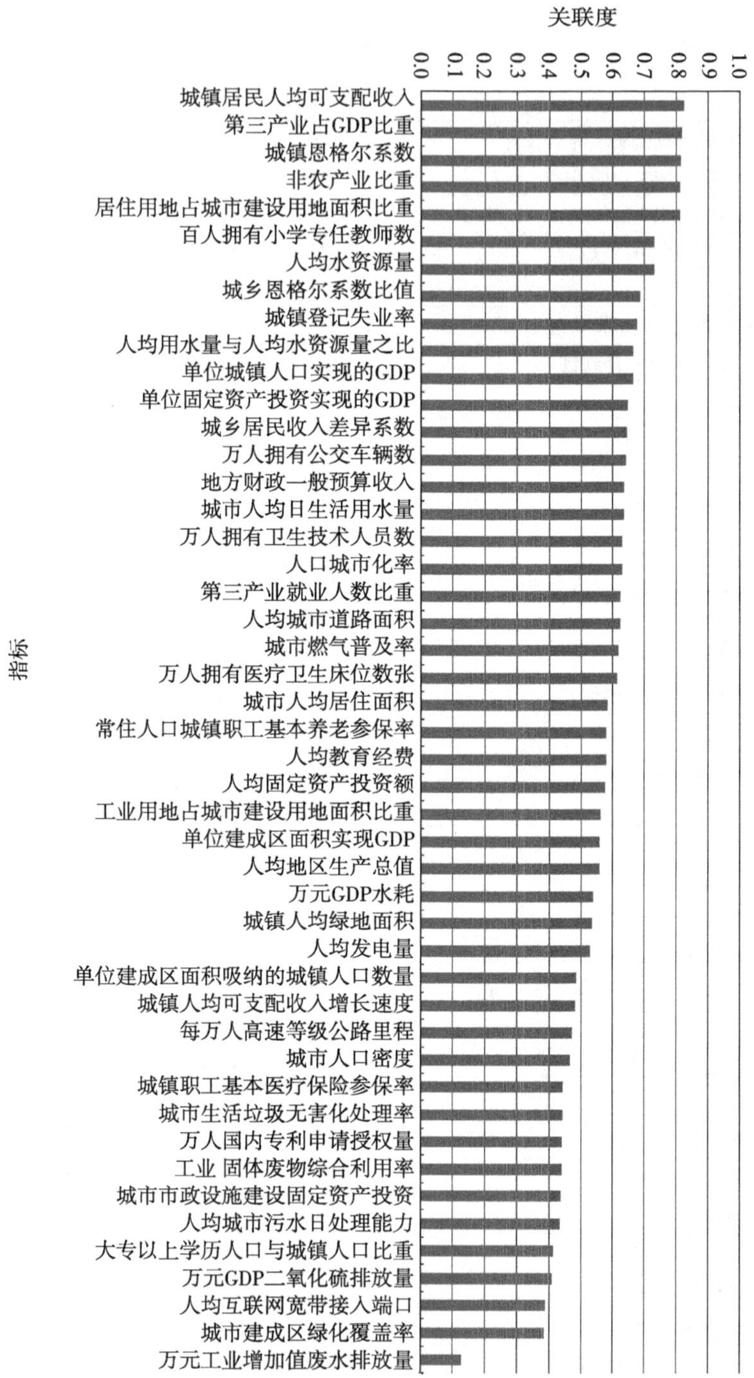

图 7－1　2000 年各指标关联度排序

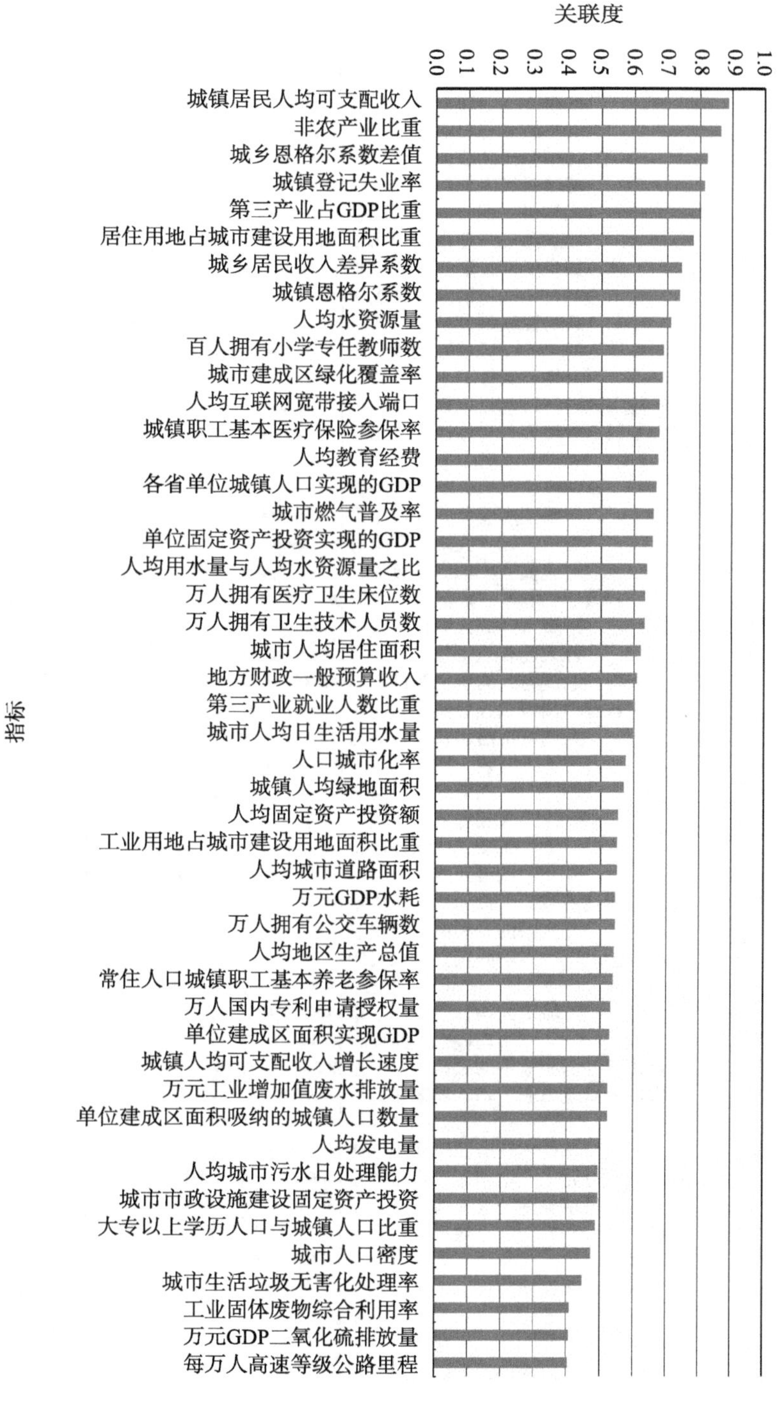

图7－2　2006年各指标关联度排序

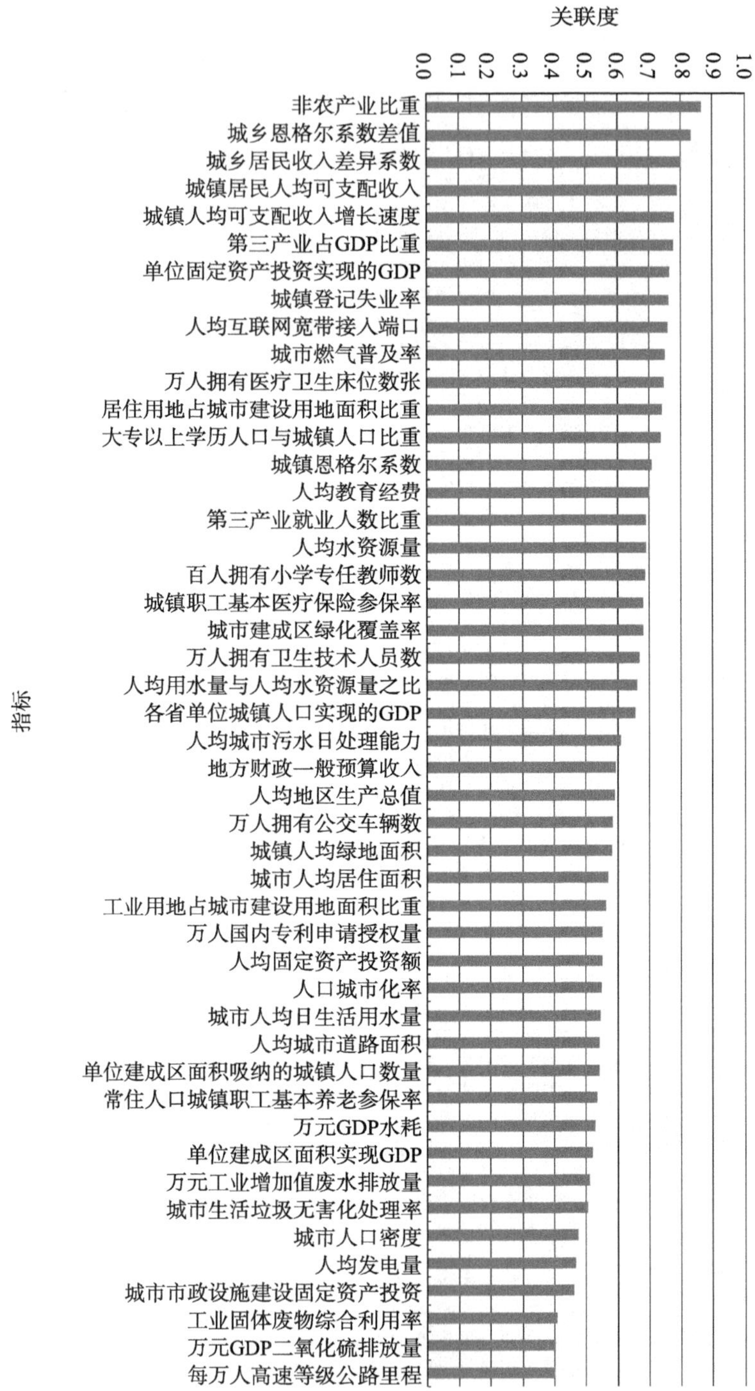

图 7－3　2010 年各指标关联度排序

图 7－4　2016 年各指标关联度排序

7.1.3 西部地区省际城市化发展质量地域差异影响因素分析

根据上述分析结果，依据灰色关联度分析理论，按关联度大小排序，将影响西部地区省际城市化发展质量差异的因素分为三类。关联度高于各个年份平均值的因子为“公共因子”，即重要影响因素；关联度低于年平均值，高于0.45的指标，为较重要影响因素；关联度在0.45以下的指标为一般影响因素。

7.1.3.1 重要影响因素

2000年的公共因子，按关联系数从高到低排序依次为：城镇居民人均可支配收入、第三产业占GDP比重、城镇恩格尔系数、非农产业比重、居住用地占城市建设用地面积比重、百人拥有小学专任教师数、人均水资源量、城乡恩格尔系数比值、城镇登记失业率、人均用水量与人均水资源量之比、单位城镇人口实现的GDP、单位固定资产投资实现的GDP、城乡居民收入差异系数、万人拥有公交车辆数、地方财政一般预算收入、城市人均日生活用水量、万人拥有卫生技术人员数、人口城市化率、第三产业就业人数比重、人均城市道路面积、城市燃气普及率、万人拥有医疗卫生床位数（张）、城市人均居住面积、常住人口城镇职工基本养老参保率、人均教育经费。

2006年的公共因子，按关联系数从高到低排序依次为：城镇居民人均可支配收入、非农产业比重、城乡恩格尔系数差值、城镇登记失业率、第三产业占GDP比重、居住用地占城市建设用地面积比重、城乡居民收入差异系数、城镇恩格尔系数、人均水资源量、百人拥有小学专任教师数、人均互联网宽带接入端口、城市建成区绿化覆盖率、城镇职工基本医疗保险参保率、人均教育经费、单位城镇人口实现的GDP、城市燃气普及率、单位固定资产投资实现的GDP、人均用水量与人均水资源量之比、万人拥有医疗卫生床位数（张）、万人拥有卫生技术人员数、城市人均居住面积。

2010年的公共因子，按关联系数从高到低排序依次为：非农产业比重、城乡恩格尔系数差值、城乡居民收入差异系数、城镇居民人均可支配收入、城镇人均可支配收入增长速度、第三产业占GDP比重、单位固定资产投资实现的GDP、城镇登记失业率、人均互联网宽带接入端口、城市燃气普及率、万人拥有医疗卫生床位数（张）、居住用地占城市建设用地面积比重、大专以上学历人口与城镇人口比重、城镇恩格尔系数、人均教育经费、第三产业就业人数比重、人均水资源量、百人拥有小学专任教师数、城镇职工基本医疗保险参保率、城市建成区绿化覆盖率、万人拥有卫生技术人员数、人均用水量与人均水资源量之比、单位城镇人口实现的GDP。

2016年的公共因子，按关联系数从高到低排序依次为：非农产业比重、城镇居民人均可支配收入、城镇人均可支配收入增长速度、城乡恩格尔系数差值、第三产业占GDP比重、城乡居民收入差异系数、城市建成区绿化覆盖率、人均互联网宽带接入端口、百人拥有小学专任教师数、单位固定资产投资实现的GDP、万人拥有医疗卫生床位数（张）、城镇恩格尔系数、城市生活垃圾无害化处理率、人均固定资产投资额、居住用地占城市建设用地面积比重、大专以上学历人口与城镇人口比重、人均水资源量、人均教育经费、城镇职工基本医疗保险参保率、第三产业就业人数比重、万人拥有卫生技术人员数、单位城镇人口实现的GDP、人均城市道路面积、人均城市污水日处理能力。

根据各年份公共因子的交集，得出重要影响因素为：第三产业就业人数比重、城镇居民人均可支配收入、非农产业比重、第三产业占GDP比重、单位城镇人口实现的GDP、单位固定资产投资实现的GDP、城市燃气普及率、万人拥有卫生技术人员数、万人拥有医疗卫生床位数（张）、百人拥有小学专任教师数、人均教育经费、城镇恩格尔系数、城镇登记失业率、人均用水量与人均水资源量之比、居住用地占城市建设用地面积比重、城市人均居住面积、人均城市道路面积、城乡居民收入差异系数、城乡恩格尔系数比值、人均水资源量。

从这些重要影响因素中可以看出，这些因素涵盖了人口城市化发展质量、经济城市化发展质量、社会城市化发展质量、空间城市化发展质量、城乡协调发展质量、城市生态环境质量六个子系统，各指标占所处子系统的百分比详见图7－5。

在人口城市化发展质量子系统中共有4项指标。其中，第三产业就业人数比重是衡量一个地区城市化发展质量的主要指标。同时，随着社会的进步，第三产业逐渐成为城市发展的主导产业，其就业人数将处于主导地位，各个省（直辖市、自治区）的城市化质量不同，第三产业发展的水平就不同，就业人数也就不同，因此，第三产业就业人数比重在西部地区省际城市化发展质量差异中的贡献率最大。

经济城市化发展质量子系统中一共有15项指标，其中，城镇居民人均可

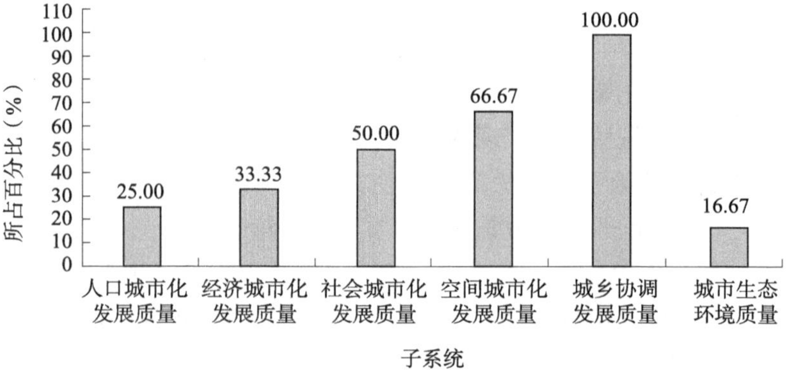

图7-5　重要影响因素各指标占所处子系统百分比

支配收入、非农产业比重、第三产业占GDP比重、各省单位城镇人口实现的GDP、单位固定资产投资实现的GDP，这5项指标是重要影响因素。人均可支配收入体现一个地区人民生活水平；非农产业和第三产业比重体现一个地区产业类型，第三产业占GDP比重越大，说明地区产业结构得到优化升级，极大地反映经济城市化发展质量；单位城镇人口实现的GDP、单位固定资产投资实现的GDP，这两项指标则一定程度体现了资源利用效率，这五个指标在省际城市化发展质量差异中贡献率较大。

社会城市化发展质量子系统中一共有14项指标，其中，城市燃气普及率、万人拥有卫生技术人员数、万人拥有医疗卫生床位数（张）、百人拥有小学专任教师数、人均教育经费、城镇恩格尔系数、城镇登记失业率这5项指标是重要影响因素。燃气普及率体现地区基本生活设施建设情况，城镇恩格尔系数是居民家庭中食物支出占消费总支出的比重，反映一个地区居民基本生活水平；登记失业率则体现区域劳动力市场配置与经济发展情况；这些指标与医疗条件、教育条件一起，成为社会子系统中的重要影响因素，在省际城市化发展质量差异中贡献很大。

空间城市化发展质量子系统中一共有6项指标，其中人均用水量与人均水资源量之比、居住用地占城市建设用地面积比重、城市人均居住面积、人均城市道路面积这4项指标，都反映地区基础设施建设情况，极大地影响地区城市化发展质量。

城乡协调发展质量这一子系统中，包含的两个指标，收入协调指标与消费协调指标，反映城乡发展平衡性，体现一个地区城市化发展质量，均是重要影响因素，城市生态环境质量中人均水资源量这一指标，是衡量地区可利用水资源程度的指标之一，对生产生活意义重大，在省际城市化发展质量差异中贡献很大。

7.1.3.2　较重要因素

2000 年较重要影响因素按关联系数从高到低排序依次为：人均固定资产投资额、工业用地占城市建设用地面积比重、单位建成区面积实现 GDP、人均地区生产总值、万元 GDP 水耗、城镇人均绿地面积、人均发电量、单位建成区面积吸纳的城镇人口数量、城镇人均可支配收入增长速度、每万人高速等级公路里程、城市人口密度。

2006 年较重要影响因素按关联系数从高到低排序依次为：地方财政一般预算收入、第三产业就业人数比重、城市人均日生活用水量、人口城市化率、城镇人均绿地面积、人均固定资产投资额、工业用地占城市建设用地面积比重、人均城市道路面积、万元 GDP 水耗、万人拥有公交车辆数、人均地区生产总值、常住人口城镇职工基本养老参保率、万人国内专利申请授权量、单位建成区面积实现 GDP、城镇人均可支配收入增长速度、万元工业增加值废水排放量、单位建成区面积吸纳的城镇人口数量、人均发电量、人均城市污水日处理能力、城市市政设施建设固定资产投资、大专以上学历人口与城镇人口比重、城市人口密度。

2010 年较重要影响因素按关联系数从高到低排序依次为：人均城市污水日处理能力、地方财政一般预算收入、人均地区生产总值、万人拥有公交车辆数、城镇人均绿地面积、城市人均居住面积、工业用地占城市建设用地面积比重、万人国内专利申请授权量、人均固定资产投资额、人口城市化率、城市人均日生活用水量、人均城市道路面积、单位建成区面积吸纳的城镇人口数量、常住人口城镇职工基本养老参保率、万元 GDP 水耗、单位建成区面积实现 GDP、万元工业增加值废水排放量、城市生活垃圾无害化处理率、城市人口密度、人均发电量、城市市政设施建设固定资产投资。

2016 年较重要影响因素按关联系数从高到低排序依次为：人均用水量与人均水资源量之比、城镇登记失业率、人均地区生产总值、城镇人均绿地面积、万人拥有公交车辆数、地方财政一般预算收入、单位建成区面积实现 GDP、城市人均居住面积、城市人均日生活用水量、常住人口城镇职工基本养老参保率、人口城市化率、城市燃气普及率、城市人口密度、工业用地占城市建设用地面积比重、万元 GDP 水耗、单位建成区面积吸纳的城镇人口数量、万元工业增加值废水排放量、人均发电量、万人国内专利申请授权量、万元 GDP 二氧化硫排放量、城市市政设施建设固定资产投资。

综合以上四年的较重要影响因素，得到最终的较重要影响因素为以下 22 项指标：人口城市化率、城市人口密度、大专以上学历人口与城镇人口比重、人均地区生产总值、城镇人均可支配收入增长速度、地方财政一般预算收入、人均固定资产投资额、单位建成区面积实现 GDP、单位建成区面积吸纳的城镇人口数量、万人国内专利申请授权量、万元 GDP 水耗、万元工业增加值废水排放量、万人拥有公交车辆数、人均互联网宽带接入端口、城市人均日生活用水量、常住人口城镇职工基本养老参保率、城镇职工基本医疗保险参保率、工业用地占城市建设用地面积比重、人均发电量、城市建成区绿化覆盖率、城镇人均绿地面积、人均城市污水日处理能力。

从这些较重要影响因素中可以看出，这些因素涵盖了人口城市化发展质量、经济城市化发展质量、社会城市化发展质量、空间城市化发展质量、城市生态环境质量五个子系统，各指标占所处子系统的百分比详见图 7－6。

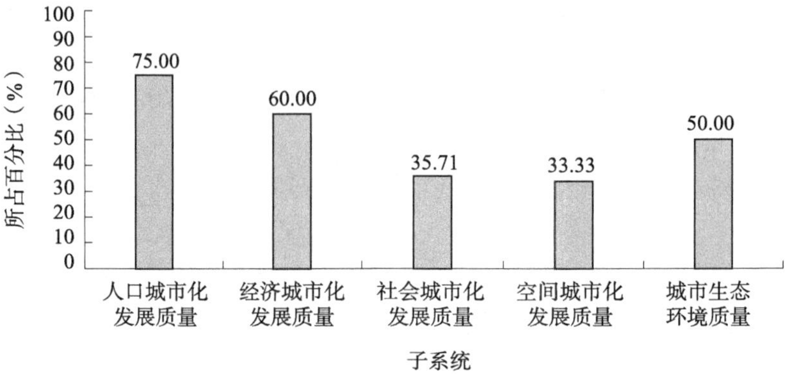

图 7－6　较重要影响因素各指标占所处子系统百分比

这些指标反映出人口城市化发展质量子系统与经济城市化发展质量子系统在城市化发展中的重要意义。城市基础设施建设、资源环境改善、人民生活水平提高等均受经济发展水平的制约，因此经济子系统是造成西部地区各省际城市化发展质量差异的主要来源。社会、空间子系统也对省际城市化发展质量差异具有较大贡献，城市生态环境质量中城市建成区绿化覆盖率、城镇人均绿地面积、人均城市污水日处理能力体现一个地区对经济高质量发展与生态环境高水平保护的实现程度，对省际城市化发展质量差异具有较大贡献。

7.1.3.3　一般重要影响因素

2000 年一般重要影响因素按关联系数从高到低排序依次为：城镇职工基本医疗保险参保率、城市生活垃圾无害化处理率、万人国内专利申请授权量、工业固体废物综合利用率、城市市政设施建设固定资产投资、人均城市污水日处理能力、大专以上学历人口与城镇人口比重、万元 GDP 二氧化硫排放量、人均互联网宽带接入端口、城市建成区绿化覆盖率、万元工业增加值废水排放量。

2006 年一般重要影响因素按关联系数从高到低排序依次为：城市生活垃圾无害化处理率、工业固体废物综合利用率、万元 GDP 二氧化硫排放量、每万人高速等级公路里程。

2010 年一般重要影响因素按关联系数从高到低排序依次为：工业固体废物综合利用率、万元 GDP 二氧化硫排放量、每万人高速等级公路里程。

2016 年一般重要影响因素按关联系数从高到低排序依次为：每万人高速等级公路里程、工业固体废物综合利用率。

综合以上四年的一般重要影响因素交集，得到最终的一般重要影响因素为以下 5 项指标：万元 GDP 二氧化硫排放量、每万人高速等级公路里程、城市市政设施建设固定资产投资、城市生活垃圾无害化处理率、工业固体废物综合利用率。这些因素涵盖了经济城市化发展质量、社会城市化发展质量、城市生态环境质量三个子系统，各指标占所处子系统的百分比详见图 7－7。这些因素对省际城市化发展质量差异贡献率较低，其关联度小于 0.45，可以看出城市生态环境质量子系统所占百分比最大，究其原因，自 21 世纪以来城市化水平发展迅速，但各个省份对生态环境保护力度不够，导致城市生态环境质量普遍不高，亟待提高，因此这一因素对省际城市化发展质量差异贡献率较低。

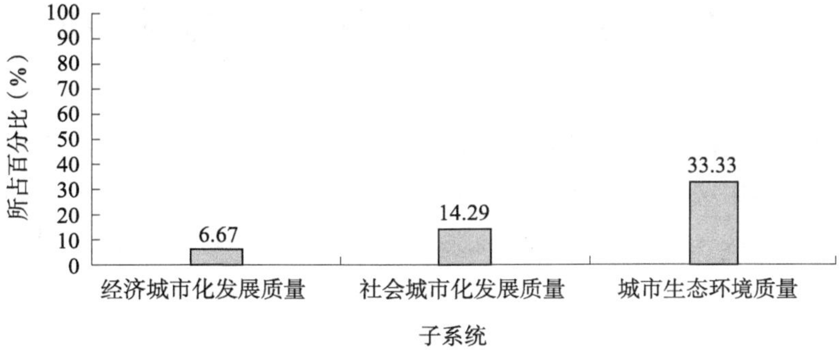

图 7－7　一般重要影响因素各指标占所处子系统百分比

以上研究表明，根据2000年、2006年、2010年、2016年四年的统计数据，西部地区省际城市化发展质量地域差异影响因素按照贡献率大小分为重要影响因素、较重要影响因素和一般影响因素，从这些因素的分布可以看出：

第一，省际城市化发展质量差异的原因是复杂的，本章通过灰色关联度分析法得出人口、经济、社会、空间、城乡协调、生态环境质量六个子系统都是影响因素，正是这六个子系统的综合作用才导致了西部地区省际城市化发展质量的显著差异。

第二，在这些影响因素中，重要因素主要是空间、社会和城乡协调子系统中的指标，这些指标都与基础设施建设、城市生活质量和人民生活基本保障密切相连，因此，重视城市化发展和人民生活质量是促进城市化发展质量建设的重点。同时还要注重第三产业的发展，增加第三产业就业人口比重，提高第三产业占GDP的比重，进一步优化产业结构，加快产业转型升级；提高资源配置效率，推动经济跨越式发展；注重城乡协调发展质量，缩小城乡收入差距，促进农业剩余劳动力转移，提高非农业人口比重。

第三，影响省际城市化发展质量的较重要因素也是复杂的，提高人口素质、提高经济发展水平和动力、降低经济发展代价是城市化质量提升的关键路径；从社会和生态角度，进一步完善社会保障，提高城市居住水平、环境和设施水平对各地区城市化质量提高具有重大意义。

第四，从各级影响因素来看，重要因素是城市化发展质量的最基本因素，比较重要因素是城市化发展质量提升的动力因素，一般重要因素则是保证城市化发展质量可持续提高的因素。因此，不但要注重城市化建设的步伐，还要重视城市化发展质量的提升与可持续发展。

7.2 西部地区省际城市化发展质量的趋同分析

本节将通过构建σ趋同模型、β趋同模型、俱乐部趋同模型，对西部趋同地区省际城镇化发展质量进行趋同分析，进一步论证西部地区省际城镇化发展质量差异显著这一判断，更为准确地把握西部地区省际城镇化发展质量变化趋势。

7.2.1　西部地区省际城镇化发展质量的 σ 趋同分析

σ 趋同是指分析对象的标准差随时间的推移而逐渐变小，即 $\sigma_{t+T} < \sigma_t$。本研究选择省际城镇化发展质量的标准差来刻画西部地区省际城镇化发展质量的变化趋势，标准差越小，表明城镇化发展质量波动小，城镇化发展差距在缩小；标准差越大，表明城镇化发展质量差距在拉大。

图 7－8 为西部地区省际城市化发展质量对数标准差在 2000—2016 年的变化情况，它从 2000 年的 0.0743 下降到 2016 年的 0.0572，总体上呈现缩小的趋势，说明在 2000—2016 年西部地区省际城市化发展质量总体上发生 σ 趋同。下面用方程的形式来表示省际城镇化发展质量的标准差随时间推移的变化情况：

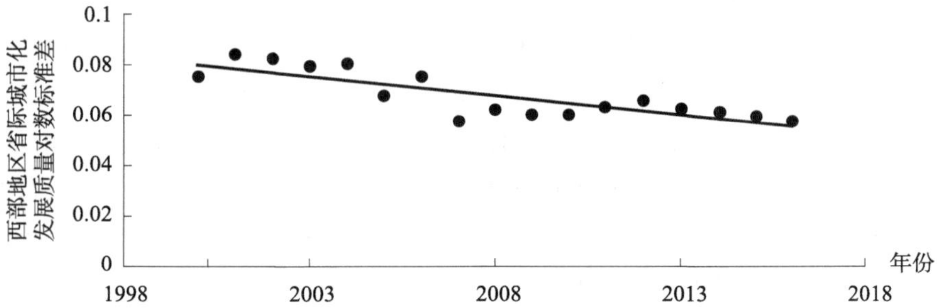

图 7－8　西部地区省际城镇化发展质量的 σ 趋同

$$y_{it} = a + bYear + \mu_t$$

y_{it}表示 i 省（自治区、直辖市）t 时间省际城镇化发展质量的标准差，$Year$ 表示时间序列，a 为常数，b 为时间序列的系数，μ_t为误差项。b 为正值时，说明随着时间的推移省际城镇化发展质量的差异越来越大，城镇化发展质量增长没有发生 σ 趋同；b 为负值时，说明省际城镇化发展质量差异缩小，发生 σ 趋同。❶

表 7－2　西部地区省际城镇化发展质量 σ 趋同与时间关系

Year	_ *cons*	*F* 值	R^2
-0.0015*** (-5.679)	3.1327*** (5.804)	32.25	0.6825

注：括号中数字为 t 值，*、**、*** 分别表示在 10%、5%、1% 水平上显著。

❶ 王荣斌. 改革开放时期中国区域经济增长趋同研究［D］. 开封：河南大学，2005（5）.

表7-2中，回归拟合结果较好，回归系数显著，b 为负值，西部地区各省城镇化发展质量存在 σ 趋同。这说明西部地区城镇化发展质量省际差异随时间的推移趋于缩小，城镇化发展质量较差的地区提升速度快于发展质量较好的地区。

7.2.2 西部地区省际城镇化发展质量β趋同检验

城镇化发展质量绝对 β 趋同的定义是城镇化发展质量较差的地区城镇化发展质量指数增长速度快于较好的地区。本文首先进行绝对 β 趋同分析：将城镇化发展质量指数对数增长率（*speed*）作为被解释变量，上一年城镇化发展质量（*qud*）作为解释变量，单独对西部地区省际城镇化发展质量指数初始值与增长率进行回归分析。[1]

然后，鉴于西部地区各省达到稳态均衡增长的路径并不相同，不同省际的自然资源禀赋、经济发展条件、制度和一些政策因素决定不同省际的趋同方式，因此，通过添加控制变量，对西部地区省际城镇化发展质量继续进行条件 β 趋同分析。条件 β 趋同分析是指在模型的外生因素不变或具有相同稳态的条件下，各国或地区增长速度的趋同。本节从人口、经济、空间、环境、社会等方面选择对城镇化发展长期增长有重要影响的变量进行条件 β 趋同现象分析，共选择6个控制变量：大专及以上学历人口与城镇人口比重（*cd*）、人均生产总值（*gp*）、单位固定资产投资实现的GDP（*gu*）、城市人均居住面积（*live*）、城市生活垃圾无害化处理率（*hd*）、万人拥有卫生技术人员数（*ht*）。

选取2000—2016年西部地区12省（区、市）的面板数据进行回归分析，6个控制变量均取标准化后数据的一阶差分形式：Δcd_{it}、Δgp_{it}、Δgu_{it}、$\Delta live_{it}$、Δhd_{it}、Δht_{it}，并通过平稳性检验。在回归分析过程中逐步引入变量进行分析，回归方程为：

$$speed_{it} = \alpha + \beta \ln qud_{it-1} + \eta_1 \Delta cd_{it} + \eta_2 \Delta gp_{it} + \eta_3 \Delta gu_{it} + \eta_4 \Delta live_{it} + \eta_5 \Delta hd_{it} + \eta_6 \Delta ht_{it} + \varepsilon_{it}$$

（式7-6）

speed 为省际 i 的 t 年比 $t-1$ 年的城镇化发展质量的增长率。用 $\ln qud_{it} - \ln qud_{it-1}$ 计算。

[1] 陈兰．福建省区域经济增长趋同研究［D］．福州：福建师范大学，2007（4）．

qud_{it-1}表示省际 i 的 $t-1$ 年的城镇化发展质量，即第 i 省初始城镇化发展质量。系数 β 是条件趋同中主要考察的对象，若 β 为正且显著，表示城镇化发展基础越好的城市发展质量增长率越高，城镇化发展基础较弱的城市发展质量增长率越低，说明西部地区省际城镇化发展质量差距在逐渐拉大，不存在条件趋同；若 β 为负数且显著，则表示城镇化发展基础较弱的城市发展质量增长率较高，城镇化发展基础好的城市发展质量提升放缓，说明西部地区省际城镇化发展质量差距在逐渐缩小，存在条件趋同。

Δcd_{it}表示省际 i 第 t 年减第 $t-1$ 的大专及以上学历人口与城镇人口比重。考察了省际城市人口素质的提升，是人口城镇化发展质量的重要部分。

Δgp_{it}表示省际 i 第 t 年减第 $t-1$ 的人均生产总值，反映了省际城市经济发展水平的提高。

Δgu_{it}表示省际 i 第 t 年减第 $t-1$ 的单位固定资产投资实现的 GDP，这一变量反映了省际城市经济发展效率的提高。

$\Delta live_{it}$表示省际 i 第 t 年减第 $t-1$ 的城市人均居住面积，这一变量考察了省际城市居民居住条件的提高，反映城镇化发展进程中的土地保障情况。

Δhd_{it}表示省际 i 第 t 年减第 $t-1$ 的城市生活垃圾无害化处理率，这一变量考察了省际城市生活垃圾处理效率的提高，反映城镇化发展进程中的环境保障情况。

Δht_{it}表示省际 i 第 t 年减第 $t-1$ 的万人拥有卫生技术人员数，这一变量考察了省际城市医疗卫生条件的提高，反映城镇化发展进程中的公共服务的投入情况。

ε_{it}为随机分布的扰动项。回归结果见表 7－3。

表 7－3　2000—2016 年西部地区省际城镇化发展质量条件 β 趋同回归分析结果

解释变量	回归 1	回归 2	回归 3	回归 4	回归 5	回归 6	回归 7
qud	－1.1757***	－1.1544***	－1.2118***	－1.2212***	－1.2085***	－1.1607***	－1.1529***
cd		0.1250***	0.1197***	0.1179***	0.1221***	0.1133***	0.1160***
gp			0.4708***	0.3953**	0.3498**	0.3182*	0.1806
gu				0.1485*	0.1628*	0.1641*	0.1759**
live					0.1994***	0.1766***	0.1895***
hd						0.0995***	0.1042***
ht							0.2014*
α	0.0657***	0.0629***	0.0490***	0.0575***	0.0575***	0.0525***	0.0509***

续表

解释变量	回归 1	回归 2	回归 3	回归 4	回归 5	回归 6	回归 7
R^2	0.5755	0.6088	0.6338	0.6418	0.6914	0.7113	0.7210
Adj. R^2	0.5731	0.6043	0.6276	0.6337	0.6825	0.7013	0.7096

注：括号中数字为 *t* 值，*、**、*** 分别表示在 10%、5%、1% 水平上显著。

回归分析的结果表明：

西部地区省际城镇化发展质量存在绝对 β 趋同现象。回归 1 中，单独对西部地区省际城镇化发展质量初始值与增长率进行回归时，其回归系数为负（-1.1757），在 1% 水平上显著，说明从长期来看，西部地区各省份之间存在显著的绝对 β 趋同现象。2000—2016 年西部地区城镇化发展质量较低的省份城镇化质量增长速度快于城镇化发展质量较高的省份。

西部地区省际城镇化发展质量存在条件 β 趋同现象。在回归 2 至回归 7，逐步加入反映人口、经济、空间、环境、社会各子系统的控制变量，β 值保持在 -1.2212 至 -1.1544 之间，且全部在 1% 水平上显著，说明西部地区各省份之间存在显著的条件 β 趋同现象，并且具有稳定的趋同系数。也就是说，在多个影响因素的共同作用下，初始城镇化发展质量越高的地区，其城镇化发展质量增速越低，反之，则增长率越高，西部地区省际城镇化发展质量的差距在逐渐缩小。

人口、经济、空间、环境、社会各系统对西部地区城镇化发展质量的提升均具有正向促进作用。逐步加入大专及以上学历人口与城镇人口比重（*cd*）、人均生产总值（*gp*）、单位固定资产投资实现的 GDP（*gu*）、城市人均居住面积（*live*）、城市生活垃圾无害化处理率（*hd*）、万人拥有卫生技术人员数（*ht*）等控制变量，分别反映省际城市人口素质、经济发展水平、经济发展效率、城市空间保障、城市环境保障、城市公共服务保障情况。模型拟合优度从 0.5755 逐渐增加至 0.7096，各控制变量系数基本显著为正，说明各个系统对城镇化发展质量的提升均具有显著正向促进作用，各系统应协调发展，不可偏废其一。

较高的经济发展水平和经济发展效率对城镇化发展质量提升具有极大的促进作用。“人均生产总值”这一变量的系数在回归 3 至回归 6 中，均显著为正，系数在 0.3182 至 0.4708 之间波动，反映经济发展水平对城镇化发展质量的促进作用最大，说明当前西部地区城镇化发展质量的提升主要靠经济发展推动。同时，“单位固定资产投资实现的 GDP”系数在 0.1485 至 0.1759 区间内，并显著为正，说明经济发展效率对城镇化发展质量的影响较大，因此，提高经济发展水平和效率对西部地区城镇化发展质量的提升具有重要意义。

完善的医疗卫生等公共服务对城镇化发展质量提升具有较大的促进作用。回归7中引入城市“万人拥有卫生技术人员数”这一变量，系数为0.2014，在10%水平上显著，说明医疗卫生对城镇化发展质量的提升具有较大的促进作用，公共服务较弱的地区城镇化发展质量较低，因此，完善的公共服务对西部地区城镇化发展质量提升具有重要意义。

7.2.3　西部省际城市化发展质量的俱乐部趋同检验

7.2.3.1　俱乐部趋同的概念

将世界各国或一国内各区域划分为若干个技术、制度、经济增长、偏好等特征相似的国家或区域俱乐部，每个俱乐部内部各国家或区域间具有相同的经济稳态，因而各个俱乐部的成员均向各自的经济稳态趋同，不同的俱乐部之间具有不同的经济稳态，因此不存在趋同。[1] 这种各个区域分别趋同于其所在俱乐部的现象称为“俱乐部趋同”。

趋同通常被用于地域间的经济发展关系研究中，常用的两种趋同方法 β 趋同和 σ 趋同被用于检验趋同性和度量趋同速度。但是，区域城市化发展质量会随着时间的演变发生变化，在空间上，区域各城市也存在相互的作用。β 趋同和 σ 趋同检验方法假定不同区域在空间上相互独立，区域之间不存在空间相互作用，这明显与实际情况不符。事实上，区域相互作用造成的空间溢出效应是区域经济差异缩小的一个重要因素。以往研究的区域间经济发展的学者通过把矩阵引入马尔可夫链中，用于分析区域演变过程的时空特征，这种方法可以弥补 β 趋同和 σ 趋同没有刻画的部分趋同。因此，本研究采用马尔可夫链方法，通过建立我国西部省际城市化发展质量的马尔可夫转移概率矩阵，揭示西部省际城市化发展质量演变过程的时空特征。[2]

7.2.3.2　数据选取

本研究选择2000—2016年17年间中国西部12个省际城市综合指标体系

---

[1] 陈东．区域金融发展差距及其收敛特征分析——基于四大经济区域的实证研究［D］．北京：中国人民大学，2008．

[2] 黄晓峰，黄跃东．福建省区域趋同时空演变的空间马尔可夫链分析［J］．福建地理，2006（6）．

评价指数来表征不同年份的西部省际城市化发展质量，分析17年来西部地区省际趋同（分异）过程中的时空演变轨迹。

将西部地区的12个省、直辖市、自治区按综合指标体系评价指数分为以下4种类型：1）低水平：综合指标体系评价指数低于0.3；2）中下Ⅰ：综合指标体系评价指数大于等于0.3，小于0.4；3）中下Ⅱ：综合指标体系评价指数大于等于0.4，小于0.5；4）中下Ⅲ：综合指标体系评价指数大于等于0.5，小于0.6。

7.2.3.3 方法简介

马尔可夫是一种时间和状态均为离散的马尔可夫过程。由于把西部地区的综合指标体系评价指数划分为4种类型，因此可得到一个4×4的马尔可夫转移矩阵（见表7－4）。❶ 表7－4中，元素m_{ij}表示某一区域在t年份属于i类型，而在下一年份转移到j类型的一步转移概率，并采用下述估计：

$$m_{ij} = \frac{n_{ij}}{n_i} \quad \text{（式7－8）}$$

式中：n_{ij}表示在整个研究期间内，由t年份属于i类型的区域在下一个年份转移为j类型的区域的数量之和，n_i表示所有年份中属于i类型的区域数量之和。

表7－4　马尔可夫转移概率矩阵（类型$k=4$）

t_i/t_{i+1}	1	2	3	4
1	m_{11}	m_{12}	m_{13}	m_{14}
2	m_{21}	m_{22}	m_{23}	m_{24}
3	m_{31}	m_{32}	m_{33}	m_{34}
4	m_{41}	m_{42}	m_{43}	m_{44}

如果某个省际的城市化综合指标体系评价指数在初始年份为i，在下一年份仍保持不变，则省际类型转移为平稳；如果城市化率类型有所提高，则省际向上转移：否则，省际向下转移。❷

❶ 谢洪，廖光萍，崔娜娜．基于马尔可夫链的四川区域经济趋同实证分析［J］．阿坝师范高等专科学校学报，2010（3）．

❷ 李林．中国城市化质量差异与其影响因素研究［D］．北京：中国农业大学，2007．

7.2.3.4 实证分析

对2000—2016年17年间中国西部地区的12个城市综合指标体系评价指数按上面介绍的分类法分为四类，统计情况见表7-5。

表7-5 2000—2016年西部地区省际综合指标体系指数类型统计

年份	1类	2类	3类	4类
2000	12	0	0	0
2001	12	0	0	0
2002	12	0	0	0
2003	12	0	0	0
2004	12	0	0	0
2005	10	2	0	0
2006	10	2	0	0
2007	9	3	0	0
2008	6	6	0	0
2009	5	7	0	0
2010	4	7	1	0
2011	2	7	3	0
2012	0	8	4	0
2013	0	5	6	1
2014	0	5	4	3
2015	0	5	4	3
2016	0	3	5	4
总计	106	60	27	11

构造2000—2016年、2000—2005年、2006—2010年、2011—2016年四个时间段的马尔可夫转移矩阵见表7-6和表7-7。

从表7-6和表7-7可以看出，西部地区城市化综合指标体系指数类型转换具有以下特点：

第一，长期来说，区域类型变化的概率很大，2000—2016年、2011—2016年马尔可夫转移矩阵中，主对角线的数据均为0，这说明在这一段时间内，一个区域如果在初始属于类型i，在随后年份属于该类型的概率为0。而非对角线上的元素最大值0.75，这说明在不同类型之间转移的概率最大为

75%。不同类型间转移概率远大于平稳的概率。

第二，在连续2个年份之间没有发生跨越性转移，从表7-6和表7-7可以看出，对角线两侧以外的元素为0，表明在2个年份之间，西部地区城市化发展质量实现跨越性发展的可能并不存在。

第三，西部地区城市综合指标体系指数存在“俱乐部趋同”。在2000—2005年马尔可夫转移矩阵中的起初水平为0.8333，随后向下一类型转移的概率为16.67%，但是，从2000—2016年、2006—2010年、2011—2016年的马尔可夫转移矩阵可以看出，若起初所属的类型为i，随后保持该类型的概率最大为50%，最小为0，而向下转移的最大概率为75%，最小的概率为25%，这说明了17年来，西部地区各个省份的城市化发展质量在向好的方向发展。各个时期转移情况总结见表7-8。

表7-6　2006—2016年西部地区城市综合指标体系评价指数类型的马尔可夫矩阵（一）

2006—2010年马尔可夫转移矩阵					2011—2016年马尔可夫转移矩阵				
	低	中下Ⅰ	中下Ⅱ	中下Ⅲ		低	中下Ⅰ	中下Ⅱ	中下Ⅲ
低	0.30	0.70	0	0	低	0	0.75	0.25	0
中下Ⅰ	0	0.5	0.50	0	中下Ⅰ	0	0	0.5714	0.4285
中下Ⅱ	0	0	0	0	中下Ⅱ	0	0	0	1
中下Ⅲ	0	0	0	0	中下Ⅲ	0	0	0	0

表7-7　2000—2016年西部地区城市综合指标体系评价指数类型的马尔可夫矩阵（二）

2000—2016年马尔可夫转移矩阵					2000—2005年马尔可夫转移矩阵				
	低	中下Ⅰ	中下Ⅱ	中下Ⅲ		低	中下Ⅰ	中下Ⅱ	中下Ⅲ
低	0	0.25	0.4167	0.3333	低	0.8333	0.1667	0	0
中下Ⅰ	0	0	0	0	中下Ⅰ	0	0	0	0
中下Ⅱ	0	0	0	0	中下Ⅱ	0	0	0	0
中下Ⅲ	0	0	0	0	中下Ⅲ	0	0	0	0

表7-8　2000—2016年三个阶段不同状态转移情况汇总

年份	低水平向中下Ⅰ水平转移	中下Ⅰ水平向中下Ⅱ水平转移	中下Ⅱ水平向中下Ⅲ水平转移	低水平向中下Ⅱ水平转移	中下Ⅰ水平向中下Ⅲ水平转移
2000—2005	0.1667	0	0	0	0
2006—2010	0.7	0.5	0	0	0
2011—2016	0.75	0.571	1	0.25	0.429

从表7－8可以看出，低概率的转移集中发生在2000—2005年，在这段时间内低水平向中下Ⅰ水平转移概率仅16.67%，中下Ⅰ水平向中下Ⅱ、中下Ⅲ水平转移的概率为0，说明该时间段的城市综合指标体系指数没有明显的变动。2006—2010年，低水平向中下Ⅰ水平转移的概率为70%，且中下Ⅰ水平向中下Ⅱ水平转移的概率为50%，说明这期间的城市综合指标体系指数变动较为明显。2011—2016年，城市综合指标体系指数变动较大，几乎所有的省份数据都发生了类别的变动，低水平向中下Ⅰ水平转移的概率达到75%，中下Ⅰ水平向中下Ⅱ水平转移的概率为57.1%，中下Ⅱ水平向中下Ⅲ水平转移的概率高达100%，这说明西部地区省份在2011—2016年间的城市化发展质量向好发展的速度加快；另外，该阶段出现了低水平向中下Ⅱ水平转移、中下Ⅰ水平向中下Ⅲ转移的飞跃，转移概率分别为25%、42.9%。

从西部地区城市综合指标体系指数分组变化情况（见表7－9）可以发现，西部地区各省份的指标类别都在由低到高变化，说明这12个省份的城市化发展质量在向好发展，没有达到城市化发展的稳定状态，2010—2016年的城市化发展较快，低类别的城市都上升到了中下Ⅰ，且中下Ⅱ、中下Ⅲ省份从2000年的0个发展到2016年的9个。另外，在2010—2016年，西藏自治区实现从低水平到中下Ⅱ的飞跃，重庆市、新疆维吾尔自治区、内蒙古自治区实现从中下Ⅰ水平到中下Ⅲ水平的飞跃。

表7－9　西部地区城市综合指标体系指数分组变化情况

年份	低	中下Ⅰ	中下Ⅱ	中下Ⅲ
2000	12个省份：内蒙古自治区、广西壮族自治区、重庆市、四川省、贵州省、云南省、西藏自治区、陕西省、甘肃省、青海省、宁夏回族自治区、新疆维吾尔自治区	0	0	0
2005	10个省份：内蒙古自治区、广西壮族自治区、重庆市、四川省、贵州省、云南省、西藏自治区、陕西省、甘肃省、青海省	2个省份：新疆维吾尔自治区（0.30266）、宁夏回族自治区（0.31574）	0	0

续表

年份	低	中下Ⅰ	中下Ⅱ	中下Ⅲ
2010	4个省份：贵州省（0.27632）、甘肃省（0.27850）、西藏自治区（0.29280）、云南省（0.29313）	7个省份：广西壮族自治区（0.31239）、青海省（0.33676）、四川省（0.33762）、陕西省（0.35854）、重庆市（0.3630）、新疆维吾尔自治区（0.38499）、内蒙古自治区（0.39854）	1个省份：宁夏回族自治区（0.42291）	0
2016	0	3个省份：甘肃省（0.38304）、云南省（0.39425）、贵州省（0.39979）	5个省份：广西壮族自治区（0.4181）、西藏自治区（0.45037）、四川省（0.46252）、青海省（0.46296）、陕西省（0.48080）	4个省份：重庆市（0.52362）、新疆维吾尔自治区（0.52779）、内蒙古自治区（0.55723）、宁夏回族自治区（0.57339）

总体上，随着时间的演变，西部地区各省份城市化发展质量的发展速度不稳定，基本呈现出一个发展越来越快的趋势。

第一，12个省份从2000年的低水平类别到2016年的三个中下水平类别。其中重庆、新疆、内蒙古、宁夏表现的城市化发展质量最高，广西、西藏、四川、青海、陕西次之，甘肃、云南、贵州最低。

第二，贵州、云南、甘肃的城市化发展质量指标体系指数发展较其他省份相对缓慢，总体上为上升趋势。甘肃省的城市化发展质量综合指标体系指数发展相对于其他省份较慢，呈现出相对下降的发展趋势。

第三，西南地区的重庆和四川，由于国家大开发政策，将重庆设为直辖市，是西部地区的聚集中心城市，所以表现出较强的城市化发展质量上升趋势。

第四，新疆、内蒙古、宁夏三个省份的综合评价指标体系指数是相对最高的。一般认为西南的省份会更加发达一点，城市化发展质量也会好一些，但是新疆、内蒙古、宁夏三个省份的综合指标数据给出了相反的结论。西北省份人口相对稀少，地大物博，因此其城市化发展质量较高，并会随着时间的推移显示出更多的优势。

7.3　本章小结

（1）西部地区省际城市化发展质量地域差异影响因素按照贡献率大小分为重要影响因素、较重要影响因素和一般重要影响因素。省际城市化发展质量差异的原因是复杂的，人口、经济、社会、空间、城乡协调、生态环境质量六个子系统都是影响因素，正是这六个子系统的综合作用才导致了西部地区省际城市化发展质量的显著差异。

（2）在这些影响因素中，重要因素主要是空间、社会和城乡协调子系统中的指标，这些指标都与基础设施建设、城市生活质量和人民生活基本保障密切相连，因此，重视城市化发展和人民生活质量是促进城市化发展质量建设的重点。同时还要注重第三产业的发展，增加第三产业就业人口比重，提高第三产业占 GDP 的比重，进一步优化产业结构，加快产业转型升级；提高资源配置效率，推动经济跨越式发展；注重城乡协调发展质量，缩小城乡收入差距，促进农业剩余劳动力转移，提高非农业人口比重。

（3）影响省际城市化发展质量的较重要因素也是复杂的，提高人口素质、提高经济发展水平和动力、降低经济发展代价是城市化质量提升的关键路径；从社会和生态角度看，进一步完善社会保障，提高城市居住水平、环境和设施水平对各地区城市化质量提高具有重大意义。

（4）从各级影响因素来看，重要因素是城市化发展质量最基本因素，比较重要因素是城市化发展质量提升的动力因素，一般重要因素则是保证城市化发展质量可持续提高的因素。因此，不但要注重城市化建设的步伐，还要重视城市化发展质量的提升与可持续发展。

（5）西部地区省际城市化发展质量总体上发生 σ 趋同，这表明西部地区各省在 17 年里城市化发展质量的差异随时间的推移而趋于缩小。

（6）2000—2016 年，西部地区省际城市化发展质量发生了绝对 β 趋同。由此可见，西部地区城市化发展质量较低的省份城市化质量增长速度快于城市化发展质量较高的省份，但城市化发展质量较差的省份在 2010—2016 年城市化发展质量提高的速度有所下降。

（7）西部地区城市综合指标体系指数存在“俱乐部趋同”，这说明 17 年来，西部地区各省的城市化发展质量在向好的方向发展。

（8）随着时间的演变，西部地区各省份城市化发展质量的发展速度不稳定，基本呈现出一个发展越来越快的现象。12 个省份从 2000 年的低水平类别到 2016 年的三个中下水平类别。其中重庆、新疆、内蒙古、宁夏表现的城市化发展质量最高，广西、西藏、四川、青海、陕西次之，甘肃、云南、贵州最低。贵州、云南、甘肃的城市化发展质量指标体系指数发展较其他省份相对缓慢，总体为上升趋势。西南地区的重庆和四川，由于国家大开发政策，所以表现出较强的城市化发展质量上升趋势。新疆、内蒙古、宁夏三个省份的综合评价指标体系指数是相对最高的，但是，一般都觉得西南的省份会更加发达一点，城市化发展质量也会好一些，但是新疆、内蒙古、宁夏三个省份的综合指标数据给出了相反的结论。西北省份人口相对稀少，地大物博，因此城市化发展质量较高，并随着时间的推移显示出更多的优势。

第八章　西部地区城市化发展质量趋势预测

西部地区是一个幅员辽阔、人口众多的区域。各省（市、区）城市化发展质量差异十分显著，在其提升过程中始终存在差距，并且省际差异表现出不同的形式。有横截面上的静态差异，同时还呈现出时间系列上的动态变化。自2000年西部大开发以来，实施了一系列经济体制改革和对外开放政策，使经济增长得到空前的释放，实现了经济的持续、高速增长，取得了显著的经济和社会发展成就。但是，在这一时期内，区域之间的差异表现得越来越明显，而且呈现扩大的趋势。在这样的背景下，对区域城市化发展质量差异趋势进行研究，分析区域城市化发展质量是否出现趋同。若出现趋同，那么，产生区域趋同的内在原因是什么？是哪些因素影响区域间城市化发展质量趋同的产生？如何更有效地利用这些因素促进区域城市化发展质量趋同的产生？这些问题的解答，为有关部门宏观调控地区城市化发展质量差异提供理论上的支撑。

8.1　灰色关联度预测模型

8.1.1　GM（1.1）模型

设非负原始数据序列 $X^{(0)}$ 为：

$$X^{(0)} = (x^{(0)}(1), x^{(0)}(2), \cdots, x^{(0)}(n)), x^{(0)}(k) > 0, k = 1,2,\cdots,n$$

其中, $X^{(0)}$ 的 1 – AGO 序列 $X^{(1)}$ 为：

$$X^{(1)} = (x^{(1)}(1), x^{(1)}(2), \cdots, x^{(1)}(n))$$

其中

$$x^{(1)}(k) = \sum_{i=1}^{k} x^{(0)}(i) > 0, k = 1,2,\cdots,n$$

令 $Z^{(1)}$ 为 $X^{(1)}$ 的紧邻均值（MEAN）生成序列：

$$\boldsymbol{Z}^{(1)} = (z^{(1)}(1), z^{(1)}(2), \cdots, z^{(1)}(n))$$

$$z^{(1)}(k) = 0.5x^{(1)}(k) + 0.5x^{(1)}(k-1), k = 1,2,\cdots,n$$

则 GM(1，1）的灰微分方程模型为：

$$x^{(0)}(k) + az^{(1)}(k) = b$$

记 $\hat{a} = (ab)^{\mathrm{T}}$，则灰微分方程的最小二乘估计参数列满足：

$$\hat{a} = (\boldsymbol{B}^{\mathrm{T}}\boldsymbol{B})^{-1}\boldsymbol{B}^{\mathrm{T}}\boldsymbol{Y}_n$$

其中

$$\boldsymbol{B} = \begin{bmatrix} -z^{(1)}(2) & 1 \\ -z^{(1)}(3) & 1 \\ \vdots & \vdots \\ -z^{(1)}(n) & 1 \end{bmatrix} \quad \boldsymbol{Y}_n = \begin{bmatrix} x^{(0)}(2) \\ x^{(0)}(3) \\ \vdots \\ x^{(0)}(n) \end{bmatrix}$$

称 $\frac{\mathrm{d}x^{(1)}}{\mathrm{d}t} + ax^{(1)} = b$ 为灰色微分方程 $x^{(0)}(k) + az^{(1)}(k) = b$ 的白化方程，也称为影子方程。

综上可得：

（1）白化方程 $\frac{\mathrm{d}x^{(1)}}{\mathrm{d}t} + ax^{(1)} = b$ 的解（也称时间响应函数）为：

$$\hat{x}^{(1)}(t) = \left(x^{(1)}(0) - \frac{b}{a}\right)\mathrm{e}^{-at} + \frac{b}{a}$$

（2）GM（1，1）灰色微分方程 $x^{(0)}(k) + az^{(1)}(k) = b$ 的时间响应序列为：

$$\hat{x}^{(1)}(k+1) = \left(x^{(1)}(0) - \frac{b}{a}\right)\mathrm{e}^{-ak} + \frac{b}{a}, k = 1,2,\cdots,n$$

（3）取 $x^{(1)}(0) = x^{(0)}(1)$，则有：

$$\hat{x}^{(1)}(k+1) = \left(x^{(0)}(1) - \frac{b}{a}\right)\mathrm{e}^{-ak} + \frac{b}{a}, k = 1,2,\cdots,n$$

（4）还原值 $\hat{x}^{(0)}(k+1) = \hat{x}^{(1)}(k+1) - \hat{x}^{(1)}(k)$ 即为预测方程。

8.1.2 GM（1.1）模型的特征

其中，$x^{(0)}(k)$ 需要满足准光滑条件：光滑比

$$\rho(k) = x^{(0)}(k) \Big/ \sum_{i=1}^{k-1} x^{(0)}(i), k = 2,3,\cdots,n$$

$\frac{\rho(k+1)}{\rho(k)} < 1, k = 2,3,\cdots,n-1, \rho(k) \in [0,\varepsilon], k = 2,3,\cdots,n, \varepsilon < 0.5$。光滑离散序列的充要条件是：光滑比 $\rho(k)$ 是 k 的单调递减函数。

GM（1.1）模型的适用范围，与发展系数 a 相关的，❶ 一般来说，有如下结论：

当 $-a \leqslant 0.3$ 时，GM（1.1）可用于中长期预测。

当 $0.3 < -a \leqslant 0.5$ 时，GM（1.1）可用于短期预测，中长期预测慎用。

当 $0.5 < -a \leqslant 0.8$ 时，用 GM（1.1）进行短期预测也应十分谨慎。

当 $0.8 < -a \leqslant 1$ 时，应采用残差修正 GM（1.1）模型。

当 $-a > 1$ 时，不宜采用 GM（1，1）模型。

8.2　模型检验

灰色预测检验一般有残差检验、关联度检验和后验差检验。❷

8.2.1　残差检验

模型精度检验最常用的方法就是相对误差检验，设残差序列为：

$$\xi^{(0)} = (\xi(1), \xi(2), \cdots, \xi(n))$$

$$(x^0(1) - \hat{x}^0(1), x^0(2) - \hat{x}^0(2), \cdots, x^0(n) - \hat{x}^0(n))$$

则相对误差序列：

$$\Delta = \left(\left| \frac{\xi(1)}{x^{(0)}(1)}, \frac{\xi(2)}{x^{(0)}(2)}, \cdots, \right| \frac{\xi(n)}{x^{(0)}(n)} \right) = \{\Delta_k\}^n$$

对于 $k \leqslant n$，称 $\Delta_k = \frac{\xi(k)}{x^{(0)}(k)}$ 为 k 点，点模拟相对误差，$\bar{\Delta} = \frac{1}{n}\sum_{k=1}^{n}\Delta_k$ 为平均相对误差，若 $\bar{\Delta}$ 满足一定的标准，则称模型通过相对误差检验，可以用于预测。

❶ 胡坤．灰色预测评价方法与应用研究［D］．南京：南京航空航天大学，2004（3）．

❷ 侯丽敏，马国峰．地区生产总值灰色关联预测模型群的研究［J］．计算机与现代化，2010（4）．

8.2.2 关联度检验

根据前面所述关联度的计算方法，算出 $\hat{X}^{(0)}(i)$ 与原始序列 $X^{(0)}(i)$ 的关联系数，关联系数为 $\eta(i) = \frac{\min\Delta^0(i) + \rho\max\Delta^0(i)}{\Delta^0(i) + \rho\max\Delta^0(i)}$，关联度为 $r = \frac{1}{n}\sum_{i=1}^{n}\eta(i)$，然后计算出关联度，根据经验，当 $\rho = 0.5$ 时，关联度 $r > 0.6$，则通过检验。

8.2.3 后验差检验

后验差检验属于统计概念，它是按照残差的概率分布进行检验的。

计算原始序列标准差：

$$S_1 = \sqrt{\frac{\sum[X^{(0)}(i) - X^{(0)}]^2}{n-1}}$$

计算绝对误差序列的标准差：

$$S_2 = \sqrt{\frac{\sum[\Delta^{(0)}(i) - \Delta^{(0)}]^2}{n-1}}$$

计算方差比：

$$C = \frac{S_2^2}{S_1^2}$$

计算小误差概率：

$$P = P\{|\Delta^{(0)}(i) - \Delta^{(0)}| < 0.6745S_1\}$$

令 $$e_i = |\Delta^{(0)}(i) - \overline{\Delta}^{(0)}|, S_0 = 0.6745S_1$$

则 $$P = P\{e_i < S_0\}$$

设实际数据序列 $x(0)$ 及残差序列 Δ 的方差分别为 S_1^2 和 S_2^2，原始序列标准方差 $S_1^2 = \frac{1}{n-1}\sum_{i=1}^{n}[X^{(0)}(i) - \overline{X}]^2$，绝对误差序列标准方差 $S_2^2 = \frac{1}{n-1}\sum_{i=1}^{n}[\Delta^{(0)}(i) - \overline{\Delta}^{(0)}]^2$，计算后验差比值为：$C = \frac{S_2^2}{S_1^2}$，计算小误差概率为：$P = P\{|\Delta(i) - \overline{\Delta}| < 0.6745S_1\}$，指标 C 和 P 是后验差检验的两个重要指标。指标 C 越小越好，C

越小，表示 S_1 越大而 S_2 越小，指标 P 越大越好。

根据精度检验等级参考表对预测值进行精度判断（详见表 8 – 1）。

表 8 – 1　精度检验等级参考表

精度等级＼指标临界值	相对误差 a	关联度	均方差比值 C	概率 p
一级	0.01	0.90	0.35	0.95
二级	0.05	0.80	0.50	0.80
三级	0.10	0.70	0.65	0.70
四级	0.20	0.60	0.80	0.60

8.3　预测结果

西部地区及 12 省（直辖市、自治区）都通过了光滑比条件，也通过了三个模型的检验，结果表明 2017—2022 年西部地区及 12 省（直辖市、自治区）呈增长趋势（详见表 8 – 2，图 8 – 1）。

表 8 – 2　2017—2022 年西部地区及 12 省（直辖市、自治区）城市化发展质量预测结果

地区	2017 年	2018 年	2019 年	2020 年	2021 年	2022 年
西部地区	0.5038	0.5367	0.5717	0.609	0.6487	0.691
内蒙古	0.6163	0.657	0.7004	0.7467	0.796	0.8487
陕西	0.517	0.5467	0.5781	0.6114	0.6465	0.6837
甘肃	0.4009	0.4209	0.4419	0.4639	0.4871	0.5114
青海	0.4942	0.521	0.5493	0.5791	0.6105	0.6436
宁夏	0.6199	0.6558	0.6938	0.734	0.7765	0.8215
新疆	0.5687	0.5986	0.6301	0.6633	0.6982	0.735
均值	0.5362	0.5667	0.5989	0.6331	0.6691	0.7073
广西	0.4476	0.4737	0.5014	0.5307	0.5617	0.5946
重庆	0.5774	0.6194	0.6644	0.7127	0.7646	0.8202
四川	0.5084	0.5408	0.5753	0.612	0.651	0.6925

续表

地区	2017 年	2018 年	2019 年	2020 年	2021 年	2022 年
云南	0. 4244	0. 4505	0. 4781	0. 5075	0. 5387	0. 5717
西藏	0. 4424	0. 4742	0. 5082	0. 5447	0. 5838	0. 6256
贵州	0. 4424	0. 4742	0. 5082	0. 5447	0. 5838	0. 6256

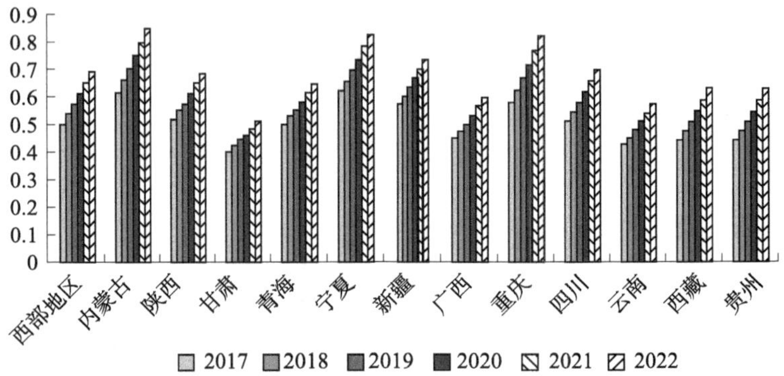

图 8 - 1　2017—2022 年西部地区及 12 省（直辖市、自治区）城市化发展质量预测

第九章　提升西部地区城市化发展质量环境条件

根据影响西部地区城市化发展质量的因素，结合国内宏观经济进入“新常态”与高质量发展的要求，西部地区城市化发展质量提升的环境面临重大机遇和不利因素，需引起高度关注。

9.1　西部地区城市化高质量发展环境分析

9.1.1　总体环境分析

城市化是推动现代化的必由之路，是解决“三农”问题的重要途径，是推动地区协调发展的有力支撑，是扩大内需和驱动产业升级的重要抓手。总体来看，我国城市化发展以及质量提升面临的宏观环境正不断得到优化，主要表现在以下方面。

9.1.1.1　新型城镇化发展长效机制逐步建立

建立由国家发改委牵头、14 个部门参加的“推进新型城镇化工作部际联席会议制度”，具体负责城镇化推进中明确实施的重要工作，部署研究加快新型城镇化发展的年度重点任务，并且制定目标任务落实责任清单和“三个 1 亿人”城镇化实施方案，将城镇化工作具体化、事项化，保证有序推进。通过多种方式，开展培训和宣传报道，促进社会各界对新型城镇化的认识更加深入全面。

9.1.1.2 农业转移人口市民化渠道进一步畅通

2014 年 7 月国务院印发《关于进一步推进户籍制度改革的意见》，进一步推进户籍改革，促进有能力在城镇稳定就业和生活的常住人口有序市民化。全面推行居住证制度，将居住证作为提供基本公共服务和便利的主要载体，逐步缩小与户籍人口的公共服务差距。科学划分城市规模标准，将城市类型由原来的四类调整为五类七档❶，并相应调整城镇人口统计口径，推进差别化落户政策，在教育、医疗卫生、社会保障、就业、住房等方面逐步扩大农村转移人群拥有基本公共服务的覆盖率，推进城镇基本公共服务“以人为本”。

9.1.1.3 全国城镇化布局和形态进一步优化

随着近几年城镇化进程的加快，以及京津冀协同发展、“一带一路”、长江经济带等建设顺利推进，新生中小城市不断培育，逐步形成以城市群为核心、各级城市统筹协调发展的新格局。各城市群发展规划陆续印发实施，为城镇化高质量发展指引了方向和重点。不仅进一步优化提升了长三角、珠三角、京津冀等东部沿海城市群发展，而且也为中西部地区培育壮大一批城市群提供了机遇，如长江中游、成渝、中原、黔中、滇中等城市群正在迅速崛起。同时，中小城市得到加快培育发展，逐步成为吸纳农业转移人口的重要载体，成为发展大城市的重要补充。

9.1.1.4 相关配套政策逐步完善

近几年来，政策扶持和改革推进力度持续加大，城镇化健康发展的制度环境不断优化。城市建设的投融资机制加快创新，通过各级地方政府举债融资制度的逐步建立，增加各级地方政府债券等融资产品的发行规模和发行品种，适当调整和放宽企业债券发行条件，拓宽了城市基础设施建设的融资渠道。进一步建立健全存量建设用地挖潜机制，鼓励盘活存量土地，为城市建设提供了土地保障。同时，城镇化发展的相关统计体系和信息平台建设加快推进，为监测和评估城市化发展质量奠定良好基础。

---

❶ 新的五类城市类型为：超大城市（1000 万人以上）、特大城市（500 万—1000 万人）、大城市（100 万—500 万人，300 万—500 万人为Ⅰ型大城市，100 万—300 万人为Ⅱ型大城市）、中等城市（50 万—100 万人）、小城市（50 万人以下，20 万—50 万人为Ⅰ型小城市，20 万人以下为Ⅱ型小城市）。

9.1.1.5　新型城镇化综合试点探索取得丰富经验

2014年9月，11个部门联合在全国范围开展新型城镇化试点实践工作，包括贵州、江苏等省的135个城市（县、镇、区）。在落户制度改革、基本公共服务覆盖、投融资机制、土地节约利用以及行政体制改革等方面进行了有益探索，形成了很多好的经验与做法，为全国的城市化高质量发展奠定了良好基础。

9.1.2　基础环境分析

9.1.2.1　城市化速度将保持中高速稳定增长

从国际经验和我国的实践来看，城市化率在30%～70%之间，仍然是快速发展的区间，但是随着比率的提高，其增长速度会有所放缓。同时，经济持续增长也为城市化较快发展奠定基础。在20世纪90年代中期之前，我国的经济增长每提高1个百分点，城镇化率提高0.07个百分点；1996年之后，经济增长每提高1个百分点，城镇化率提高0.14个百分点。据测算，“十三五”期间，如果我国经济增长年均6.5%，城镇化率年均可提高0.9个百分点左右，而西部地区的提高幅度要快于全国平均水平。随着产业结构调整升级步伐加快，服务业将成为经济发展的主动力，经济增长的就业弹性趋于提高，这就意味着经济增长将会带来更多的就业机会，为城市吸纳转移人口提供有力支撑，促进城市化经济质量进一步提高。

9.1.2.2　城市化发展规模和质量协调性将进一步增强

随着城市化发展的内外部条件变化，在“倒逼压力”和政策“累积效应”的双重作用下，城市化发展必定要实现发展模式转型。在规模继续扩大的同时，其发展质量也会同步提升，主要体现为户籍城镇化率的提升、城镇综合承载能力的提升、城乡居民获得感和幸福感的提升。首先，国际金融危机的负面影响还未消除和贸易摩擦又不断出现，以及国内各类要素成本持续提高、能源和资源环境瓶颈制约日益加剧，同时伴随城市内部形成的新二元结构，社会问题越来越突出，甚至可能引发群体冲突，这些外部条件和内部动力的深刻变化，要求城市化发展必须转变方式，加快过渡到高质量和集约发展阶段。其次，制度改革的深化推动城市化发展更加注重质量导向。随着城镇基础设施和公共服务设施建设的加快，以及一批有条件的县和特大镇有序被设置为市，城市数量和综合功能提升将同步实现。并且随着改革、科技、文化三大动力作用的发挥，空间、规模、产业三大结构，生产、生活、生态三大布局的统筹优化，规划、建设、管理三大环节的加强，以及政府、社会、市民三大主体的积极配合，城市的可持续发展能力提高和质量提升将具备更多的基础和条件。

9.1.2.3 区域间城市化差距将进一步缩小

随着新一轮西部大开发等重大战略的深入实施，国土开发空间向西部拓展，西部地区产业发展、基础设施建设等综合承载能力将进一步加强。这将支撑西部地区经济实现较快发展，经济增长对城镇化的带动效应会更加显著。同时，农民工回流趋势越来越明显，西部本地就业农民工比重持续增加，而且这种趋势将会保持。因此，随着未来地方经济的发展，西部地区将会有越来越多的农村劳动力在本地就业，从而使西部地区城市化发展与其他地区的差距逐步缩小，城市发展潜力将不断增强。

9.1.2.4 城市群将成为城市化的主体形态

世界银行报告指出，城市规模每扩大一倍，生产率将增加 3% ~8%。而城市群的发展将城市的规模扩展延伸到更大的范围，使城市群成为城市化的主体形态特征。弗里德曼（J. Friedman）认为，经济增长的阶段与空间演化的关系密切，并将城市群的发展分为工业化以前的农业社会、工业化初期、工业化成熟期、工业化后期四个阶段。在工业化阶段，城市间的边缘地区发展很快，以及卫星城市发展也较快，进而城市间的经济、文化、科技联系越来越广泛和紧密，其集聚经济和人口的能力逐步增强，并促进城市化发展质量的提升。

9.2 制约西部地区城市化高质量发展的不利因素

尽管西部地区城市化发展质量有了明显的提升，但是城市化发展由低质量向高质量提升过程中仍存在诸多问题值得关注。

9.2.1　人口城市化发展质量仍然较低

近些年来，西部地区城市化水平虽已大幅度提高，但与全国及中、东部地区相比，依然相对滞后。2016 年，从城镇人口数量来看，全国城镇人口达 79791 万人，中、东部地区分别为 23149 万人和 37863 万人，而西部地区只有 18779 万人。从城镇人口比重来看，全国城镇人口比重达 57.83%，中、东部地区分别为 53.53% 和 66.06%，而西部地区仅为 50.19%，低于全国水平 7.64 个百分点，低于中、东部地区 3.34 个百分点和 15.87 个百分点。可见，西部地区在城镇化发展水平方面仍然落后于全国水平，以及中、东部地区。[1]

西部地区城市化水平相对滞后的主要原因：一是自然环境的制约。西部地区地貌构成较复杂，又处于内陆地区，城市发展受到环境的强约束，致使该地区在城市布局时只能选择自然环境相对较好、水资源较为丰富却比较狭窄的盆地、绿洲和沿河谷地作为自己的发展空间，从而导致城市的发展规模有限，无法像东部地区一样建成庞大而密集的城市群落。西部地区地域辽阔，地广人稀，这也削弱了城市之间的经济联系。二是经济条件的限制。经济动力是城市发展的最基本动力，经济发展程度决定城市发展的水平。西部地区薄弱的经济基础，制约了城市化的发展。三是体制约束。与东部地区相比，西部地区的城市化更多是源于国家行政力量的干预，形成了西部地区出原料、沿海地区搞加工的垂直加工格局。这样的格局使西部地区失去了对自身资源进行加工的机会，资源优势不能转化为产业优势和经济优势，产业结构处于低层次，影响了西部地区的城市化进程。[2]

9.2.2　城市化发展协调程度有待提高

9.2.2.1　城市化发展不均衡

西部各省区市城市化发展水平差异较大。由 2016 年的城市人口比重数据可知，西部各省区市可划分为以下四个层级：重庆和内蒙古位于第一层级，城

[1] 杨佩卿. 西部地区新型城镇化发展目标、动力机制与绩效评价研究［D］. 西安：西北大学，2017.

[2] 刘晖. 西部民族地区城市化的路径选择［J］. 西北师大学报（社会科学版），2005（2）.

市人口比重分别达到62.60%和61.19%，均超过全国57.83%的水平；宁夏、陕西、青海位于第二层级，城市人口比重分别为56.30%、55.34%、51.60%，虽低于全国水平，但均超过西部地区50.19%的平均水平；四川（49.21%）、新疆（48.33%）、广西（48.08%）、云南（45.02%）、甘肃（44.67%）、贵州（44.16%）位于第三层级，虽然城市人口比重低于西部地区水平，但均在40%以上；西藏位于第四层级，城市人口比重较低，仅有29.61%。城市化率最高的重庆（62.60%）与城市化率最低的西藏（29.61%）相比，二者相差32.99个百分点（详见表9－1）。由此可见，西部地区区域内城市化发展水平差异较大，城市化发展不均衡的问题十分突出。造成西部地区各省区市之间城市化发展不协调的因素是综合的，主要可归结为每个省区市的产业结构构成和质量、经济增长速度、区位因素、政策支持力度、外向化程度、科教水平、人口密度和农业农村经济等的发展状况都不尽相同。

表9－1　2016年西部地区各省（直辖市、自治区）城市人口及所占比重

地区	总人口（万人）	城市人口（万人）	城市人口比重（%）
内蒙古	2520	1542	61.19
广西	4838	2326	48.08
重庆	3048	1908	62.60
四川	8262	4066	49.21
贵州	3555	1570	44.16
云南	4771	2148	45.02
西藏	331	98	29.61
陕西	3813	2110	55.34
甘肃	2610	1166	44.67
青海	593	306	51.60
宁夏	675	380	56.30
新疆	2398	1159	48.33
西部地区	37414	18779	50.19
全国	137984	79791	57.83

注：数据来源于《中国统计年鉴（2017）》。

9.2.2.2　城市体系不健全

（1）城市数量偏少

西部地区城市数量偏少，城市密度较低。2016年，从城市总量来看，全国共有城市656个，其中，中部地区226个，东部地区246个，西部地区只有184个。从城市数量占全国比重来看，中、东部地区分别为34.45%和37.5%，西部地区仅为28.05%，低于中、东部地区6.4个百分点和9.45个百分点；从城市密度来看，西部地区远远低于中、东部地区及全国水平，平均每平方公里0.27个城市（详见表9－2）。

表9－2　2016年全国各地区城市数量及城市密度对比

地区	东部地区	中部地区	西部地区	全国
城市总数（个）	246	226	184	656
城市占全国比重（%）	37.5	34.45	28.05	100
直辖市（个）	3	0	1	4
地级市（个）	100	100	91	291
县级市（个）	143	126	92	361
城市密度（个/平方公里）	2.31	1.35	0.27	0.68

注：数据来源于《中国统计年鉴（2017）》。

（2）规模结构有待优化

西部地区城市规模结构不合理，非常缺乏超大城市。2016年，西部地区城市市辖区人口在500万～1000万的特大城市、300万～500万的Ⅰ型大城市、100万～300万的Ⅱ型大城市、50万～100万的中等城市、20万～50万的Ⅰ型小城市、20万以下的Ⅱ型小城市的数量占全国城市总量的比重分别为0.97%、1.29%、9.71%、7.77%、8.74%和1.29%；东部地区有全国仅有的5个超大城市，且各类城市类型占全国城市总量的比重分别达到1.62%、3.88%、8.74%、12.30%、8.41%、1.94%和0.65%。同时，东部地区在超大城市、特大城市、Ⅰ型大城市、Ⅱ型大城市和中等城市的数量及其在全国城市总数中所占的比重，均超过西部地区，超出比重分别为1.62%、2.91%、7.44%、2.59%、0.65%，相差最大的为Ⅰ型大城市；而在Ⅰ型小城市和Ⅱ型小城市的数量和比重方面，西部地区则优于东部地区。

从西部地区内部来看，2016年，不同规模城市数量占本地区城市总量比重，超大城市、特大城市、Ⅰ型大城市、Ⅱ型大城市、中等城市、Ⅰ型小城市和Ⅱ型小城市分别为3.26%、4.35%、32.61%、26.09%、29.35%、4.35%。由此看出，西部地区Ⅱ型大城市、中等城市和Ⅰ型小城市较多，但特大城市、Ⅰ型大城市数量偏少，因而对经济发展的拉动作用较弱；中等城市数量虽然较多，但产业规模和人口规模均较小；小城市数量，特别是拥有特色产业的小城市数量略显不足，致使城市化发展的西部区域特色未能充分体现。

2016 年，市辖区人口超过 100 万的城市（超大城市、特大城市、Ⅰ型大城市、Ⅱ型大城市、中等城市）数量，在本地区城市总量中所占的比重，西部为 66.30%，中部为 83.17%，东部为 93.10%；在全国城市总量中所占的比重，西部为 19.74%，中部为 27.18%，东部为 34.95%（详见表 9 – 3）。可见，无论从区域内还是从全国范围来看，西部地区 100 万以上人口城市所占比重均偏低，难以带动西部地区经济发展和社会进步。

表 9 – 3　2016 年全国各地区城市规模结构对比

地区	指标（城镇常住人口）	超大城市（大于1000万人）	特大城市（500万～1000万人）	Ⅰ型大城市（300万～500万人）	Ⅱ型大城市（100万～300万人）	中等城市（50万～100万人）	Ⅰ型小城市（20万～50万人）	Ⅱ型小城市（＜20万人）	总计
西部地区	城市数量（个）	0	3	4	30	24	27	4	92
	占本地区比重（%）	0	3.26%	4.35%	32.61%	26.09%	29.35%	4.35%	100%
	占全国比重（%）	0	0.97%	1.29%	9.71%	7.77%	8.74%	1.29%	29.77%
中部地区	城市数量（个）	0	3	7	32	42	16	1	101
	占本地区比重（%）	0	2.97%	6.93%	31.68%	41.58%	15.84%	0.99%	100%
	占全国比重（%）	0	0.97%	2.27%	10.36%	13.59%	5.18%	0.32%	32.69%
东部地区	城市数量（个）	5	12	27	38	26	6	2	116
	占本地区比重（%）	4.31%	10.34%	23.28%	32.76%	22.41%	5.17%	1.72%	100%
	占全国比重（%）	1.62%	3.88%	8.74%	12.30%	8.41%	1.94%	0.65%	37.54%
全国	城市数量（个）	5	18	38	100	92	49	7	309
	比重（%）	1.62%	5.83%	12.30%	32.36%	29.77%	15.86%	2.27%	100%

注：数据来源于《中国统计年鉴（2017）》。

（3）空间分布不平衡

城市作为某一地区的增长极，凭借其优势区位，吸引一定区域范围内的劳动力、资本、技术等要素集聚，使经济、社会、文化资源得以优化配置，从而扩张经济规模、优化经济结构、创新发展方式，进一步地推动城市化的发展。当城市化进展到一定阶段时，城市又通过辐射作用，使各种资源要素、产业和社会经济活动向周边地区扩散，带动周边地区共同发展，从而推动整个区域的城市化进程。一般地，城市体系越合理、空间分布越均衡，城市的聚集和辐射作用越强，所能影响和带动的区域范围也越广；反之，如果某一地区的城市体系不健全，将阻碍延滞城市聚集和辐射效应的有效发挥。

西部地区城市分布不合理，空间结构存在失衡问题。西部地区过于行政化的、不均衡的城市化动力机制，带来了市场发育不健全的弊病，致使城市的自生发展能力始终不强。加之西部地区普遍存在的城市产业结构单一、产品关联度不高，以及基础设施建设滞后的问题，导致城市内部的耦合性较弱。此外，目前西部地区所形成的密度较低的城市体系，致使各级城市相互之间缺乏协调合作，难以产生大规模的联动效应，呈现一种分散化的自我发展状态，无法承担起促进整个西部地区经济发展和社会进步的功能。

西部地区分散的城市布局，导致强大的城市连绵区一直难以形成。目前，尽管西部地区已有长江上游经济区、南贵昆经济区、黄河中游经济区、新疆经济区、黄河上游多民族经济区五个经济区初具雏形，但由于这些区域范围较大，中心城市的带动能力不足，远未能发挥经济区的聚集、辐射作用。

9.2.3　城市化发展地理空间有待优化

西部地区空间格局的不经济性是在深居亚欧大陆腹地的西部地区，远离世界经济中心的大西洋沿岸和太平洋沿岸地区、城乡分布过度分散、工业化水平较低、聚落规模小、密度低，使得西部地区商品、信息、人口流动等各种交易周期拉长、交易货币成本和时间成本增加，最终导致交易效率低。水资源、生态环境、经济、资金、人力资源或制度等要素相对稀缺，在一定程度上制约了西部地区经济和城市化的发展，但是地理空间格局不经济却是西部地区经济和城市化发展的致命“硬伤”。因此，制约西部地区经济和城市化发展的主要原因在于其空间格局不经济。[1]

9.2.3.1　西部距离世界经济中心遥远

在可以预见的将来，世界人口和经济的发展将仍然以大西洋和太平洋沿岸地区为中心，而由于我国西部地区深居欧亚大陆腹地，基本上所有的城市和聚落距世界人口和经济中心较远，仍然会存在对外交流空间交易成本高和效率低的情况。西部地区主要中心城市到西太平洋沿岸中心城市的铁路里程都偏远，绝大多数在2000公里以上。根据交易成本、交易周期与距离的关系，西部与

[1] 赵常兴．西部地区城镇化研究［D］．西安：西北农林科技大学，2007．

世界经济中心遥远的距离使得两者交流机会少、交流过程困难、交流的货币成本和时间成本高、交流周期长，最终造成交流的效率低下。

9.2.3.2 西部内部各聚落之间距离遥远

西部地区占全国国土面积的71.4%，但城市数量及人口均不足全国的32%，显然西部地区的聚落分布会比较分散，各聚落之间距离相对遥远。除了西南成渝地区和陕西关中地区聚落分布相对集中以外，绝大多数城市和乡村聚落由于戈壁、沙漠、高山、峡谷的分割，在空间分布上都十分分散。如表9－4数据显示，西部主要城市之间的距离只有成都—昆明、兰州—西宁、兰州—银川、重庆—贵阳这4对城市在500公里以内，其他城市之间有11对在500～1000公里之间，10对在1000～1500公里之间，8对在1500～2000公里之间，10对在2000～2500公里之间，4对在2500～3000公里之间，10对在3000～3500公里之间，3对在3500～4000公里之间，4对在4000～4500公里之间，2对在4500公里以上（详见表9－4）。不仅各省区之间城市距离遥远，而且同一个省区内的城市与聚落离该地方中心城市也很远，如新疆各地、市离首府乌鲁木齐平均远达695公里。西部地区主要中心城市之间空间距离遥远，同一省区内部聚落分布也十分分散，空间分布的过度分散严重制约了人口、经济、信息、商品等要素的流通速度，同样会造成空间交易效率的低下。

表9－4 西部各省区主要中心城市间的铁路距离（单位：公里）

	西安	兰州	西宁	乌鲁木齐	成都	重庆	贵阳	昆明	呼和浩特	银川	南宁	拉萨
西安		676	892	2568	842	1346	1809	1942	1291	846	2398	2864
兰州	676		216	1892	1172	1676	2139	2272	1441	468	3074	2188
西宁	892	216		2108	1388	1892	2355	2488	1360	684	3290	1972
乌鲁木齐	2568	1892	2108		3026	3530	3993	4126	3036	2008	4966	4080
成都	842	1172	1388	3026		504	967	101	2133	1342	1842	3360
重庆	1346	1676	1892	3530	504		463	1102	2637	1846	1338	3654
贵阳	1809	2139	2355	3993	967	463		639	1003	3092	875	4117
昆明	1942	2272	2488	4126	101	1102	639		3233	2442	828	4460
呼和浩特	1291	1441	1360	3036	2133	2637	1003	3233		676	3220	3332
银川	846	468	684	2008	1342	1846	3092	2442	676		3244	2656
南宁	2398	3074	3290	4966	1842	1338	875	828	3220	3244		4992
拉萨	2864	2188	1972	4080	3360	3654	4117	4460	3332	2656	4992	

9.2.3.3 西部聚落缺乏集聚经济效率

西部地区聚落不仅相互间距离遥远，而且绝大多数聚落规模小、密度低，从而缺乏集聚经济效应。以2017年西部地区170个城市为例，市区非农人口规模超过500万人的特大城市有3个，超过100万但不到500万人的大城市有34个，50万~100万人的中等城市有24个，20万~50万人的Ⅰ型小城市27个，20万人以下的Ⅱ型小城市4个，小城市所占比例就达到33.7%。人口密度在500人/平方公里以下的城市有23座，其中：6座城市人口密度在10人/平方公里以下，10座城市人口密度在10~100人/平方公里之间。可见西部城市聚落规模小，而且密度低。

9.2.4 城市经济高质量发展亟待加强

目前西部地区产业发展主要依赖要素投入、外需拉动和规模扩张，尚未从根本上摆脱数量增长型模式，产出结构与需求结构不匹配，产出规模增速与增加值增速不匹配，整体质量水平不高。一是供给结构不尽合理。近年来，西部地区三次产业之间的数量比例关系持续调整，总体符合产业结构高级化的一般规律，但产业之间的融合性、产业链环节的协调性并没有明显提升，生产供给与消费需求的匹配度不高，难以满足人民群众日益升级的多层次、高品质、多样化的消费需求。主要表现为产业内部结构失衡、工业与服务业结构失衡和实体经济与虚拟经济结构失衡“三个结构性失衡”。二是要素配置效率和技术效率不高。目前，西部地区已经进入经济发展新阶段，但产业发展仍主要靠要素投入、规模扩张，自主创新能力不强，全要素生产率还不是效率源泉的主体。存在全要素生产率持续下降及产业发展与科技创新、现代金融和人力资源不协调两方面问题。此外，产业发展与人力资源不协同，通用和专用人力资本积累不够，人才结构性矛盾日益凸显，人力资本配置与技术追赶、产业转型和高层次竞争的需要尚不适应。三是产业发展效益不高。主要表现为整体产出效率不高，处于全球价值链中低端。西部地区借助经济全球化的红利，初步形成了具有西部特色的产业体系和配套网络，但整体来说产业整体处于国际和全国价值链底部，不仅传统产业效益不高，部分新兴产业仍在继续走“搞组装、重规模”的老路，极大制约了城市经济高质量发展。[1]

9.2.5 城市化基础设施条件有待改善

现代化城市的建设从城市道路、供水、排水、供电、供暖等，都是为城市中的居民生活和经济建设发展提供的强有力保障，因此需要促进城市化进程，提高城市化发展的质量。西部地区城市现有的基础设施，难以使城市化的极化作用和辐射作用有效发挥，从而对提升西部地区城市高质量发展的带动作用也极为有限。西部地区城市基础设施建设整体滞后的主要根源是由于投入的不足。

总体来看，西部地区现代化城市基础设施体系尚未形成，主要原因在于：一是西部地区现代化综合交通体系有待完善。各省份间省际通道尚未完全打通，市（县）州之间的城际铁路与高速主干道互通互联体系尚需完善，铁路网络体系尚未完全建成，水运航道建设有待加强，普通公路技术等级有待提高。西部城市特别是大中城市公共交通基础设施仍较薄弱，城市轻轨、快速公交等大运量交通设施缺乏，市民出行交通方式选择机会较少、市民公共交通出行比例偏低、城市拥堵时间延长等问题仍然存在，绿色交通体系有待健全。二是西部地区城市供水能力有待加强。2016 年，城市供水普及率为 87.4%，低于全国平均水平。水源地水质状况不容乐观，部分地区供水能力不足，供水水质不达标问题突出。部分地区供水能力不足，主要是因为水资源配置体系和水源工程建设严重滞后。尤其是西南地区水源工程建设严重滞后，工程性缺水问题十分突出；西北等地区资源性缺水问题长期得不到解决。城市供水应急备用水源严重缺乏、保障程度不高，特别是应对持续和严重干旱的能力较弱。此外，城市供水设施发展不平衡。[2] 三是西部地区城市信息化水平滞后。东西部地区信息化水平差距明显，构成信息化水平的主要要素中，最小差距是信息产业指数和信息化发展环境指数，最大差距是信息技术应用指数。其中贵州、云南、内蒙古等省区的信息化水平近几年虽然得到了一定的发展，但速度较慢、规模较小，明显滞后于东部地区以及西部经济强省。特别是信息基础设施建设、信息化人才的教育培养和引进、信息化发展环境的重视程度，需要大量投

---

[1] 涂圣伟. 我国产业高质量发展面临的突出问题与实现路径［J］. 中国发展观察，2018（14）.

[2] 中西部城镇供水普及率仍然偏低［N］. 法制日报，2012－06－27.

入，以缩小与发达省份之间的差距。❶

9.2.6　城乡居民生活质量仍需提高

随着西部地区城市化的不断推进，城乡居民生活条件明显改善，但与中、东部及东北地区相比，西部地区的城乡居民生活水平还较为落后，城乡二元结构依然突出。城乡二元结构虽然是我国普遍存在的历史现象，但由于西部地区特殊的、政府主导且高度集中的城市化发展模式，以及较为落后的社会经济和思想观念，致使由以户籍制度为核心的社会制度因素决定的城乡二元结构显得更为突出，现代大工业与传统农业并存、先进城市与落后农村并存的现象更为明显。西部地区严重的城乡双重所有制体制、双重公民身份体制、双重交换体制、双重分配体制，造成了在价值规律支配下的城乡劳动力及其供养人口双向流动机制、等价交换机制、比较利益驱动机制等城市化过程的基本运行机制的失灵，制约了资源要素的优化配置。加之西部地区城市内部又出现了新的二元结构矛盾，致使城乡居民无法均等地享受基础设施、公共服务和社会保障，这降低了西部地区城市化的质量，阻碍了西部地区经济与城市化的持续发展。

9.2.7　城乡协调质量有待提高

衡量城乡协调质量的重要指标之一是城乡差距，而最能反映城乡差距的是城乡居民收入差距。在经济飞速发展的过程中，虽然西部地区城乡居民的收入水平每年都有所提高，但是城市居民和农村居民在收入、消费、教育、卫生、社保以及文化生活等社会经济生活各个方面都有较大的差距。我国城乡收入差距较高，且仍在扩大，特别是在西部地区。从全国城乡之间收入差距的相对贡献率来看，西部地区达到58%，东部地区仅为37%，这就意味着，越是相对落后的地区，城乡之间的收入差距就越加明显。西部地区在经济发展方面处于相对落后的状态，西部地区城乡居民收入差距高于全国标准，❷ 这说明西部地区的城乡协调水平低于全国标准水平，这将不利于推动西部地区城乡融合发展以实现西部地区城市化高质量的发展。引起西部地区城乡收入差距明显的原因

---

❶ 陈农. 东西部地区信息化水平比较分析［J］. 攀登（汉文版），2014（01）.

❷ 杨佩卿. 西部地区新型城镇化发展目标、动力机制与绩效评价研究［D］. 西安：西北大学，2017.

主要有：在体制方面，城乡二元体制是造成西部地区城乡收入差距持续扩大的重要原因；在制度方面，收入分配制度的改革在客观上加大了城乡收入的差距；而资源要素是导致城乡收入差距扩大的基础性因素。

9.2.8 生态环境质量提升压力较大

西部地区存在较多生态环境方面的问题，例如山地高原多、高寒荒漠多以及自然灾害多等。我国每年因为植被遭受破坏和干旱化而增加的荒漠化土地大都集中在西部地区，还包括地质灾害等。西部地区生态环境突出问题主要表现有：干旱化和沙漠化、草场退化、水土流失以及植被破坏。西部地区总体资源利用率较低，工业生产技术落后。在加快城市化发展的过程中，必然会出现伴随经济增长而产生的生态破坏现象。随着西部城市人口规模逐渐扩大，对自然生态的干预越来越多，因为滥垦滥伐、围湖造田和超载放牧，缺乏对生态环境的保护，使土地退化，沙漠化面积逐年扩大，水土流失严重。据有关专家从地质、地貌、气象、植被、土壤等因素综合评定，西部地区生态环境总体上讲比东部地区和中部地区差。其中生态最脆弱的依次为：宁夏、青海、甘肃、陕西、新疆、四川等省。西北大多区域处于干旱和半干旱的地带，有些地方因为生态环境恶劣出现整个村子移民到另外一个地方的情况，如甘肃、内蒙古、宁夏等地。西南也多以岩溶石山地区、山岭地貌为主，水资源相对比较贫乏，许多地区存在发展障区，比如说金沙江和岷江的干热河谷地带、贵州黔西北石漠化地区。伐木和植被破坏导致局部地区气候恶化，降水减少，土壤冲蚀增加，导致土壤层的消失而大片的石板显现，无法再次用于农耕。[1]

---

[1] 王春秋. 西部地区城镇化动力机制价研究［D］. 西安：西安电子科技大学，2011.

第十章　提升西部地区城市化发展质量总体思路

创新提升城市化发展质量思路是当前西部地区城市化发展中亟待解决的一个新问题，提高城市化发展质量是西部地区城市建设的主攻方向。经过长期不懈努力，西部地区城市化发展质量总体水平稳步提升，质量形势向好。但也要看到，西部地区城市发展的传统优势正在减弱，迫切需要下大气力全面提高城市化质量，推动西部地区城市化发展进入高质量时代。

10.1　提升城市化发展质量的思路

提升城市化发展质量涉及政府、社会、人民等多种主体，包括政治、社会、经济等众多方面，是涵盖多种体系的复杂工程，需要按照高质量发展的要求，遵循市场规律，科学规划、合理布局，推进城市化持续健康发展。

10.1.1　以科学规划优化城市空间布局质量

城市空间布局是提升城市化发展质量的重要前提，要在国家现代化战略布局的框架下，贯彻落实新发展理念，合理确定大中小城市和小城镇的功能定位、产业布局、开发边界。通过科学的规划，加快形成基本公共服务和基础设施一体化、网络化发展的城市化新格局。以城市发展的客观规律为指导，结合不同规模和类型城镇的承载能力，以大城市为依托，逐步构建辐射作用大城市群，促进大中小城市和小城镇的科学布局，[1] 合理确定各城市的主体功能定位

[1] 黄锟．中国城镇化的最新进展和目标模式［J］．武汉大学学报（哲学社会科学版），2014，67(02)：109－116.

和产业重点，提高各级城市的发展动力，推进不同区位优势、资源禀赋的城市发展，进而优化区域城市空间布局。

10.1.2 以人为本推进转移人口市民化质量提升

城市化的关键是要解决好人的问题，尤其是转移人口的问题，这需要树立包容的理念，以人为本，不断提高市民化水平和质量。首先要在城市综合承载能力范围内，形成科学合理的转移人口落户城市的机制和具体办法。其次要完善社会保障体系，实现公民社会保障权益的顺畅转移和接续。再次要加快完善多层次、多元化的城市住房保障体系，逐步形成保障范围广、运行能力有效、执行过程公平的住房供给机制。最后要构建转移人口培训制度，提高收入水平，增强就业能力，进一步拓宽资金来源的渠道，降低转移人口市民化的成本，提高经济和社会效益。

10.1.3 以“四化”同步促进城市化协调发展质量提升

城市化的核心是要有产业支撑，是要实现城乡协调发展。因此，就必须推动信息化与工业化的深度融合、工业化与城市化的良性互动、城市化与农业现代化的相互协调，实现城市化发展有产业支撑、人口转移与人口集聚相统一，促进城乡要素平等交换、公共资源均衡配置，形成以工促农、以城带乡、工农互惠、城乡一体的新型工农和城乡关系。[1]

10.1.4 以生态文明观念推进城市生态环境质量提升

加强生态文明建设是落实绿色发展理念的切实要求，重点要以主体功能区战略为指导，科学划定生态、农业和城镇空间，制订与资源环境承载能力相适应的空间发展规划；形成符合市场需求结构、可持续健康发展的产业体系；推进城市发展方式的绿色化、循环化、低碳化转型；围绕实现人的全面发展，加强城市综合服务功能的建设；培育生态文明意识，强化生态文化基础设施和公

---

[1] 推进以人为核心的新型城镇化［N］. 人民网，2017（2）.

共服务载体建设；积极发展生态文化产业，[1] 建立生态补偿机制，加强转移支付的公平性，统筹协调各地区城市化发展；建立健全科学考核评价制度，强化生态文明的绿色导向作用。

10.1.5　以城乡协调促进城市化高质量发展

城市化的健康发展不能以牺牲农村的发展为代价，必须注重统筹城乡、城乡并重、协调并举、共同繁荣。从理论上来讲，在工业化和城市化达到比较高的阶段后，城市化率将达到70%以上，西部地区还会有数亿的农民要生活在农村，那么，解决农村发展的问题是当前需要破解的。因此，推进城市化必须要结合乡村振兴战略的实施，系统考虑全局发展的要求，在推进城市化进程中，同步推进乡村的发展，建设幸福中国。

10.1.6　以综合治理推进城市化管理质量提升

加快转变城市化发展方式，以集约化和高效化为导向，提高城市建设和管理水平。要合理调整优化城市规模结构，着力构建大城市和中小城市合理规划的城镇化发展模式，统筹协调各级城市和城镇发展，重点把公共设施、公共交通、公共医疗教育等建设好，真正把城市建设成为经济可持续健康发展、交通便捷安全、环境优良宜居、公共服务畅通、社会和谐稳定的现代城市。不断提高城市建设和管理的现代能力和水平，改变单一、简单的管理方式，借鉴国内外好的经验做法，开展综合治理，避免出现城市病。

10.2　提升城市化发展质量的路径选择

根据城市化发展特征和规律，结合西部地区城市化的实际情况，因地制宜，提升城市化发展质量，坚持以质量为核心，消除人口转移中的各种障碍，体现公平、共享、包容的新城市精神，统筹完善各级城市的协调发展，增强城

[1] 黄锟．中国城镇化的最新进展和目标模式［J］．武汉大学学报（哲学社会科学版），2014，67（2）：109－116.

市化发展的资金支持力度，深入推进各项体制机制改革，为促进城市化高质量发展奠定坚实基础。基于当前西部地区城市化发展质量现状，研究选择树立以质量为核心的发展理念、消除各类推进城市化的门槛、构建包容性的城镇、建立完善的城市化战略格局、建立多元化的资金来源渠道等五个方面的关键性战略路径。

10.2.1 树立以质量为核心的发展理念

随着西部地区城市化发展的加快，强调质量与速度的协调已经是推进城市化的重点，其关键是确保城市化发展质量的提高。[1] 无论是从东部发达地区的经验来看，还是从西部地区城市化发展的现状来看，西部地区城市化已到促进人口城市化和推进城乡融合为特征的发展新阶段。因此，着重要解决好几个方面的问题：一是要突出人的城市化这个核心，构建与经济发展水平相适应的基础设施保障能力和基本公共服务供给，着力解决城市人口的就业、住房、教育、医疗卫生和交通出行等；[2] 二是要形成科学的城市发展模式，增强城市的持续健康发展能力，强化城市的国土空间管控，推进低碳生态城市建设，实现城镇集约节约发展，加强城市综合治理水平建设，构建统一、协调、高效、合理的城市管理体制机制；三是要推进城市化与工业化、信息化和农业现代化同步发展，[3] 依据西部地区自身的优势条件，有序推进与工业化进程相适应的城市化发展，加快建立适应信息化发展要求的城市化建设队伍，实现与城市和乡村的同步发展；四是打造公平科学的城市化评估机制，建立健全符合西部地区现实情况的评价指标体系，把城市化发展水平和质量归入评价机制，加强督查力度，推动城市化高质量发展。

10.2.2 消除各类推进城市化的门槛

提升城市化发展的质量，要确保城市人口流动畅通，通过建立基本公共服务均等化的供给机制，降低城市化成本，确保农业转移人口能够顺利落户。一是减少市民化落户的限制要求，创造符合限制要求的农业转移人口市民化的便

---

[1] 张占斌. 走中国特色的新型城镇化道路 [J]. 经济研究参考，2014 (8)：4 - 14.

[2] 张占斌. 推进我国城镇化的基本思路和体制机制 [N]. 中国经济时报，2012 - 11 - 15 (005).

[3] 张占斌，黄锟. 叠加期城镇化速度与质量协调发展研究 [J]. 理论研究，2013 (5)：2 - 8，14.

利条件。注重结合每个城市的实际能力，根据转移人口参加城镇社会保险、就业、居住情况等因素，制定公正公平的转移人口落户城市的具体标准；二是积极完善多层次、多渠道的住房保障体系，加大保障性住房的供给比重，坚决使房地产市场回归理性和本质要求，切实为进城转移人口提供基本住房保障，真正做到“住有所居”；三是推进医疗和教育体制机制的改革，建立健全城乡共享的公共服务保障体系，逐步建立跨区域的教育、就业、医疗卫生、养老、住房、社会保障等公共服务衔接一致的保障机制，使转移人口的社会保障权益可顺畅接续。

10.2.3　构建包容性的城镇

城市化发展的新阶段是要求在经济、社会、治理、文化等领域的均衡与协调，强调城市化发展过程中的公平与效率的统一，体现城市中不同人群的发展权利同质均等。因此，重点是抓住以下关键环节：一是建设高水平的公共服务体系，突出解决城市公共服务体系中的普惠性、均等化等核心难题；[1] 二是提升城市治理能力和水平，强化以法律来管理城市化进程中出现的难题，减少消除城市管理中主观因素的影响；三是逐步取消影响提升城市化发展的政策，加强农业转移人口的城市衔接与融合，使农业转移人口享受同等市民权利。

10.2.4　建立完善的城市化战略格局

城市化战略格局是现代化发展战略的重要内容，提升城市化发展质量也需要形成科学合理的战略格局，要求确定合理的大中小城市和小城镇的功能定位、产业布局、开发边界，构建基本公共服务和基础设施一体化、网络化发展的城市新格局。[2] 重点结合不同规模和类型城市的承载能力，以大城市为依托，以中小城市为重点，合理引导人口流动和产业发展，逐步形成城市群辐射，建立大中小城市和小城镇协调发展的科学布局。积极挖掘现有中小城市发展潜力，优先发展具有明显优势和承载能力较强的中小城市。[3]

---

[1] 张占斌，黄锟．叠加期城镇化速度与质量协调发展研究［J］．理论研究，2013（5）：2－8，14.

[2] 推进以人为核心的新型城镇化［N］．人民网，2017（2）.

[3] 张占斌．推进我国城镇化的基本思路和体制机制［N］．中国经济时报，2012－11－15（005）.

10.2.5 建立多元化的资金来源渠道

提高城市化发展质量，资金来源的保障十分关键，因此，要拓宽筹措资金的渠道，除了保证政府公共投入的资金之外，还应鼓励社会资金积极参与城市化过程，最大范围吸纳多种资金进入城市化推进的建设中。在资金保障机制方面，积极创新城市基础设施投融资机制，扩大地方政府债券发行规模，创新债券品种；积极推进政府和社会资本合作模式，由政府采取竞争性方式选择具有投资、运营管理能力的社会资本，按照平等协商原则，明确责权利关系，为城市化提供资金保障；积极争取政策性银行的资金支持，政策性银行是推进城市化发展的重要资金来源之一，国家也多次印发文件，鼓励各大政策性银行加大对国家新型城镇化综合试点的支持力度，并相应开发设计一系列的金融支持产品。

10.3 城市化发展趋势和城市化发展质量动力

10.3.1 城市化发展趋势

西部地区地形多数是多山地区，因此，其城市化具有一定的特殊性和代表性，特别需要立足其山地的地理地形地貌实际，贯彻落实国家“三个 1 亿人”城市化要求，推进就地就近城市化发展；立足建立“一带一路”倡议连廊和两江上游生态屏障，依托“近边近江近海”区位构建多向开放的城市化空间格局；立足山地资源条件，充分发挥传统产业优势，积极培育新兴战略产业，壮大山地特色产业，拓展就业领域；立足山地城市基础，创新山地城市规划建设管理模式；立足生态文明先行示范区建设，秉承“绿水青山就是金山银山”理念，形成生态文明与城市化协同发展机制；立足同步小康导向，以教育扶贫、产业扶贫、生态移民抓手实施精准扶贫，突出扶贫开发与城市化融合的特色推进方向。

10.3.2　城市化发展质量提升动力

10.3.2.1　生态扶贫和农业转移人口是提升城市化发展质量的初始动力

创新扶贫开发机制，加大扶贫开发力度，深入贯彻实施国家“三个1亿人”行动计划和具有本地特色的扶贫生态移民行动。建设现代高效农业示范园区是实现农业现代化的重要举措，通过高效农业示范园区的建设可以解放出大量农村富余劳动力人口向城市地区转移，加速城市化发展进程；加强农业示范园区的建设，以此来带动农业企业发展，促进小城市发展；通过高效农业示范园区的建设可以带动农村经济繁荣，带领农民致富，缩小城乡差距，加快城乡一体化进程；通过高效农业示范园区的建设可以有效拉动城市第二、第三产业的发展。因此，生态扶贫和农业转移人口是推进新型城镇化的初始动力。

10.3.2.2　新型工业化是提升城市化发展质量的基本动力

通过实施工业化战略推动工业加速发展是实现经济发展的重要手段。产业园区促使人口相对集中，为农村剩余劳动力就业创造条件，为城市化奠定基础，加速了城市人口规模增长，带动第三产业发展。例如，贵州省实施工业强省战略以来，2014年城市新增就业68万人，其中产业园区新增就业18.2万人，带动74万人以上农业劳动力转移就业，大大助推城市化进程。所以，新型工业化是推动城市化发展质量提升的基本动力。

10.3.2.3　第三产业发展是提升城市化发展质量后续动力

通过大力发展电子信息、新医药大健康、文化旅游、现代服务业等，建成一批现代服务业集聚区，进而提高城市实力，这是一条比较有效的路径。以旅游为特色的服务业得到加快发展，旅游业成为西部地区经济发展的重要支撑产业。通过推进旅游景区建设有利于为当地村民提供更多的就业机会，使村民的收入得到增加，提高城市的经济发展水平；有利于刺激当地城市经济的增长，为城市化发展提供经济基础；有利于完善当地基础设施建设，为城市化发展创造更好的人居环境，提高社会文明程度；助推城市经济转型，使城市功能多元化。第三产业的发展必定为提升城市化发展质量提供后续动力。

10.3.2.4　产业结构的高级化和合理化是提高城市化发展质量的持续动力

产业结构高级化和合理化是新时代发展的要求，通过产业转型升级为发展提供持续的动力，这是未来发展的必然趋势。西部地区通过劳动力禀赋中的比较优势实现了产业结构的多元化，但是由于技术进步的约束，没有实现产业结构的现代化，在全国价值产业链条中处于低端位置。因此西部地区经济质量的提高要打破产业结构的低端锁定，以质量提升促进产业结构高级化。近年来，西部地区一些省份集中力量发展了酒、烟、茶、药和食品等特色轻工业，推进了煤电磷、煤电铝、煤电钢、煤电化等资源深加工产业一体化，拓展了军民融合产业。特色优势产业得以加快发展，按照集聚化、特色化、循环化理念，并通过构建符合本省资源禀赋和市场需求的特色产业体系，持续推进产业结构调整升级。

10.3.2.5　改革开放是提升城市化发展质量的重要动力

在世界城市建设由数量型向质量型转变背景下，城市对外开放中的质量问题发展为影响城市竞争力上升的首要问题。城市化是以农业转移人口市民化为重点，积极推进城市户籍、就业、教育、社会保障等方面的配套改革，出台一系列鼓励农民工转移进城的支持性政策，农村劳动力转移就业的培训力度不断加大，进城农民工及子女的公共服务逐步加强。加快推进城市建设投融资体制、城市土地收购和储备、城市公用事业建设和营运等方面的改革。同时，从顶层设计上为城市化发展质量提升过程中遇到的难题，提供制度保障，确保城市化进程中的各项改革顺利推进。

10.4　质量提升目标

按照高质量发展要求，根据西部地区城市化发展质量预测模型预测结果，研究提出到2025年西部地区城市化发展质量预期目标：

（1）人口城市化发展质量稳步提升。城镇化健康有序发展，常住人口城镇化率达到65%左右。生活在城市范围内的人口密度得到有效控制，第三产业就业人口占总人口的比重逐步增加，国民素质和社会文明程度显著提高。

（2）经济城市化发展质量持续提高。区域比较优势充分发挥，经济结构趋于优化，经济增速继续高于全国平均水平，经济社会发展水平与全国差距明显缩小。创新驱动发展能力显著增强，自主创新能力全面提升，科技进步对经济增长的贡献率显著提升。转型升级取得实质性进展，第一产业综合生产能力明显增强，农业现代化取得积极进展；第二产业竞争力显著增强，工业化和信息化深度融合；第三产业发展壮大，服务业比重进一步提升，具有西部特色的优势产业体系基本形成。

（3）空间城市化发展质量进一步优化。建成现代化交通网络和比较发达的城乡支干交通网络。民航、水运、通信、环保、管网等设施保障能力全面提升。水利基础设施明显加强，工程性缺水问题得到缓解。

（4）社会城市化发展质量得到显著增加。教育、文化、社会保障、公共安全、医疗卫生、住房等公共服务体系更加健全。

（5）城市生态环境质量取得实质性改善。生态文明建设和绿色发展理念深入人心，生产生活方式加快向绿色、循环、低碳转变。生态保护红线全面划定，生态保护补偿机制基本建立，重点生态区综合治理取得积极进展，水土流失面积大幅减少，生物多样性有所恢复，长江上游等重点地区生态屏障建设取得新成效。能源和水资源消耗、建设用地得到有效控制，碳排放强度继续显著下降，主要污染物排放量大幅减少，生态环境质量稳步改善。

（6）城乡协调发展质量进一步统筹推进。基本公共服务水平与全国的差距逐步缩小，农村常住居民和城镇居民人均可支配收入差距缩小。[1]

---

[1] 国家发展和改革委员会．西部大开发“十三五”规划：到2020年城镇化率达54%以上［R］．2017．

第十一章　提升西部地区城市化发展质量的重点

基于前十章的研究，可以得出如下主要结论：以人口为特征的西部地区城镇化，不一定必然带动西部地区城市化发展质量的相应提高；西部地区城市化发展质量与经济社会发展程度紧密相关，城市化发展整体水平与其地区经济发展水平呈正相关关系；土地城市化与城市化发展质量表现为基本协调；西部地区城市化发展质量不高，总体上处于优化提升阶段；西部地区城市化“质”“量”的协调性较差，人口城市化水平高于城市化发展质量，人口城市化出现快速增长态势。但西部地区城市化发展质量相对于人口城市化发展水平的滞后性呈逐渐缩小的趋势；西部地区人口城市化发展速度高于土地城市化速度，并且呈增大趋势。这些结论是提出未来西部地区城市化发展质量重点任务的基本依据，同时，将考虑目前西部地区城市化发展质量提高中存在的客观问题，基于对西部地区环境条件的分析，围绕质量提升目标，本研究认为提升城市化发展质量需要新型城镇化、基础设施、产业支撑、环境建设、公共服务、对外改革开放等方面为重点：首先，在重点任务选择上，重点应落脚在如何提升西部地区城市化发展的质量上；其次，在推进西部地区人口城市化提高城市化发展质量时，要重点考虑如何提高人口城市化的质量而不是人口城市化的规模；再次，在推进促进土地城市质量提高的重点任务时，应注重如何优化和提高的问题，以保障西部地区的城市化发展质量与人口城市化水平、土地城市化水平实现协调；最后，推进各方面的重点任务时应充分考虑西部地区城市化发展质量与全国、东中部地区城市化发展质量的联动性和相关性，以及西部地区内部省际和区域之间的差异性。

11.1　加快西部地区新型城镇化发展，提升城市发展质量

优化西部地区城市群布局，坚持大中小结合、东中西联动，依托成渝城市群、呼包鄂榆城市群、兰西城市群三大城市群，带动西部地区发展，转变城市化发展方式，增强城市可持续发展能力，全面提高西部地区城市化质量。

11.1.1　培育发展西部地区城市群

党的十九大报告指出：在实施区域协调发展战略进程中，要“以城市群为主体构建大中小城市和小城镇协调发展的城镇格局，加快农业转移人口市民化”。城市群作为推进国家城市化快速发展的重要形态之一，是国家经济快速增长的重要载体。以西部地区的成渝城市群、呼包鄂榆城市群、兰西城市群为龙头，以黔中、滇中、天山北坡、宁夏沿黄城市群为补充，以大中小城市和小城镇为依托，推动城市群之间城市群内部产业布局、生态保护、环境治理等协调联动，形成区域联动、结构合理、节约高效、绿色低碳的新型城镇化格局。由于在实施西部大开发以前，国家对西部地区的基础设施投入较少，西部地区基础设施网络建设比较落后是一个不争的事实，在构建培育发展西部地区城市群时，要完善西部地区城市群基础设施网络建设，发挥它们在综合性交通枢纽上的重要作用。西部地区多数城市是老工业基地、能源基地，不利于二、三产业的集聚与集中，要优化城镇布局和人口分布，发挥内陆城市开放的优势，主动参与到国际与国内产业分工，承接区域性的产业转移，增强产业的支撑能力。抢抓国家正在实施的“一带一路”倡议、西部大开发政策等机遇，着力提高西部地区的对外开放水平。针对西部地区开放程度不高的现实，在培育和壮大西部地区城市群过程中，要加大提升城市群的对内对外开放水平，依托西部地区城市群建设，推进城市之间互动与合作，重点发展基础设施一体化和产业优势互补，在促进邻近重点城市融合发展上首先取得突破，为西部地区的经济发展提供一个新的空间。长期以来，由于西部地区 12 省市区之间的经济社区发展水平不一致，以及处于不同的行政区划范围，其城市发展水平居于不一样的层次，所实施的城市化建设政策也不尽相同。在培育和壮大西部地区城市

群时，要健全和完善跨区域城市发展协调机制、成本共担机制和利益共享机制等，在探索建立西部地区城市群管理协调模式上加大力度，进一步创新和探索城市群要素市场管理机制，推动生产要素在西部地区城市群内能够自由流动和优化配置，促进基础设施和公共服务设施共享共建，推动区域环境联防联控联治，增加城市群的辐射带动能力（见表 11－1）。

表 11－1　西部地区城市群城市

城市群名称	规划区域
成渝城市群	包括重庆市的渝中、万州、黔江、涪陵、大渡口、江北、沙坪坝、九龙坡、南岸、北碚、綦江、大足、渝北、巴南、长寿、江津、合川、永川、南川、潼南、铜梁、荣昌、璧山、梁平、丰都、垫江、忠县等 27 个区（县）以及开县、云阳的部分地区，四川省的成都、自贡、泸州、德阳、绵阳（除北川县、平武县）、遂宁、内江、乐山、南充、眉山、宜宾、广安、达州（除万源市）、雅安（除天全县、宝兴县）、资阳等 15 个市。发挥重庆和成都双核带动功能，重点建设成渝发展主轴、沿长江和成德绵乐城市带，加快重庆两江新区开放开发，推动成都天府新区创新发展以及泸自内宜（泸州、自贡、内江、宜宾）一体化发展。
呼包鄂榆城市群	包括内蒙古自治区呼和浩特市、包头市、鄂尔多斯市和陕西省榆林市。以开发度高、辐射力强、结构完善、发展协调、经济繁荣、社会和谐、生态良好、具有西部特色现代城市群为发展目标，将呼包鄂城市群建设成为西部大开发的战略高地和国家级区域发展的新增长极，形成以呼包鄂核心地区为重点发展区域，以沿黄河沿交通干线城镇产业带为重点发展轴带，以区域中心城市和县城两级城镇为多极支撑的城镇体系。
兰西城市群	包括甘肃省兰州市，白银市白银区、平川区、靖远县、景泰县，定西市安定区、陇西县、渭源县、临洮县，临夏回族自治州临夏市、东乡族自治县、永靖县、积石山保安族东乡族撒拉族自治县，青海省西宁市，海东市，海北藏族自治州海晏县，海南藏族自治州共和县、贵德县、贵南县，黄南藏族自治州同仁县、尖扎县。把兰州—西宁城市群培育发展成为支撑国土安全和生态安全格局、维护西北地区繁荣稳定的重要城市群。
滇中城市群	包括昆明市、曲靖市、玉溪市和楚雄彝族自治州及红河哈尼族彝族自治州北部的蒙自市、个旧市、建水县、开远市、弥勒市、泸西县、石屏县 7 个县市。提升昆明面向东南亚、南亚开放的中心城市功能，重点建设曲靖—昆明—楚雄、玉溪—昆明—武定发展轴，推动滇中产业集聚区发展，建设特色资源深加工、文化旅游基地，打造面向西南开放重要桥头堡的核心区和高原生态宜居城市群。

续表

城市群名称	规划区域
黔中城市群	包括贵阳市的南明区、云岩区、白云区、花溪区、乌当区、观山湖区、清镇市、修文县、息烽县、开阳县；遵义市的红花岗区、汇川区、播州区、绥阳县、仁怀市；毕节市的七星关区、大方县、黔西县、金沙县、织金县；安顺市的西秀区、平坝区、普定县、镇宁县；黔南州的都匀市、福泉市、贵定县、瓮安县、长顺县、龙里县、惠水县；黔东南州的凯里市、麻江县及贵安新区的33个县（市、区）。增强贵阳产业配套和要素集聚能力，重点建设遵义—贵阳—安顺主轴带，推动贵安新区成为内陆开放型经济示范区，重要的能源资源深加工、特色轻工业和民族文化旅游基地，推进大数据应用服务基地建设，打造西部地区新的经济增长极和生态文明建设先行区。
北部湾城市群	包括广西壮族自治区南宁市、北海市、钦州市、防城港市、玉林市、崇左市，广东省湛江市、茂名市、阳江市和海南省海口市、儋州市、东方市、澄迈县、临高县、昌江县。发挥地缘优势，挖掘区域特质，建设面向东盟、服务“三南”（西南中南华南）、宜居宜业的蓝色海湾城市群。
天山北坡城市群	包括乌鲁木齐、石河子和克拉玛依市为轴心的新疆准噶尔盆地南缘天山北坡中段，包括乌鲁木齐市、昌吉市、阜康市、呼图壁县、玛纳斯县、石河子市、沙湾县、乌苏市、奎屯市、克拉玛依市等。将天山北坡城市群建成丝绸之路经济带重要的战略枢纽、全国重要战略资源加工储运基地、新疆城镇化与经济发展的核心区、边疆民族团结和兵地融合发展示范区，发展定位准确，战略目标可行。
宁夏沿黄城市群	包括宁夏沿黄河分布的银川、石嘴山、吴忠、中卫、平罗、青铜峡、灵武、贺兰、永宁、中宁10个城市。建成全国重要的能源化工、新材料基地，清真食品及穆斯林用品和特色农产品加工基地，区域性商贸物流中心。

注：北部湾城市群仅列出位于西部地区的规划范围。

11.1.2　积极建设区域性中心城市

西部大开发规划明确指出，直辖市、省会城市、计划单列市和重要节点城市等中心城市是西部地区城镇化发展的重要支撑。[1] 在西部地区12个省（直辖市、自治区）积极打造67个区域性中心城市，其中贵州3个、四川18个、广西8个、云南5个、宁夏1个、内蒙古6个、新疆3个、甘肃8个、陕西9个和西藏6个（详见表10－2）。针对西部地区的开发强度、人均城市面积相对比较小的问题，需要加大对西部地区区域性中心城市的开发力度。由于西部

[1] 国务院．西部大开发“十三五”规划［R］．2017（6）．

地区区域性中心城市以传统产业为主，须健全以先进制造业、战略性新兴产业、现代服务业为主的产业体系，推进产业转型升级。当前，亟待提升西部地区的产业科技创新能力，加强要素集聚、科技创新、服务高端化能力，发挥规模效应和带动效应。西部地区城市的对外辐射功能与东部地区相比较还不是很强，要加大对西部地区重要节点城市的建设，在城市功能、经济实力、协作对接等方面加大发展力度。针对西部地区区域经济相对于中东部地区相对较弱的现状，需要大力发展西部地区以省会城市为代表的区域性中心城市建设，完善和提升其功能，优化市辖区的规模结构，在提升生产要素集聚能力、创新能力、组织管理能力和区域辐射带动能力等方面进一步加大对西部地区区域性中心城市建设力度。由于西部地区各城市之间的经济功能和其他功能相对不平衡，特别是像西安、成都、重庆等特大城市聚集了较多的经济社会发展资源，需要适当促进特大城市经济功能和其他功能向邻接城市与城镇扩散，推进劳动密集型加工业向特大城市外转移，加强基础设施和公共服务与周边城镇共享，重点推进中心城区功能向1小时交通圈地区扩散，培育形成通勤高效、一体发展的都市圈。

表11-2　西部地区区域性中心城市分布

省市区名	区域性中心城市
贵州（3个）	六盘水市、铜仁市、兴义市
四川（18个）	自贡市、攀枝花市、泸州市、德阳市、绵竹市、绵阳市、广元市、遂宁市、内江市、乐山市、南充市、眉山市、宜宾市、广安市、达州市、雅安市、巴中市、资阳市
广西（8个）	柳州市、桂林市、梧州市、贵港市、百色市、贺州市、河池市、来宾市
云南（5个）	昭通市、保山市、丽江市、普洱市、临沧市
宁夏（1个）	固原市
内蒙古（6个）	乌海市、赤峰市、通辽市、呼伦贝尔市、巴彦淖尔市、乌兰察布市
新疆（3个）	克拉玛依市、吐鲁番市、哈密市
甘肃（8个）	嘉峪关市、金昌市、武威市、张掖市、平凉市、酒泉市、庆阳市、陇南市
西藏（6个）	拉萨市、日喀则市、昌都市、林芝市、山南市、那曲市
陕西（9个）	西安市、宝鸡市、咸阳市、铜川市、渭南市、延安市、汉中市、安康市、商洛市

注：课题组根据各省区行政区划数据整理而得；不含各类城市群当中的区域城市。

11.1.3　加快发展县域中心城市

加快县域中心城市建设是城市化发展的重要内容，是提升西部地区城市化发展质量的重要举措。积极培育和发展西部地区79个县域中心城市，其中贵州4个、四川16个、广西7个、云南8个、内蒙古11个、新疆22个、甘肃3个、青海3个和陕西5个（详见表11-3）。多年来国家在西部地区与中东部区和沿海地区采取了差异化的区域发展政策，与其他地区相比，西部地区城市化的差距正在逐步拉大。西部地区的城市数量以县域中心城市居首，其对周边城镇的辐射带动作用不容忽视。加快西部地区城市化进程，进一步优化中小城市的城镇规模结构，引导产业布局和公共服务资源配置，确保数量和质量同时增加与提升。优化县域中心城市的布局，壮大城市规模，增强城市功能。西部地区县域中心城市的发展带动力对农村劳动力人口的吸纳能力亟待提高，主要原因之一是西部地区县域中心城市的产业发展相对落后。需要选择资源环境承载力强、发展潜力大的中小城市和县城，鼓励引导产业项目在这些中小城市中进行布局，并依托其优势资源因地制宜地发展特色产业，从而使县域中心城市的产业基础得到加强。西部地区县域中心城市公共服务水平和宜居水平普遍不高，需要进一步加大对市政基础设施和公共服务设施的投入力度和建设强度，积极推进学校、医疗卫生机构、体育场馆、文化设施、康养设施等公共资源向中小城市和县城配置和倾斜。增加县域中心城市对优质资源要素的吸引力，引导高等学校和职业院校等高等教育资源在中小城市的布局。

表11-3　西部地区县域中心城市分布

省市区名	县域中心城市名
贵州（4个）	赤水市、盘州市、兴仁市、福泉市
四川（16个）	都江堰市、彭州市、邛崃市、崇州市、广汉市、什邡市、绵竹市、峨眉山市、阆中市、万源市、江油市、华蓥市、简阳市、西昌市、马尔康市、康定市
广西（7个）	岑溪市、东兴市、桂平市、北流市、靖西市、合山市、凭祥市
云南（8个）	安宁市、宣威市、楚雄市、大理市、文山市、景洪市、芒市、瑞丽市
内蒙古（11个）	霍林郭勒市、满洲里市、牙克石市、扎兰屯市，根河市、额尔古纳市、丰镇市、锡林浩特市、二连浩特市、乌兰浩特市、阿尔山市

续表

省市区名	县域中心城市名
新疆（22个）	阿克苏市、喀什市、和田市、阜康市、博乐市、阿拉山口市、库尔勒市、阿图什市、伊宁市、奎屯市、霍尔果斯市、塔城市、乌苏市、阿勒泰市、阿拉尔市、图木舒克市、五家渠市、北屯市、铁门关市、双河市、可克达拉市、昆玉市
甘肃（3个）	玉门市、敦煌市、合作市
青海（3个）	玉树市、德令哈市、格尔木市
陕西（5个）	兴平市、神木市、华阴市、韩城市、彬州市

注：课题组根据各省区行政区划数据整理而得。

11.1.4　加快发展特色小城镇

特色小城镇的发展有利于西部地区城市化发展质量水平的持续提升，通过依赖某一特色产业和特色环境因素，打造具有明确产业定位、文化内涵、旅游特征和一定社区功能的小城镇。❶ 2017年，住建部已公布了两批中国特色小城镇名单，其中内蒙古12个，广西14个，重庆13个，四川20个，贵州15个，云南13个，西藏7个，陕西14个，甘肃8个，青海6个，宁夏7个，新疆14个（包括生产建设兵团）（详见表11－4）。抢抓实施西部大开发战略和国家新型城镇化试点的机遇，依托相邻重点城市、特色优势资源、重要边境口岸与对外贸易通道等，积极培育西部地区百座特色小城镇，加快培育发展旅游休闲型城镇、健康疗养型城镇、商贸物流型城镇、科技教育型城镇、文化民俗型城镇、特色制造型城镇、能矿资源型城镇和边境口岸型城镇等百座特色小城镇❷。针对西部地区小城镇孵化能力弱、发展后劲不足的现状，着力推进创业创新，培育小城镇的经济发展新动能，积极创新西部地区小城镇行政管理体制，积极探索促进小城镇发展升级的机制，促进小城镇发展成为中小城市。小城镇在辐射带动西部地区新农村建设方面具有不可替代的作用，要大力构建西部地区小城镇与大城市中心城区在功能、特色产业、服务“三农”等方面的要素配置新通道。建设西部小城镇不能一刀切，要科学谋划、分类施策。对于处于大城市周边的小城镇，要加大城乡联动机制的建设，加强城乡统筹与配套，逐步发展成为卫星城。对于远离中心城市的小城镇，要完善基础设施和公

---

❶ 中共中央，国务院．关于加快美丽特色小（城）镇建设的指导意见［R］．2016.

❷ 国务院．西部大开发“十三五”规划［R］．2017（6）.

共服务，发展成为带动周边、服务农村的综合小城镇。对于具有区位优势和特色资源的小城镇，可以培育打造成各具特色的专业特色镇。

表 11－4　西部地区特色小城镇

省市区	小城镇分布
贵州（15 个）	贵阳市花溪区青岩镇、六盘水市六枝特区郎岱镇、遵义市仁怀市茅台镇、安顺市西秀区旧州镇、黔东南州雷山县西江镇、黔西南州贞丰县者相镇、黔东南州黎平县肇兴镇、贵安新区高峰镇、六盘水市水城县玉舍镇、安顺市镇宁县黄果树镇、铜仁市万山区万山镇、贵阳市开阳县龙岗镇、遵义市播州区鸭溪镇、遵义市湄潭县永兴镇、黔南州瓮安县猴场镇
四川（20 个）	成都市郫县德源镇、成都市大邑县安仁镇、攀枝花市盐边县红格镇、泸州市纳溪区大渡口镇、南充市西充县多扶镇、宜宾市翠屏区李庄镇、达州市宣汉县南坝镇、成都市郫都区三道堰镇、自贡市自流井区仲权镇、广元市昭化区昭化镇、成都市龙泉驿区洛带镇、眉山市洪雅县柳江镇、甘孜州稻城县香格里拉镇、绵阳市江油市青莲镇、雅安市雨城区多营镇、阿坝州汶川县水磨镇、遂宁市安居区拦江镇、德阳市罗江县金山镇、资阳市安岳县龙台镇、巴中市平昌县驷马镇
广西（14 个）	柳州市鹿寨县中渡镇、桂林市恭城瑶族自治县莲花镇、北海市铁山港区南康镇、贺州市八步区贺街镇、河池市宜州区刘三姐镇、贵港市港南区桥圩镇、贵港市桂平市木乐镇、南宁市横县校椅镇、北海市银海区侨港镇、桂林市兴安县溶江镇、崇左市江州区新和镇、贺州市昭平县黄姚镇、梧州市苍梧县六堡镇、钦州市灵山县陆屋镇
云南（13 个）	红河州建水县西庄镇、大理州大理市喜洲镇、德宏州瑞丽市畹町镇、楚雄州姚安县光禄镇、大理州剑川县沙溪镇、玉溪市新平县戛洒镇、西双版纳州勐腊县勐仑镇、保山市隆阳区潞江镇、临沧市双江县勐库镇、昭通市彝良县小草坝镇、保山市腾冲市和顺镇、昆明市嵩明县杨林镇、普洱市孟连县勐马镇
内蒙古（12 个）	赤峰市宁城县八里罕镇、通辽市科尔沁左翼中旗舍伯吐镇、呼伦贝尔市额尔古纳市莫尔道嘎镇、赤峰市敖汉旗下洼子镇、鄂尔多斯市东胜区罕台镇、兰察布市凉城县岱海镇、鄂尔多斯市鄂托克前旗城川镇、兴安盟阿尔山市白狼镇、呼伦贝尔市扎兰屯市柴河镇、乌兰察布市察哈尔右翼后旗土牧尔台镇、通辽市开鲁县东风镇、赤峰市林西县新城子镇
新疆（14 个，含建设兵团）	喀什地区巴楚县色力布亚镇、塔城地区沙湾县乌兰乌苏镇、阿勒泰地区富蕴县可可托海镇、克拉玛依市乌尔禾区乌尔禾镇、吐鲁番市高昌区亚尔镇、伊犁州新源县那拉提镇、博州精河县托里镇、巴州焉耆县七个星镇、昌吉州吉木萨尔县北庭镇、阿克苏地区沙雅县古勒巴格镇、第八师石河子市北泉镇、阿拉尔市沙河镇、图木舒克市草湖镇、铁门关市博古其镇

续表

省市区	小城镇分布
重庆（13个）	万州区武陵镇、涪陵区蔺市镇、黔江区濯水镇、潼南区双江镇、铜梁区安居镇、江津区白沙镇、合川区涞滩镇、南川区大观镇、长寿区长寿湖镇、永川区朱沱镇、垫江县高安镇、酉阳县龙潭镇、大足区龙水镇
西藏（7个）	拉萨市尼木县吞巴乡、山南市扎囊县桑耶镇、阿里地区普兰县巴嘎乡、昌都市芒康县曲孜卡乡、日喀则市吉隆县吉隆镇、拉萨市当雄县羊八井镇、山南市贡嘎县杰德秀镇
甘肃（8个）	兰州市榆中县青城镇、武威市凉州区清源镇、临夏州和政县松鸣镇、庆阳市华池县南梁镇、天水市麦积区甘泉镇、兰州市永登县苦水镇、嘉峪关市峪泉镇、定西市陇西县首阳镇
青海（6个）	海东市化隆回族自治县群科镇、海西蒙古族藏族自治州乌兰县茶卡镇、海西州德令哈市柯鲁柯镇、海南州共和县龙羊峡镇、西宁市湟源县日月乡、海东市民和县官亭镇
陕西（14个）	西安市蓝田县汤峪镇、铜川市耀州区照金镇、宝鸡市眉县汤峪镇、汉中市宁强县青木川镇、杨凌区五泉镇、汉中市勉县武侯镇、安康市平利县长安镇、商洛市山阳县漫川关镇、咸阳市长武县亭口镇、宝鸡市扶风县法门镇、宝鸡市凤翔县柳林镇、商洛市镇安县云盖寺镇、延安市黄陵县店头镇、延安市延川县文安驿镇
宁夏（7个）	银川市西夏区镇北堡镇、固原市泾源县泾河源镇、银川市兴庆区掌政镇、银川市永宁县闽宁镇、吴忠市利通区金银滩镇、石嘴山市惠农区红果子镇、吴忠市同心县韦州镇

注：资料来源于住建部网站。

11.2 创新驱动西部地区产业转型升级，提升产业发展质量

充分发挥资源丰富、要素成本低、市场潜力大的优势，大力实施创新驱动发展战略，着力加强供给侧结构性改革，在改革创新和发展新动能上做加法，在淘汰落后过剩产能上做减法，加快推动传统产业整合升级。在产业升级中，建立产业创新链，提高技术改造效率，加快优化产业链和价值链，通过产业转型升级，促进西部地区城市化发展质量的提升。

11.2.1　增强自主创新能力

11.2.1.1　发挥科技创新在全面创新中的引领作用

加强基础研究，强化原始创新、集成创新和引进消化吸收再创新，推动西部地区经济增长由要素驱动向创新驱动转变。紧盯新一代信息技术、机器人与智能制造生物技术、新材料、节能环保、新能源、新能源汽车、航空航天等前沿领域，深入推进关键技术和关键工艺、关键材料、重大装备、基础软件的攻关工作。结合西部地区特点，加快发展以技术、品牌、质量为核心的新产品、新产业和新市场，引导优势产业逐步向价值链的高端攀升。[1] 进一步提高创新能力，推动产业结构调整，加快传统产业改造升级。依托国家级新区、国家级高新技术开发区、国家自主创新示范区和全面深化改革试验区等重要载体，建设若干具有强大带动能力的创新型城市和区域创新中心，形成若干高水平、有特色优势的产业集聚区。以推进“一带一路”建设为契机，统筹国内外创新资源，建设面向沿线国家的科技创新基地，加强国际创新合作。[2] 培育壮大科技创新主体。强化企业创新主体地位和主导作用，培育一批创新型领军企业，支持科技型中小企业健康发展。鼓励并引导企业加大科研投入，加快新技术、新产品开发与应用。鼓励国内科研院所、高校和企业到西部地区建立研发分支机构，扩大高校和科研院所自主权，改革科研评价和奖励制度，赋予创新领军人才更大的人、财、物支配权和技术路线决策权。

11.2.1.2　强化创新基础平台

加强西部地区现有国家工程实验室、国家重点实验室、国家工程（技术）研究中心、国家及企业技术中心建设。立足西部地区的优势和重点产业，加强统筹规划，整合区域创新资源，新建一批创新平台。加大对高等学校、科研院所创新能力的建设和投入力度。在重庆、成都等城市建立和完善一批创新成果转移转化中心、知识产权运营中心和产业专利联盟。加强区域公共科技服务平台建设，推动大型科学仪器设备、重大科技基础设施和科技信息资源共享共

---

[1] 袁航，朱承亮．西部大开发推动产业结构转型升级了吗？基于 PSM－DID 方法的检验［J］．中国软科学，2018（6）：67－81．

[2] 国务院．西部大开发“十三五”规划［R］．2017（6）．

用。支持有条件的地区单独或联合设立孵化平台。发展一批专业化、网络化的技术和知识产权交易平台，畅通科技成果转化渠道，有效促进知识产权运用。[1] 坚持政府主导、市场运作，促进国家级经济技术开发区、国家级高新技术产业开发区、国家级农业高科技示范区等各类集聚区错位发展，提升入园企业品质，培育核心产业链，构建网络化创新体系。支持各类创新主体、创新平台开展跨地区创新合作，促进区域协同创新和产业协同发展。支持“一带一路”境外产业集聚区项目建设，促进优势产能和装备、技术、标准“走出去”。

11.2.1.3　强化企业技术创新能力

积极谋划一批技术创新工程，强化以企业为主体、市场为导向、产学研相结合，整合优势创新资源，重点在集成电路（重庆）、生物医药（成都）、智能机器人（重庆、成都）、航空装备（成都、贵阳）、高性能医学诊疗设备（重庆）、生物工程育种（成都）、新型平板显示（重庆、四川）、卫星导航（成都）、轨道交通领域（成都），打造产业技术创新联盟，构建服务于区域特色优势产业发展的高水平创新链，开展重大产业关键共性技术、装备和标准的研发公关。

11.2.1.4　营造良好的创新创业生态

大力推动大众创业、万众创新，促进创新成果与市场需求及资本有效对接。鼓励发展众创、众包、众扶、众筹空间，实现创新与创业、线上与线下、孵化与投资相结合，为公众尤其是大学生为主体的创新能量提供低成本、便利化、全要素的创新创业综合服务平台。探索整合西部地区各省市区生产力服务中心等科技中介服务机构，完善技术成果转让中介服务体系，促进创新成果与企业对接，向市场转化。

11.2.2　加快农业现代化进程

11.2.2.1　加强农业基础设施建设

完善的基础设施是现代农业发展的坚固基石，西部地区在发展现代农业进

---

[1] 袁航，朱承亮．西部大开发推动产业结构转型升级了吗？基于 PSM－DID 方法的检验［J］．中国软科学，2018（6）：67－81.

程中，必须努力建设完善的基础设施。近年来，虽然中央政府及西部地区地方政府大力进行基础设施建设，但由于恶劣的自然地理条件以及落后的经济基础等原因，当前西部地区基础设施建设依然落后。西部地区在加快现代化农业过程中受到自然环境恶劣、生态环境脆弱、农业基础设施薄弱。农业科技进步缓慢等方面的制约，其中最为根本的制约就是基础设施薄弱。农业基础设施的主要功能就是便利生产和降低不确定性因素对农业生产的影响，因此，西部地区应继续加大农村基础设施建设力度，重点加强对种植业、养殖业基础设施的投入，并结合本地发展实际，有重点、分阶段地进行农村基础设施投资，最大限度地发挥资金效益，加速农村经济发展。

在西部地区农业交通基础设施薄弱的情况下，要加强农村公路、乡村机耕道等设施建设，支持林区、垦区、特色农业基地、高产稳产饲草基地等区域作业道路建设，推进农业水路运输建设，努力保障农业现代化发展的交通便利化。水利和电网是支撑西部地区农业发展的重要基础设施，水利和电网设施的建设与农业生产休戚相关，加强水利和电网基础设施建设，不仅是提高农业综合生产能力的重要保障，也是改善农村人口生产、生活状况的重要条件。由于自然、历史、人为等因素，水利设施建设滞后，水源工程蓄水能力薄弱，灌溉渠道淤积不畅，农业生产缺水的问题依然突出，农村电网设施不完善，用电供给不足。要重点加强节水型农业基础设施布局建设，推动水资源集约高效利用，支持山区因地制宜建设“五小水利”工程，开展西北干旱地区和西南红层缺水地区找水工作。继续实施农村电网改造升级、低电压治理工程，加强农业用电保障。西部地区农业仓储加工和无害化处理等设施薄弱，制约其农业现代化发展，要实施粮食收储供应安全保障工程，支持种粮大户等新型经营主体建设自然通风仓、烘干设备、烘储仓、冷藏库、保鲜库等初加工设施，支持农民建设小型粮食仓储设施，建设一批高标准牲畜圈舍、储草库棚、青贮窖池、粪污处理和病死禽畜无害化处理基础设施，完善农产品流通骨干网络及服务功能，引导社会资本参与农村公益性基础设施建设、管护和运营。西部地区机械化程度低严重影响农业现代化发展效率，西部地区农业投入不足，资金匮乏，受其地理条件约束，导致其机械化程度低，农业现代物质装备水平低。要提高西部地区农业机械化普及率，提高农业发展效率。现代农业产业体系是以农业基础设施为支撑，以先进科技水平为驾驭。所以，西部地区应当加大对科技进步方面的投入。在农业科技推广服务方面，应当加大公益性科技服务，提升基层农技推广人员的文化水平和综合素质，使其能够满足西部农业生产主体的服务需求，促使西部地区科技服务形式多样化。西部农业信息化水平和农业产值息息相关，农业信息化水平是农业现代化水平的重要影响因素。西部地区农业生产经营受其地理环境、气候条件和自然资源影响，所以其农业信息化程度较低。加大农业信息网络基础建设力度，建立传统媒体与现代信息网络结合的信息服务网络，推动信息进村入户工程，加强农业信息化标准，建设信息采集系统和基础数据库，尤其是农产品供求、菜篮子产品价格、农村经济等方面的基础数据库。大力开发农业信息资源，加大对信息源的整合，为农民提供实用信息。

11.2.2.2 提升农业现代化水平

西部地区农业生产地域广阔，农业生产力水平低。因为资源禀赋、农业及人力资本方面均不具优势，现代农业生产发展的任务尤为艰巨，农业现代化水平较东西部偏低。西部地区需要严守耕地保护，转变发展方式。发挥西部地区光热水土独特资源优势，科学定位农业地区、林区山区、草原牧区产业发展方向，优化特色农业结构布局，推进现代农业示范区建设。

（1）大力发展种植业。西部地区种植业内部结构不合理，粮食种植比重大、经济类作物比重小，农业产业链有待延伸，农产品加工业还有待发展。西部地区各区域特色农业产业发展不够充分，优势农产品品牌建设和基地建设有待加强。加快国家玉米、水稻制种基地建设，重点培育西南水稻产业带、油菜产业带，西北和西南马铃薯产业带，广西和云南甘蔗产业带、天然橡胶产业带，西北优质酿酒葡萄产业带。调整优化棉花种植结构，建设新疆优质棉基地。积极创建特色农产品优势区，按照“一地一类、一县一品”的思路，大力发展具有地理标志和地域独特性的杂粮、果蔬、茶叶、油料、特色经济林、中药材、家禽、草食畜牧业和特色渔业等产业，建设一批高原夏菜等特色优势农产品示范基地。林区山区以及农林、农牧交错区着力发展生态友好型农业，推行种养结合等模式，加快发展粮果复合、果茶复合、林下经济等立体高效农业。

（2）大力发展生态养殖业。养殖产业作为现代农业的重要组成部分，在西部现代农业发展进程中具有重要作用。未来西部发展养殖产业应以畜牧业、畜禽业、水产业为重点，因地制宜，重点布局。首先，在新疆天山北坡、伊犁河谷、哈密等地区，四川甘孜、阿坝、凉山等自治州，内蒙古适宜地区大力建设牛奶产业带、优质牛羊肉产业带、优质细毛羊产业带。在西藏牧业县重点发展牦牛、奶牛、藏绵羊产业带；其次，在西部适宜地区有重点地发展“基地企业农户”模式的畜禽养殖业，实施点、线、面相互交叉的布局方式，灵活发展畜禽养殖业；再次，在西部水资源比较丰富的地区，尤其是成都平原、北部湾地区发展特色水产养殖业。北部湾地区可以凭借濒海优势，大力发展蓝色产业。在草原牧区着力发展舍饲半舍饲和传统地方特色草食畜牧业，支持不同类型草原地区开展现代牧业示范区建设。在西南石漠化区、西北生态严重退化地区开展耕地轮作休耕制度试点，统筹粮经饲，探索农牧结合、种养结合等模式，大力推广牧区繁育、农区育肥等耦合发展方式。研究开展“北牧南移”，促进国内畜产品供应基本平衡。

（3）因地制宜发展都市农业。围绕工业化农业、观光农业、家庭体验式农业，加快建设西部地区各城市的现代农业产业体系，借助大数据打造农副产品电子商务平台，完善营销服务网络体系，有效提升农产品转化率，促进都市农业转型升级。充分发挥城市的资金、技术、人才等多方资源优势，走高端品种、高端品质、高端品牌三位一体的高端发展之路，积极发展创意农业、立体农业，培育健康养生、休闲观光、绿色有机农产品、高档花木等特色都市精品农业。谋划一批集种植、加工、观光、休闲、研发为一体的现代都市农业示范区。支持企业通过标准化生产和原产地保护认证，生产高品质、高科技含量、高附加值的农产品，形成品牌。

（4）推进农村一、二、三产业融合发展。目前西部地区农村三大产业融合发展取得了一定成效，但总体来看西部地区农村三大产业之间的融合程度还比较低，融合链条短，附加值低，利益联结机制不健全，农业的多种功能开发不足。大力发展农产品加工业。发挥农产品资源丰富的优势，积极引进龙头企业和产业资本，承接发展农产品加工业、生态农业和旅游观光农业。推进农业结构调整和发展方式转变，加快农业科技进步，完善农产品市场流通体系，提升产业化经营水平。拓展农业多种功能，推进农业与旅游休闲、教育文化、健康养生等深度融合，因地制宜发展观光农业、体验农业、创意农业等新业态。加快发展都市现代农业。开展农村一、二、三产业融合发展示范创建工作，围绕产业融合的模式开展探索，在主体培育和政策创新等方面开展示范。在产业融合中，通过订单协作、股份合作和产销联动等模式，使新型农业经营主体与普通农户之间形成风险共担、互惠共赢的利益共同体，促进农民增收，激活农村要素资源，增加农民财产性收入。

11.2.3 加快推进新型工业化

11.2.3.1 推动传统工业转型升级

西部地区产业过剩严重地影响传统产业的转型升级，导致产能过剩和工业结构不协调，传统产业升级步伐缓慢，这成为西部地区城市化发展质量提升面临的突出问题。因此，西部地区要严控新增产能，确保完成钢铁、煤炭去产能目标任务。优化煤炭生产和消费结构，积极推进煤炭分级分质利用，稳步发展清洁高效煤电。西部地区工业中循环高效和低碳清洁型等新兴产业发展规模普遍偏小，GDP 能耗大，能源资源开发不合理，发展速度缓慢，需要合理推动油气资源开发，建设塔里木盆地、准噶尔盆地、鄂尔多斯盆地等油气生产基地。加大页岩气、煤层气勘探开发力度。加快可再生能源开发利用，以西南水电基地为重点积极开发水电，重点建设新疆、酒泉、蒙西和蒙东四大风电基地，加快发展太阳能发电，大力推广分布式光伏发电系统，开展甘肃、宁夏、内蒙古新能源综合示范区建设。

西部地区产业大多处于价值链中低端，产品产业链延伸不够，生产技术水平不高，企业核心竞争力不足，产业转型升级平台建设有待加强。西部地区要推动资源深加工，加强有色金属、战略性新兴矿产、盐湖等资源的勘探开发、冶炼分离、精深加工和综合利用。构建新型制造业体系，加快西部地区制造业绿色改造升级。促进产业互动协作，推动实施“互联网 +”协同制造行动，实施西部地区传统产业数字化、网络化、智能化技术改造。在西部有条件的老工业基地设立产业转型升级示范区和示范园区。[1]

11.2.3.2 培育和壮大战略性新兴产业

由于西部地区自主创新能力不强，科技支撑力度不足，科研能力和水平较差，高新技术开发区数量较少，开发质量偏低，带动作用不强，导致西部地区新兴产业普遍落后于东中部地区。西部地区需要发挥国家级经济技术开发区、高新技术产业开发区的示范带动作用，承接发展电子信息、生物、航空航天、新材料、新能源等战略性新兴产业。鼓励有条件的地方加强与东部沿海地区创

[1] 国务院．西部大开发“十三五”规划［R］．2017（6）．

新要素对接，大力发展总部经济和研发中心，支持建立高新技术产业化基地和产业“孵化园”，促进创新成果转化。

西部地区以大数据产业和信息技术产业为代表的新兴产业虽然发展速度快，但产业规模较小，大部分智能终端产品制造属于劳动密集型产业，附加值不高，辐射带动能力不强。需要培育符合西部地区的新一代信息技术，形成新的主导产业，引导和支持有条件的地区发展大数据产业，开展云计算应用示范。支持四川、重庆、陕西、贵州等地区电子信息产业集聚发展，研究在有条件的地区建设中外创新产业合作平台。西部地区新兴产业区域合作不够深入，与周边地区合作机制不成熟，双边多边合作协议落实推进缓慢，承接产业、资金、技术转移不充分。西部地区要深化区域合作，促进区域间战略性新兴产业协调发展。鼓励东部地区软件和信息技术公共服务平台、园区与西部地区加强协同合作，支持发展多语种软件和信息技术服务业，积极发展地理信息产业，加强地理信息资源开发利用，支持西部地理信息科技园建设，打造西部地理信息产业应用示范基地，推动国防和民用领域先进技术双向转移转化，促进军民两用技术产业化发展，培育形成新的经济增长点。[1]

11.2.3.3　促进信息化与产业融合发展

进一步实施“互联网+”行动计划，推动移动互联网、云计算、大数据、物联网等与现代制造、能源、金融、交通等重点领域融合。以人工智能、3D打印等信息技术为依托，构建先进高端制造业体系。推进智慧城市建设，提升基础设施智能化、公共服务便捷化、城市管理精细化水平。加强重庆、昆明等国家级两化融合试验区建设，推动西部地区电子商务示范城市建设，开展电子商务进农村综合示范试点。

11.2.4　积极发展现代服务业

服务业在推动经济发展、解决就业问题、完善城市功能、提升居民生活水平等方面具有突出的作用，然而西部地区服务业增加值占比低，服务业内部结构中传统服务业仍然占主导，现代服务业的发展水平仍然有待提高，与其他产业融合不足。西部地区应当适应新型工业化和居民消费结构升级的新形势，大

---

[1] 国务院. 西部大开发“十三五”规划 [R]. 2017 (6).

力承接发展商贸、物流、文化、旅游等产业。积极培育软件及信息服务、研发设计、质量检验、科技成果转化等生产性服务企业，发展相关产业的销售、财务、商务策划中心，推动服务业与制造业有机融合、互动发展。依托服务外包示范城市及省会等中心城市，承接国际服务外包，培育和建立服务贸易基地。

西部物流业发展较快，但从总体上看，还不能很好地适应全面建成小康社会的需要，物流不畅、效益不高，与东中部和国际先进水平相比，尚有很大差距，物流社会化服务体系亟待加强，物流服务领域改革和管理相对滞后，社会信息化水平较低。西部地区需要加大现代物流服务体系建设，大力推进“互联网+”高效物流发展，发挥商业功能区和流通节点城市功能，打造高效便捷的西部物流大通道，进一步提高流通效率，降低流通成本。

为更好满足西部地区人民生活需要，提升其城市化发展水平，需要加快发展家政、养老、健康等生活性服务业，加快发展高技术服务业和生产性服务业，积极培育工业设计、建筑设计、工程设计、数据挖掘、会计审计、管理咨询、会展商贸、人力资源服务等专业服务业，鼓励国内外知名科技服务机构在西部地区设立分支机构或开展业务合作。

11.2.5 大力推动旅游产业发展

西部地区作为中国文化的发源地，文化资源极其丰富，且特色鲜明。然而近些年来的发展却不尽如人意，发展程度远远落后于中东部地区。交通信息等基础条件落后，文化消费层次水平较低，政策扶持力度欠缺，文化资源开发利用程度不高。推动出版发行、影视制作等传统文化产业转型升级，实施特色文化产业发展工程，大力发展具有地方和民族特色的文化创意、网络视听、移动多媒体、数字出版、动漫游戏产业，规划建设一批具有民族特色的文化产业基地。旅游业已经成为西部地区具有明显竞争优势的产业之一，已经成为支撑西部经济快速增长的重要力量。然而，西部地区旅游产业开发程度低，国际影响力有待加强，政府引导与支持力度不够。

11.2.5.1 加强景区景点建设

加快旅游业改革发展，鼓励多元资本进入旅游市场，优化旅游发展软硬环境，推进旅游配套设施建设。重点打造丝绸之路、长江沿线、大香格里拉、大年保玉则、青藏铁路沿线等旅游带，加快培育黄河文化、沙漠探险旅游带，以及新疆、西藏、内蒙古、宁夏旅游目的地和武陵山、大巴山旅游区。加快敦煌国际文化旅游名城和国际旅游港建设。

11.2.5.2　着力打造旅游线路

西部地区的旅游产品相对不多，可以打造一些跨区域的精品旅游线路，例如在西北地区的宁蒙陕甘 12 个城市推出平凉—庆阳—固原—中卫—武威—敦煌—额济纳旗—阿拉善盟—银川的丝绸之路探秘游；咸阳（汉阳陵）—宝鸡（乾陵）—延安（黄帝陵）—榆林（统万城）—鄂尔多斯（成吉思汗陵）—银川（西夏陵）的西部帝陵游；宝鸡（太白山）—平凉（崆峒山）—庆阳（子午岭）—固原（六盘山）—银川（贺兰山）的山水绿色生态游；鄂尔多斯（成吉思汗陵）—银川（中华回乡文化园）—阿拉善盟（通湖草原）—吴忠（回乡民俗）的民俗风情游等多条精品旅游产品线路，力争形成品牌旅游产品链和产业链。[1]

11.2.5.3　加强旅游目的地建设

建设国际旅游目的地城市。将旅游业相对发达的西部地区中心城市，建设成为国际旅游目的地城市，形成西部地区旅游发展战略支点，以点带面推动区域旅游发展。目前，西安、重庆、成都、拉萨、昆明、贵阳、桂林、敦煌等城市均已提出建设国际或世界旅游城市，要着力提高这些城市的旅游服务功能，增强其旅游辐射力和影响力。建设区域性国际旅游目的地。以优质旅游资源、完整地域文化为单元，跨区打造特色旅游功能区，构建区域旅游发展增长极。西部地区有条件建成区域性国际旅游目的地的有：塔里木河沙漠文化旅游区、香格里拉民族文化旅游区、中原文化旅游区、北部湾海洋文化旅游区、武陵山生态文化旅游区、长江三峡山水人文旅游区、秦巴山区生态文化旅游区。建设地区特色旅游目的地。即以地区某一特色旅游资源为单元建设成为旅游目的地。如青海青海湖、云南泸沽湖泊旅游目的地，重庆黔江、云南西双版纳民族风情旅游目的地，内蒙古呼伦贝尔、新疆那拉提草原旅游目的地以及沙漠、森林、海岛等旅游目的地。

---

[1] 宁蒙陕甘毗邻地区 12 城市关于进一步加强旅游合作联合打造特色旅游线路合作协议［N］. 宁夏日报，2010.

11.2.5.4 加强旅游基础设施建设

建设互联互通的三级旅游通道，包括国际旅游通道、国内旅游通道和内部旅游通道。其中：国际旅游通道重点建设对外交通枢纽，包括西部大开发最前沿的新疆、内蒙古、广西、云南等沿边交通枢纽以及成都、重庆、西安等内陆对外交通枢纽；进一步推进铁路建设以及航空、航运等设施、线路建设；推进渝新欧、蓉新欧等中欧班列，开行中欧旅游专列，广西等开辟国际邮轮航线，开辟及加密与“一带一路”国家的航空航线，形成多方向、多方式的立体国际旅游通道。国内旅游通道重点打通西部各省市区之间以及西部与中部、东部的交通通道，形成便捷的国内旅游通道网络。内部旅游通道重点畅通各省市区旅游集散中心与景区景点及其各景区景点的交通通道，提高地区旅游畅通程度和通达深度。建设互联互通旅游集散体系。依托不同层级、不同运输方式的交通枢纽，建设多层次、高效、便捷的游客集散中心体系。建立西部旅游信息平台，搭建西部旅游公共服务信息系统，形成西部旅游信息共享机制。同时，推动西部旅游信息平台对接“一带一路”沿线国家的相关信息平台，实现旅游信息国内外联通。

11.2.6 加快发展文化产业

围绕把文化产业培育成为西部地区国民经济支柱性产业的目标，以多彩西部民族特色文化为内涵，大力发展民族演艺、音乐、工艺、节庆、出版、广播影视、会展等特色文化产业，壮大提升文化艺术、广播影视、新闻出版、休闲娱乐等传统文化产业，培育扶持数字出版印刷、绿色印刷、互联网新媒体、三网融合、动漫游戏等新兴文化产业，推动出版发行、影视制作、工艺美术等传统产业转型升级，构建西部地区现代文化产业体系。推进西部地区文化业态创新，大力发展创意文化产业，促进文化与科技、信息、旅游、体育、金融等产业融合发展。搭建西部地区文化产业创意创新、投资融资、展示交易、产业联盟等发展平台，推动文化企业兼并重组，扶持中小微文化企业发展，在西部地区培育打造一批优强文化企业集团。推进文化产业与科技、金融、信息、制造业等深度融合。深化文化体制改革，建立健全现代文化市场体系，不断扩大西部地区文化领域对外开放水平。

11.3　加快西部地区城市基础设施建设，提升空间城市化质量

城市基础设施是西部地区城市化发展进程中必要的设施保障，对城市基础加大投资可以扩大劳动就业，吸引农民进城，促进西部地区城市经济的快速增长，增强对西部地区发展的战略支撑力。

11.3.1　加大交通基础设施建设

11.3.1.1　加大铁路路网密度和提升干线等级

与东部地区相比较，从整体来看，西部地区的铁路路网密度和干线等级还有一定的差距，在未来几年的发展中，需要重点加强建设。从全国铁路建设的层面将西部地区铁路作为重点建设地区，加快推进枢纽站场、城际铁路、高速铁路、干线铁路等建设和扩能改造，谋划贯通乌鲁木齐至徐州高速铁路等一批重大铁路项目。要加快建设区域国土开发性铁路，主要做好区域内部网络的完善、增加路网覆盖面，改造和建设一批铁路运输枢纽。实施沟通东中部的陆桥通道、沿江通道、沪昆通道、西南出海通道工程，联通南北方的西部南北通道、蒙华煤运通道工程，联系国内外的联通工程，开发新线工程、既有线路扩能改造和运输枢纽等工程。陕西省重点打造成为西部地区交通枢纽省份。在提升干线等级的建设方面，需重点建设交通干线和加强支撑资源开发、旅游和产业发展的重要公路铁路干线建设，完善区域干线铁路网。

11.3.1.2　增强公路网络联通畅达能力

西部地区公路网络也需要提升和加强。加快建设区际省际高速公路通道、综合交通枢纽，基本实现城镇人口20万以上城市及地级行政中心通高速公路、具备条件的乡镇和建制村通硬化路。积极落实好《国家公路网规划（2013—2030年）》，构建好西部地区普通国道和国家高速公路两个路网层次的首都放

射线、北南纵线、东西横线建设。[1] 统筹推进西部地区高速公路建设，消除省份间的“断头路”，在科学论证和规划的基础上，建设必要的地方高速公路，作为国家高速公路网的延伸和补充。提高国省道干线公路技术等级和安全服务水平，加快县乡联通路、资源开发路、旅游景区路、山区扶贫路等建设。

11.3.1.3 加快民用航空发展

西部地区民用航空是我国航空业的重要力量。但是由于过去多年，国家对西部地区基础设施投入不是很高，资源配置不是很均衡，因此，在未来需要加大对西部地区民用航空的基础设施建设。首先，要加强对西部地区枢纽机场的扩容改造，比如在成都、昆明、重庆、西安、乌鲁木齐等地市重点建设机场国际枢纽。同时，在呼和浩特、南宁、贵阳、拉萨、兰州、西宁、银川等城市巩固和培育形成各具特色的区域枢纽机场。在与“一带一路”沿线国家接邻城市和地区推进建设互联互通国际航线建设。其次，积极打造西部地区向东部地区空中大通道。适当加密国内航班，增加西部地区的机场数量。从西部地区旅游城市的特点出发，增加西部主要城市向东航线。重点实施提升西南、西北机场群的建设。再次，需要大力建设西部地区通用机场网络，鼓励非枢纽机场增加通用航空设施，初步形成覆盖西部地区的通用航空机场网络。在西部地区可以设计年旅客吞吐量1000万人次以上的枢纽机场周边建设通用机场；制定相关地区优惠政策，在西部偏远地区、地面交通不便地区建设通用机场，开展短途运输，改善交通运输条件。根据相关行业的需求，重点考虑工农林作业、空中浏览、飞行培训、抢险救灾、医疗救护等对通用机场的需求，发展短途航空。抢抓国家实施重大战略机遇，谋划发展一批民族重点项目，新疆可依托建设丝绸之路经济带通道，建设沿边开发开放通道，打通中巴经济走廊通道，谋划建设民用机场。

11.3.1.4 强化综合交通运输网络支撑

虽然西部地区交通运输网络形成了较相对的公路网、铁路网、航空网、水运网等，但是存在功能交织、网络衔接不畅等问题，阻碍了运输网络整体效能的发挥，需要完善西部地区城市群之间综合交通运输网络。依托国家“五纵五横”综合运输大通道，加快西部城市群对外交通骨干网络建设，形成以铁

[1] 国家发展和改革委员会. 国家公路网规划（2013—2030年）[R]. 2013.

路、高速公路为骨干，以普通国省道为基础，与民航、水路和管道共同组成的连接东西、纵贯南北的综合交通运输网络。需要构建西部地区城市群内部综合交通运输网络。推进快速铁路、高速公路建设，逐步形成城市群内快速交通运输网络；建设以机场、公路客运站、铁路等为主的综合客运枢纽，以铁路、机场、港口、公路货运场站等为主的综合货运枢纽；完善配送与集疏运系统的建设，实现货运无缝衔接和客运“零距离”换乘；加强中小城市和小城镇与交通干线、交通枢纽城市连接，加快国省干线公路升级改造，提高中小城市和小城镇公路技术等级、通行能力和铁路覆盖率。着力提升西北地区的战略屏障地位，打造我国向西开放的重要门户、全国重要的能源基础、运输通道和丝绸之路经济带核心区。加强西北地区的丝绸之路经济带交通枢纽中心建设，打造多个国家能源资源运输的战略支点，构建新疆、内蒙古、甘肃、陕西等现代综合交通运输体系，建成丝绸之路经济带北通道、丝绸之路经济带中通道、丝绸之路经济带南通道、中巴经济走廊通道、沿边开发开放战略通道五大通道；加快乌鲁木齐枢纽、喀什枢纽和霍果尔斯—伊宁枢纽三大枢纽建设；完善区域干线交通网络、综合交通衔接网络和城乡基础交通网络三个网格，着力推进口岸运输便利化系统、客运与物流服务系统和安全与应急保障系统三个系统建设。[1]实行公共交通优先，加快发展城市轨道交通、快速公交等大容量公共交通，鼓励绿色出行。强化中心城区与对外干线公路快速联系，畅通城市内外交通。加强城市主干道路和网络建设，提高道路通行率。

11.3.2　改造提升水利基础设施

西部地区在发展水利上最根本的矛盾是水土资源配合的不合理和不平衡，主要表现在西北地区水少地多而西南地区水多地少。由于多年政策、投入和管理模式等方面不合理造成水利工程基础薄弱、水资源利用水平低等问题。未来，西部地区各省市区要在改造提升和加强管理水利基础设施等方面加大力度。要加强重大水利工程建设，加快推进在建水利工程建设进度。实施农村饮水安全巩固提升工程等惠及民生的水利工程。积极开展小水窖、小水池、小塘坝、小泵站、小水渠等“五小水利”工程等建设，加强大中型灌区续建配套和节水改造和大中型灌排泵站更新改造。开展节水灌溉饲草料地建设，稳步发

[1] 新疆维吾尔自治区人民政府. 新疆综合交通运输“十三五”发展规划［R］. 2016.

展牧区水利。通过推进小型水利设施和中小河流治理和建设，加强病险水库（水闸）除险加固等。加强对大江大河及其主要支流的治理。加快推进贵州马岭水利枢纽和黄家湾水利枢纽等建设；加快推进沿江农业产业提水工程，解决重点产业区（基地）和城镇（乡）用水需求。❶ 加快推进广西大藤峡水利枢纽、落久水利枢纽等骨干水利枢纽建设；加快推进洋溪水利枢纽前期工作进度。进一步完善宁夏的防洪减灾体系建设，加强黄河干流及清水河综合治理，全力推进黄河大柳树枢纽工程建设。❷

11.3.3 加强航道和沿海港口建设

河流航道和港口也是西部地区城市重要的基础设施之一。与中东部地区相比，多年来国家在西部地区河流航道和沿海港口的建设投入上有一定差距。西部地区应抓住国家正在实施西部大开发、加大对西部地区基础设施建设投入的有利时机，进一步优化河流航道和沿海港口的规划布局，积极申报项目，加大对西部地区城市基础设施的投入。一是要全面加快建设西部地区航道和重要支线航道的治理，继续实施西江航运干线及红水河等重要支线扩能工程，加快实施乌江构皮滩等枢纽通航设施建设，推进右江百色、红水河龙滩等水利水电枢纽通航设施建设，打通云南经西江出海通道和贵州经西江、长江出海通道。二是要促进内河港口航运中心建设。以重庆港、泸州港、宜宾港等一批港口为重点积极发展多式联运。结合西部地区重点产业布局，加强公用码头、航道和锚地建设。加快既有港区结构调整和专业化改造，有序推进新港区开发建设。积极推进对宜宾至水富段航道整治工程研究论证。重点实施长江上游航道建设、西江航运扩能、内河港口建设和北部湾港口建设。

11.3.4 加快能源基础设施建设

西部地区自然矿产资源丰富，是我国能源主产区之一。同时，西部地区具有大量的资源型城市，对国家安全和经济发展都有着非常重要的影响。对能源生产、开发是吸引外来资金进行西部大开发，促进城市化发展质量提高的动力

❶ 广西壮族自治区人民政府．广西水利发展十三五规划［R］．2016.

❷ 宁夏回族自治区人民政府．宁夏水利发展十三五规划［R］．2016.

之一。目前，我国石油、天然气、煤炭等矿产资源大量需要进口，因此，西部地区对能源基础设施的建设已经刻不容缓。西部地区要积极推进中哈、中俄等国际油气管道建设，完善以西气东输、川气东送和陕京线为主的天然气骨干管网。加快推进天然气支线管网建设，优化站点布局，完善城市燃气管网和调峰储备体系。增加资源产地油气供给规模。继续加大西电东送力度，稳步推进水电、风电基地和现代大型煤电基地外送电通道建设。加快推进内蒙古锡盟—山东、蒙西—天津南、上海庙—山东、锡盟—泰州、扎鲁特—山东、元宝山—河北输电通道建设；加快推进陕西省榆横—潍坊、陕北（神府、延安）—湖北、陕北神木—河北南网扩建；加快推进宁夏回族自治区宁东—浙江、新疆准东—华东、甘肃酒泉—湖南输电通道建设；加快推进四川省水电送出第四回特高压、川渝第三通道输电通道建设；加快推进广西壮族自治区金中直流输电通道，以及云南省永仁—富宁、鲁西背靠背、滇西北—广东、白鹤滩至华中华东输电通道建设；加快推进贵州省和重庆市毕节—重庆输电通道建设。统筹水电开发与生态保护。坚持生态优先，以重要流域龙头水电站建设为重点，科学开发西南水电资源。继续在西部地区推进风电、光伏发展，积极支持光热发电。[1] 优化建设国家综合能源基础，大力推进煤炭清洁高效利用，优化西部地区煤炭开发，鼓励采用新技术发展煤电。构建西部地区现代能源储运网络，统筹推进煤电油气多种能源输送方式发展，加强能源储备和调峰设施建设。加快建设西部地区陆路进口油气战略通道。积极构建西部地区智慧能源系统，加快智能电网建设，推进能源与信息等领域技术深度融合，统筹能源与交通、通信等基础设施网络建设，构建协调发展、集成互补的能源互联网。推动川藏联网，研究滇藏联网。加强农村电网改造升级，提升农网供电可靠性和供电能力。

11.3.5 加快信息基础设施建设

信息化是城市化发展质量高的重要标志，尽管西部地区城市信息化建设已经取得了较大的进步，但受制于其自然地理条件，存在建设投资大、回收周期长等问题，与中东部地区相比有较大差距。为了适应国家实施新一轮西部大开发战略对西部地区信息基础设施的需求，以及提升西部地区城市化发展质量水平的需要，结合党的十九大报告提出的加强信息基础设施网络建设的要求，西

---

[1] 国务院. 西部大开发“十三五”规划［R］. 2017（6）.

部地区要加快推进“宽带中国”战略。加快推进光纤网络建设，积极推进5G网络建设，促进宽带网络优化升级，提升西部地区网络覆盖水平和质量。深入推进普遍电信服务，提升其宽带速率，力争城镇宽带全覆盖、重要交通沿线通信信号基本覆盖。推进与周边国家信息通信设施互联互通，加快建设中国—东盟信息港。结合大数据战略，积极谋划新一代信息基础设施建设，充分发挥信息基础设施推动西部地区经济转型升级的作用。积极推进贵州打造成为全国信息交换枢纽和信息存储中心，逐步成为全国重要的“信息港”；加大中国南方数据中心基地的建设，将贵州构建成全国信息交换枢纽。继续完善云南面向国际的陆海光纤，完善重庆、成都等骨干节点。实施城市宽带提速工程，持续推进城镇光纤到户，提升宽带用户普及水平及接入能力，加快第五代移动通信（5G）网络建设，推进成都等下一代物联网示范城市群建设。

11.4 加快西部地区城市绿色低碳发展，提升城市生态环境质量

生态安全是西部地区城市化发展质量提升的保障。西部地区是我国大江大河的主要发源地和黄河、长江经济带的重要生态屏障，其生态环境质量直接关系到国家生态经济安全和社会的可持续发展。尽管实施了新一轮退耕还林还草工程、三江源生态保护、西南石漠化治理等重大生态工程，西部地区国家生态安全屏障得以巩固，但是，西部地区在生态安全保障方面仍然存在不足，下一步仍应牢固树立尊重自然、顺应自然、保护自然的理念，落实全国主体功能区战略，加大对自然生态系统和环境保护力度，全面促进资源节约利用，大力推进绿色发展、循环发展、低碳发展和永续发展，加强中小河流的环境保护，加快建设绿色生态廊道。

11.4.1 加快西部地区生态建设

11.4.1.1 加快生态修复与保护

长期以来，西部地区通过自然资源开发，有力地支持了当地的经济发展，但却不同程度地破坏了当地的生态环境，面临着沙土流失、沙漠化、草场退化

及严重的自然灾害等问题。恶劣的生态环境制约了西部地区城市化发展质量的提升，也威胁到国家的生态安全。因此，西部地区的生态环境亟待加快修复，需要谋划或者加快实施一些重大项目和工程，继续实施新一轮退耕还林还草工程、退牧还草工程、天然林保护工程、自然保护区体系建设工程、湿地保护和恢复工程、石漠化治理工程、水土保持工程、濒危野生动植物抢救性保护工程、生态环境综合治理工程、农牧交错带已垦草原治理工程等。[1] 同时，需要继续巩固和发展重点生态工程建设成果，将扶贫开发和生态移民相结合，保障重点生态脆弱区建设的顺利进行。继续推进天然林保护、“三北”防护林等防护林体系建设。稳步推进生态移民，加强安置地生产生活条件建设。通过固坡、复土、造林，修复因自然灾害、大型建设破损的山体和矿山废弃地。继续加强农田林网营造和村镇绿化建设，提高农区和绿洲防护林体系综合防护功能。推进天然林保护二期项目，全面禁止国有生态林采伐，停止集体和个人天然林商业性购买，推进深远山林业职工搬迁和林场撤并调整工程。加快建设河西走廊、天山北坡谷地、南疆河谷荒漠绿洲防风固沙林和黄土高原保水固土林，横断山脉水源涵养林以及长江、珠江上游防护林。在西南岩溶石漠化地区、干热河谷地区封山育林，在西北地区和内蒙古开展工程固沙治沙和封禁保护，推进三北防护林体系建设。在长江、珠江等大江大河上游建设国家木材战略储备基地。加快川西藏区生态保护与建设等工程。加强南疆等地区盐碱地治理。强化国家级自然保护区、风景名胜区等保护地保护管理，新建一批国家级自然保护区、省级自然保护区。

11.4.1.2 加强重点生态区综合治理

西部地区地域辽阔，生态环境的区域差异巨大，需要针对区域特点开展科学有效的生态综合治理。根据国家生态地理区划以及西部地区生态地理特征，将西部重点生态区划分为西北草原荒漠化防治区、黄土高原水土保持区、青藏高原江河水源涵养区、西南石漠化防治区、重要森林生态功能区五个重点生态区。西南地区石漠化和生物多样性降低问题突出，西北地区草原荒漠化和土壤盐渍化问题严重，青藏高原地区冰川和湿地面积萎缩、草地退化和生物多样性降低问题明显，黄土高原地区植被破坏、水土流失问题严峻。生态环境脆弱降低了西部地区生态环境承载能力，加剧了自然灾害危害程度，抑制了经济的发

---

[1] 国务院. 西部大开发“十三五”规划［R］. 2017（6）.

展，制约了西部地区城市化发展质量的持续提升。西北草原荒漠化防治区重点对退化草地、防沙治沙进行治理和恢复。实行草灌乔相结合，宜草则草，宜林则林，宜荒则荒，防治土地沙化。合理分配河流上、中、下游水资源，严格控制地下水开采。积极发展高效节水农业，大力实施大中型灌区续建配套与节水改造，降低农业用水比重，增加生态用水量。黄土高原水土保持区以减少泥沙入黄为主要目标，兼顾土壤次生盐碱化和土壤沙化治理，重点以小流域为单元，支流为骨架，集中连片、规模治理。青藏高原江河水源涵养区重点以保护草原、湿地、湖泊、森林、生物多样性为重点，继续实施西藏生态安全屏障保护与建设、青海湖流域生态保护和综合治理、甘南黄河重要水源补给区生态保护和建设等工程，全力推进青海三江源国家生态保护综合试验区建设、川西藏区生态保护建设。西南石漠化防治区以扩大林草植被、遏制石漠化、减少坡耕地水土流失为重点。重要森林生态功能区以保护生物物种、基因和生态系统的多样性、涵养水源为重点，继续实施天然林资源保护、防护林体系建设、湿地保护、水土流失综合治理、自然保护区建设等工程。

11.4.2 加强西部地区环境保护

11.4.2.1 全面开展大气污染防治

随着西部地区经济的高速发展，大气污染问题也日益加重。西部地区的平均二氧化硫、有机氟化物、氮氧化物及颗粒粉尘碳排放量等大气污染物排放量高于我国东中部地区。其中主要以煤烟型污染最为严重，其次汽车、轮船等尾气排放也是加重大气污染的主要因素。再者，大量颗粒物、粉尘等的污染也不应忽视。[1] 由于二氧化硫和烟尘等过度排放，酸雨在西部地区城市中时有发生。西部是我国主要江河的上游，也是生态环境的屏障，解决西部大气污染问题不仅关系到西部的发展，而且关系到大江大河的治理，关系到全国的生态建设，也关系到西部地区城市化发展质量的提升。西部地区全面开展大气污染防治迫在眉睫。大力实施大气污染防治行动计划，加大工业废气治理力度，削减二氧化硫、氮氧化物等大气污染物的排放总量。对所有燃煤发电机组进行脱硫、脱硝和除尘设施改造，鼓励燃煤发电机组采用超低排放技术，实施钢铁、

[1] 董勇刚. 大气污染及其防治措施探讨［J］. 环境与发展，2018，30（9）：44－45.

水泥、平板玻璃等行业脱硫脱硝工程。全面整治燃煤小锅炉，加快淘汰燃煤小锅炉，推广应用高效节能环保型锅炉。加强城市机动车尾气污染防治，逐步供应符合国家第五阶段标准的车用汽、柴油。推广使用清洁能源公交车，倡导绿色出行。建立健全城市扬尘污染防治机制。

11.4.2.2　加强水污染防治

西部地区水体污染是已然存在的严重水环境问题，如岷江、渭河等河流污染严重，解决水污染问题已是一个不容忽视的问题。西部地区极需实施水污染防治行动计划，开展水污染治理试点，严格控制水体化学需氧量、氨氮、磷污染排放总量，着力改善水环境质量。实施磷化工、煤化工、电镀、食品加工、制药等重点行业污染专项治理，加强工业集聚区水污染治理和城镇污水处理厂及配套管网建设。大力实施水生态系统保护与修护工程，恢复与改善重要河流、湖库、湿地和城镇水环境、水生态状况。实行最严格的饮用水源保护区管理制度，确保城乡居民饮水安全。开展地下水污染普查和防治。[1]

11.4.2.3　积极开展土壤污染防治

西部地区是我国土壤污染最严重的地区之一，与早已展开的空气和水污染治理相比，土壤治污还在起步阶段。因此，积极开展土壤污染防治行动，强化未污染土壤保护，加强污染源监管，严控新增土壤污染。实施土壤防治，开展土壤治理与修复。以耕地和建设用地治理为重点，实施土壤污染防治行动计划和耕地质量保护与提升行动计划，建立健全土壤污染防治标准体系和土壤污染与修复“污染者付费”制度，加强面源污染防治，推动绿色化生产。开展土壤环境质量普查，建立土壤环境质量监测网络和信息平台。开展土壤环境质量等级管理，实施土壤重金属污染治理工程，建立严格的耕地和集中式饮用水水源地土壤环境保护制度，全社会土壤环境保护意识不断提升。加强对矿山、油田等矿产资源开采活动影响区域内未利用地的环境监管，严控工矿污染。[2] 严防矿产资源开发污染土壤，推进土壤污染防治立法，建立健全法规标准体系。全面强化监管执法。重点监测土壤中镉、汞、砷、铅、铬等重金属和多环芳烃、石油烃等有机污染物，重点监管有色金属矿采选、有色金属冶炼、石油开

---

[1] 贵州省人民政府．国民经济和社会发展第十三个五年规划纲要［R］．2016（2）．

[2] 宁夏回族自治区党委，人民政府．关于推进生态立区战略的实施意见［R］．2018（2）．

采、石油加工、化工、焦化、电镀、制革等行业。

11.4.2.4 强化固体废弃物污染防治

随着西部地区城市人口的增加和经济社会的迅猛发展，在城市中日益堆积的固体废弃物及生活垃圾将会带来严重的水体、土壤和大气污染。因此，对固体废弃物污染的防治也是提高西部地区城市化发展质量题中应有之义。根据《中共中央国务院关于全面加强生态环境保护坚决打好污染防治攻坚战的意见》，西部地区和全国其他地区一样，要全面禁止洋垃圾，严厉打击走私，大幅减少固体废物进口种类和数量。开展“无废城市”试点，推动固体废物资源化利用。[1] 调查、评估重点工业行业危险废物产生、贮存、利用、处置情况。完善危险废物经营许可、转移等管理制度，建立信息化监管体系，提升危险废物处理处置能力，实施全过程监管。严厉打击危险废物非法跨界转移、倾倒等违法犯罪活动。评估有毒有害化学品在生态环境中的风险状况，严格限制高风险化学品生产、使用、进出口，并逐步淘汰、替代。加快城镇生活垃圾无害化、资源化处理设施及城乡生活垃圾收运体系建设，推进生活垃圾分类处理。加强危险废物和医疗废物处置中心建设，建立健全危险废物和医疗废物收集、运输、处置的全过程监管。加强有机毒物、电子垃圾、核辐射等污染防治。

11.4.2.5 强化环境监管

西部地区的生态环境形势不容乐观，面临着水污染、土壤污染、土地荒漠化和水土流失等生态环境问题。党的十九大报告提出要加大对生态环境的监管：“要改革生态环境监管体制，设立国有自然资源资产管理和自然生态监管机构，完善生态环境管理制度。”西部地区政府在推动城市化向高质量阶段发展，以经济发展为重点的同时，更应注重加强对生态环境的监管。要凸显西部地区在国家主体功能区中作为重点生态保护区的战略定位，要执行最严格的环境保护制度，加强环境保护问责，加快构建政府、公众、市场三合一环境治理体系。西部地区在河长制方面取得了一些进展，但仍需进一步完善以河长制为核心的流域综合管理机制。建立健全河流管控制度，顶层设计河湖综合治理的

---

[1] 中共中央，国务院．关于全面加强生态环境保护坚决打好污染防治攻坚战的意见［R］．2018（6）．

制度体系，包括建立“河湖长制”责任体系，建立河湖管理考核和责任追究制度体系，建立跨界水体治理目标责任体系，探索建立针对西部地区的流域综合执法机制，建立跨区域、跨部门联合执法机制等。完善自然资源管理制度。探索建立自然资源资产产权制度和用途管制制度。对河流、森林、山岭、草地、荒地、滩涂等自然生态空间资源进行统一确权登记，完善土地用途管制制度，探索建立天然草地、林地、河流、湿地等生态空间的用途管制制度，明确各类国土空间开发、利用、保护边界，实现能源、水资源按质量分级、梯级利用。为实施对西部地区生态环境的动态监管、生态文明建设考核等奠定基础，探索编制西部地区自然资源资产负债表，形成生态资产清单和管理数据库。建立生态资源承载约束制度。探索建立西部地区资源环境承载能力监测预警长效机制，加强生态环境监管执法，完善生态环境监测预警系统。

11.4.3　大力推进西部地区绿色发展

11.4.3.1　大力发展循环经济

西部地区在发展城市经济的同时，在一定程度上忽略了对资源存量的保护性利用和对环境承载力的考虑，这导致西部地区出现资源短缺化、环境恶化等问题。因此，大力发展循环经济应成为促进西部地区发展经济、保护环境的当务之急。西部地区大力发展循环经济要以提高资源产出率为目标，按照“减量化、再利用、资源化，减量化优先”的原则，着力推进生产、流通、消费各环节循环化发展和园区生态化循环化改造，加快建设一批循环经济园区。实施好国家资源综合利用“双百工程”、园区循环化改造、“城市矿产”示范基地、循环经济示范城市（县）建设等重点工程，积极开展西部地区省级循环经济示范园区（基地）和示范企业认定工作。加强再生资源回收利用，推进生产系统和生活系统循环链接，抓好工业固体废物、建筑废弃物及餐厨废弃物资源化利用，推进国家餐厨废弃物资源化利用和无害化处理试点城市建设。大力发展循环型服务业和循环型农业。[1] 大力推进环保、节能、低碳、节水、可再生循环等绿色产品认证，开展西部区域有机产品认证示范区创建活动。

---

[1] 中共中央，国务院．关于全面加强生态环境保护坚决打好污染防治攻坚战的意见［R］．2018（6）．

11.4.3.2 积极发展生态产业

西部地区生态产业链较东部地区来说更为脆弱，因此西部地区的经济发展要坚持一种低碳—生态—环保的模式，要吸取东部地区经济发展过程中的惨痛教训，即先发展、高污染、后治理的错误道路。西部地区要加快生态产业的发展，积极融入和主动服务国家“一带一路”建设大局，抢占文化、通道、技术、信息“制高点”，重点发展文化旅游、通道物流、循环农业、中医中药、数据信息、军民融合等产业，积极构建生态产业体系，走出一条具有西部地区特色的高质量绿色发展道路，实现绿色发展崛起。西部地区要加快培育节能环保产业。围绕高耗能、高污染工业领域和区域综合环境治理，加快推进节能减排、污染防治和废弃物资源综合利用，加大关键共性技术创新，加强技术装备应用推广，强化服务体系支撑，提高节能环保产业优势领域核心竞争力，加快形成技术含量高、市场潜能大、特色突出、功能完备的产业体系。同时，要着力提升清洁生产产业。按照“资源化、循环化、再利用”原则，推动企业循环式生产、园区循环式发展、产业循环式组合，加大清洁生产技术研发和推广，推行清洁生产方式，加大石油化工、有色冶金、装备制造、煤炭电力等传统重化工业和传统制造业高新化、智能化、绿色化改造，优化工业园区布局，推动产业集聚循环发展，大力发展清洁生产产业，促进传统产业转型升级。另外，要持续优化清洁能源产业。大力推进能源生产和消费革命，围绕建设国家新能源综合示范区，推进风光水火核“五位一体”绿色能源体系建设，持续优化能源结构，深化电力体制改革，促进清洁能源消纳利用，推动清洁能源产业提质增效发展。西部地区要大力发展循环农业。深入实施“乡村振兴”战略，围绕解决农业面源污染治理、高效节水技术应用、农业废弃物循环利用等突出问题，深化农业供给侧结构性改革，打造绿色生态农产品生产加工基地，积极构建循环农业体系，提高农业循环化发展水平。鼓励发展新型生态产业和环保产业，构建西部特色生态产业体系。

11.4.3.3 积极推动低碳社会建设

我国经济社会发展进入新常态，西部地区更应将低碳发展作为新时期推动经济发展转型的重要抓手，将低碳发展战略与新型工业化、新型城镇化、信息化、主体功能区等战略深度融合，实现战略互补和政策共济。积极倡导文明、节约、绿色、低碳的消费模式和生活方式，鼓励购买节能环保型产品，减少使用一次性用品，提倡绿色出行。着力增强森林碳汇，提升应对气候变化的能力和水平。加快建设低碳城市、低碳社区，加大西部地区低碳试点城市建设力度，从西部地区选取一些具备条件的区域中心城市作为低碳社会试点进行培育。完善有利于绿色低碳发展的政策体系，在西部地区着力构建全社会有效参与低碳社会建设的机制，探索具有西部地区特色的低碳发展模式。

11.4.3.4　继续推进节能减排

产业发展粗放且多以劳动密集型和资源密集型为主的产业发展道路是制约当前西部地区节能减排的主要原因。因此，要尽快调整西部地区区域产业发展战略，优化产业结构，延长产业链条，提高单位能耗和单位污染物排放实现的产值。通过规划和政策引导产业集群的空间集聚，实现污染治理的规模效益；提高产业准入门槛，所有工业企业必须按照国家要求做到持证排污和达标排放，防止产业承接过程中的污染转移，取缔对环境破坏较大的落后工业、落后技术、落后产品，改造能耗高、污染重的传统产业，实施节能减排重点工程；鼓励工业企业在稳定达标排放的基础上进行深度治理，大力发展循环经济，推行清洁生产，转变传统的注重末端治理、达标排放的环保理念，从根本上避免和减少经济发展过程中的废弃物排放。加快重点污染企业排污在线实时监测体系和环境监测预警体系建设，加强高污染、高危险物品和放射源安全监管和应急体系建设，加快危险废弃物处置设施建设。

11.4.4　健全生态保护补偿机制

总体来说，西部地区的生态保护补偿机制框架已具雏形，各领域生态保护补偿制度不断完善，并取得了有益经验，为建立健全生态保护补偿机制奠定了较好的工作基础。但是，由于生态保护补偿涉及的利益关系复杂，实施难度较大，还存在不少矛盾和问题需要解决，例如生态保护补偿的范围仍然偏小、标准偏低，保护者和受益者良性互动的体制机制尚不完善，一定程度上影响了生态环境保护措施行动的成效等。西部地区和全国其他地区一样，为加快本地区的生态文明建设，应加快落实国家健全生态保护补偿机制的意见精神，制定适合于西部地区的生态保护补偿机制，为提高西部地区城市化发展质量提供保障。西部地区要建立和完善湿地保护协调机制，全面开展湿地保护管理体系（特别是保护区网络和湿地公园网络）建设。开展湿地可持续利用示范工程和社区建设，初步试行退耕还湿和生态补偿机制，使重要的天然湿地和重要的人工湿地得到全面保护，湿地面积萎缩和功能退化的趋势初步得到遏制，同时，湿地保护和管理能力增强并得到有效运行。建立健全生态保护补偿资金投入机制，加大对重点生态功能区域的补偿力度。完善森林、草原、湿地等重点领域生态保护补偿机制。鼓励地方因地制宜探索通过赎买森林发展权、林木所有权、林地使用权以及租赁、置换、协议、混合所有制、共有产权等多种方式，加强重点生态区位森林资源保护。落实草原生态保护补助奖励政策。加快探索市场化生态保护补偿机制，建立健全用水权、排污权、碳排放权交易制度，形成森林、草原、湿地等生态修复工程参与碳汇交易的有效途径。推进多元化生态补偿工作，实施实物补偿、服务补偿、设施补偿、对口支援、干部支持、共建园区、飞地经济等补偿方式，提高补偿方式的针对性。适当提高生态补助标准，扩宽补偿资金来源范围，扩大生态文明示范工程试点范围。❶

11.4.4.1 提高西部地区生态环境建设补偿基金使用效率

提高西部地区城市化发展质量其中一个主要因素是加强西部地区的生态环境建设。西部地区在全国发展功能区划分中被列为自然资源、生态环境保护的重点区域。如果西部地区能够从保护的生态环境中得到更多的价值，就会更加有利于保护当地的生态环境。从全国的角度来看，西部生态环境建设的目标高于西部地区自身能力所能达到的水平，那么，国家层面和富裕的东部地区就有责任加大对西部地区提供的资金用于生态环境建设，使对生态环境建设补偿标准有一定的合理利润空间，以吸引经营者对生态环境的持续投入，保障资源数量和资源质量呈现增长趋势，保证西部地区生态环境的改善有资金保障，从而提高西部地区城市化发展的质量。另外，西部地区实施的天然林保护或者退耕还林还草是我国西部地区生态保护和建设的重要工作之一，不仅有利于改善当地以及全国的生态环境，而且对全国和西部地区的经济和社会发展起到积极的作用，从而促进西部地区城市化发展的质量。实行天然林保护或退耕还林还草所放弃的用途效益是一种机会成本，由于土地资源多种用途的存在及其资源减少的压力，这种机会成本呈现不断变化并趋于上升的态势，因此，任何用于鼓励退耕还林还草或是鼓励天然林保护的政策措施应该考虑这种机会成本的补偿。尽快建立中西部对话机制或是发达地区与欠发达地区生态补偿对话机制，

---

❶ 中共中央，国务院. 乡村振兴战略规划（2018—2022 年）[R]. 2018.

分类有选择地制定相关补偿政策，从而保证西部地区城市化发展质量在生态环境投入上的资金支持。

11.4.4.2　确定合理的生态效益补助资金环境目标

在现行的西部地区生态效益补助资金方案中，缺乏可计量的环境目标。一项政策可否有效实施的关键在于其政策目标的制定，因此建议国家层面的有关部门合理确定国家对西部生态效益补偿的环境目标，并以此为标准对西部生态建设开展状况进行合理评估，由此科学地确定国家补偿的数量和范围。这样，西部地区通过生态建设与保护提高城市化质量的资金才能得到合理安排。

11.4.4.3　加强财政补助安排作为西部生态效益补助资金的管理

进一步明确作为财政补助安排的西部生态效益补助资金的性质，通过设计制定生态效益补助资金方案环境目标和执行效果评价体系，将多种受益对象纳入到补偿机制中。此外，要加强对生态效益补助资金的监督，尤其是对资金管理的监督。

11.4.4.4　充分发挥政策和市场在生态环境建设上的双重调控作用

西部地区生态环境建设一方面要靠国家的财力投入，另一方面要采取积极的政策措施，充分利用市场机制，吸引社会资本和商业资本及各种投资主体的加入，多方位、多层次和多渠道筹集资金。虽然政府是生态效益的主要购买者，但完全可以借鉴国外成功实施生态效益补偿经验，引入市场机制和竞争机制，在财政补偿机制的基础上，逐步建立西部地区生态效益市场补偿机制。

11.5　加强西部地区公共服务设施建设，提升社会城市化质量

城市化的核心是以人为本，而人的来源则大部分是农业转移人口的市民化。过去的城市化大多热衷于“土地城市化”，忽视“人的城市化”问题，对农民工市民化问题没有给予相应的重视。同时，一些地方还由于管理的滞后，造成许多社会问题。这也是当前和今后提升城市化发展质量，迫切要解决好的难题。要将城市的教育、医疗卫生、社会保障、养老、住房等公共服务资源覆

盖到所有城市人口，享有均等的待遇和权利，使更多人享受到城市化发展所形成的成果。

11.5.1 大力发展教育

西部地区因经济比较落后，由于财力等原因对教育的投入长期处于较低的水平，基础教育仍然滞后，高等教育人才流失时有发生，而职业教育的发展不能完全适应西部地区经济发展的需要。因此，西部地区在进行城市化发展中，要在学前教育、义务教育、高中阶段教育、现代职业教育、高等教育和加强教师队伍建设等方面加快发展速度，提高发展的质量和层次。

11.5.1.1 积极发展学前教育

在西部地区要积极发展学前教育，鼓励普惠性幼儿园发展，加强农村普惠性学前教育，实施学前教育三年行动计划，重点建设农村幼儿园和城乡接合部幼儿园，加大普惠性教育，完善学前教育补助政策，优化分配西部地区教育资源。

11.5.1.2 巩固提高义务教育

建立西部地区城乡统一、重在农村的义务教育经费保障机制，加大公共教育投入向西部民族边远贫困地区的倾斜力度。科学推进城乡义务教育公办学校标准化建设，改善薄弱学校和寄宿制学校办学条件。优化西部地区教育布局，努力消除城镇学校“大班额”，基本实现县域校际资源均衡配置。改善农村学校建设点，努力确保学校建设在农村集中地区，改善办学条件。推动西部教育环境标准化建设。

11.5.1.3 加强高中阶段教育

改善西部地区各省普通高中教学生活条件，推进普通高中多样化发展。率先从建档立卡的家庭经济困难学生实施普通高中免除学杂费，继续推行和完善3年免费中等职业教育。积极推进西部地区民族教育发展，科学稳妥推行双语教育，加大双语教师培训力度。

11.5.1.4　加快发展现代职业教育

在西部地区要完善现代职业教育体系，加强职业教育基础能力建设。推动具备条件的普通本科高校向应用型转变。推行产教融合、校企合作的应用型人才和技术技能人才培养模式，促进职业学校教师和企业技术人才双向交流。推动专业设置、课程内容、教学方式与生产实践对接。促进职业教育与普通教育双向互认、纵向流动。逐步分类推进中等职业教育免除学杂费，实行国家基本职业培训包干制度。西部地区要加强职教园区建设，加快发展高等职业教育，调整优化中等职业教育。着力构建职业教育立交桥，实现“中高本”教育贯通。深入推进产教融合、校企合作，推广完善“产业园区 + 标准厂房 + 职业教育”办学模式。大力推进职业院校现代学徒制试点工作，实行职业院校学历证书和国家资格证书融通。

11.5.1.5　着力提升高等教育水平

在西部地区要推进现代大学制度建设，完善学校内部治理结构。推进高等教育分类管理和高等学校综合改革，优化学科专业布局，改革人才培养机制，实行学术人才和应用人才分类、通识教育和专业教育相结合的培养制度，强化实践教学，着力培养学生创意创新创业能力，推进高校内涵式发展。深入实施中西部高等教育振兴计划，扩大重点高校对中西部和农村地区招生规模。支持建设全国性高水平综合大学，支持高等院校建设区域性特色高校，引导部分普通本科高校向应用型转变。

11.5.2　加强医疗卫生建设

随着经济的高速增长，西部地区的医疗卫生建设尽管取得了明显的成效，但是存在的问题也是比较突出的。主要表现在医疗卫生资源总量不足、医疗卫生资源布局结构不合理、服务体系碎片化、医疗卫生体制机制不健全、政府医疗卫生投入不足等方面，所以西部地区在提高城市化发展质量上，要加快对医疗卫生的建设力度。

11.5.2.1　提升医疗卫生服务水平

在西部地区要积极推进健康城市建设，打造区域医疗中心。强化医疗服务基础设施建设，完善医疗服务网络，提高医疗服务能力，为群众提供安全有效方便价廉的公共卫生和基本医疗服务。在西部地区各省构建“15～30分钟城市社区健康服务圈”，着力完善西部地区省市县乡村五级服务网络，加强疾病预防控制、卫生监督、精神卫生、急救等专业公共卫生机构建设。实施妇幼健康服务体系规范化建设工程，提高生殖健康、妇幼保健、托幼等公共服务水平。大力培养和引进医疗卫生人才，着力解决基层医疗卫生人才缺乏问题。以推动分级诊疗和卫生信息化为手段，实施远程医疗全覆盖。结合西部地区各省中药材资源优势，积极发展中医药事业，加强国家在西部地区的中医重点专科和中医临床研究基地建设，大力实施“治未病”健康工程。要强化全科工程师等卫生人才队伍和医德医风建设，完善纠纷调解机制，构建和谐的医患关系。

11.5.2.2 深化医药卫生体制改革

为满足西部地区人民群众不断增长的医药卫生新需求和医药卫生发展的新趋势以及面临的新挑战，西部地区要深化医药卫生体制改革。要以医疗、医保、医药联动为主线，协同推进公立医院、统筹城乡医保、药品供应保障体制改革，强化政府办医主体责任，改革公立医院补偿机制、医疗服务价格、管理体制、人事薪酬制度。在确保基本医疗公平普惠的同时，打通新农合、大病医保、医疗救助“一站式”“一卡通”服务渠道。在西部地区推进覆盖城乡的国家基本药物制度规范实施，促进基本药物合理使用。严格规范药品集中采购行为，建立以市场为主导的药品价格形成机制，强化价格、医保、招标采购等政策的衔接和监管，实施药品电子监管，满足群众用药需求。鼓励社会力量兴办医疗机构，全面放开社会办医准入条件，加大社会办医政策支持力度，建成一批规模化、高水平的健康服务机构。建立公立医院科学规范的监督管理体制、可持续补偿机制和符合行业特点的人事薪酬制度。

11.5.2.3 加大对公立医院和社会办医院的改革力度

在西部地区要加大对公立医院的改革力度，重点是强化管办分开，取消公立医院编制，给公立医院在人事等方面的自主权，强化医院现代化管理。建立适应医疗行业特点的薪酬制度，着力体现医务人员技术劳务价值。探索实行目标年薪制和协议薪酬。社会办医院要坚持“非禁即入”，建立公开、透明、平等、规范的社会办医准入制度。对于社会办医院的发展，要加快社会办医院的办理审批手续，简化审批流程，提高审批效率，对符合条件的社会办医院，应按照规定予以批准。制定实施社会办医在土地、投融资、财税、价格、人才等方面的扶持政策。加强行业监管，保障医疗质量和安全。

11.5.2.4　加大对医疗卫生人员培养

加强对西部地区医疗卫生人员院校教育。开展农村订单定向免费医学生培养，鼓励有条件的医学院校开设康复护理类专业。加强全科医生培养，二级以上综合医院开设全科医学科。加强对县级疾病预防控制机构专业技术人员培养。加强对医疗卫生人员的岗位培训。加强基层骨干人才培训，每年选派一批县级医院业务骨干、乡镇卫生院和社区卫生服务中心执业（助理）医师到上级医院进修。对乡镇卫生院（社区卫生服务机构）卫生技术人员和村医开展全员培训，对乡镇卫生院（社区卫生服务中心）院长（主任）进行管理岗位知识全员轮训。全面推进住院医师规范化培训，加强培训基地建设，提高培训质量。加强在岗医务人员执业资格考前培训，提高考试通过率，确保每个乡镇卫生院、政府办社区卫生服务中心有一定数量的执业医师。积极开展基层在岗卫生技术人员学历提升。要稳定基层人才队伍。推进县管乡用、乡管村用的基层医疗卫生人才管理机制。县乡两级配备从事计划生育服务管理的行政人员，村级配备计划生育专职人员，并落实相关待遇。要加大对西部地区基层医疗卫生机构人才队伍建设，注重基层医疗卫生机构对全科医师的需求，制定政策培养专业的基层卫生服务人才，对高层次人才制定相应的引进政策。对已在卫生院工作的医务人员可以和对口资源的二、三级医院签订定向委托培养协议，对定向就业的临床医学专业本科生制定相应的就业优待政策。

11.5.3　提升文化体育发展水平

西部地区与东部地区除了在经济建设方面存在一定的差距外，在文化建设方面也存在较大的差距。主要表现在西部地区农村文化建设基础较薄弱，设施相对落后，公共文化产品供给匮乏，公共文化服务效能低下等。为此，在提高西部地区城市化水平过程中，要在大力发展西部地区文化事业、提升发展文化产业、健全西部地区公共文化服务体系、积极发展民族特色体育等方面下大力气，以达到提高城市化发展质量的目标。

11.5.3.1 大力发展文化事业

在西部地区实施文化利民工程和惠民工程，打造一批激励作用强、艺术水准高、影响范围广的文艺精品，建成一批省级重大文化设施，新建和改扩建一批市、县级公共文化场馆，建成一批档案馆、民族博物馆和生态博物馆，推进西部地区农村公共文化设施建设。广泛开展群众性文化活动。加强文化遗产保护，重点支持重要文化遗产地、抢救性文物、国家历史文化名城名镇名村和传统村落保护建设，积极推进西部地区民族文化遗产保护计划和非物质文化遗产保护利用。提高文化开放水平，广泛开展与国内国际的文化交流合作，加强对外传播能力建设。

11.5.3.3 健全公共文化服务体系

西部地区要加强现代公共文化服务体系建设，更好保障人民群众基本研究化需求。引导公共文化资源配置向基层倾斜，加强县、乡、村三级公共文化设施建设，夯实公共文化服务体系基础。加强广播电视基础设施建设，改善高山台站设施设备条件，增补地面数字广播电视发射站点，建成农村智能应急广播网，全区地面电视实现数字传输全覆盖。要丰富公共文化产品供给。拓展图书馆、博物馆、科技馆、文化馆（站）等公共文化设施全年免费开放内容，为西部地区群众提供更加优质的服务。实施农村电影放映、流动舞台等文化惠民工程，活跃城乡文化生活。实施文化精品创作工程，创作生产更多体现民族特色、富有时代精神、群众喜闻乐见的文化精品。

11.5.3.4 积极发展民族特色体育

西部地区要结合各省市区独特的民族文化资源，积极发展民族特色体育。加强城乡四级公共体育设施建设，着力改善城乡公共体育设施条件，实现乡镇、行政村、新建社区公共体育设施全覆盖。持之以恒抓好拳击、体操、射击、水上等传统优势项目，强化补齐足球、篮球、乒乓球、羽毛球等短板项目，大力实施足球改革。培养体育产业增长点，推进“互联网 +”体育综合服务平台建设，促进体育消费结构升级。在西部地区重点推进国家生态型多梯度高原训练示范基地、体育训练基地等建设，建设一批生态体育公园。积极发展赛马、斗牛、打陀螺、赛龙舟、射弩、独竹漂等具有西部地区特色的传统民族体育项目。推广全民健身计划，在西部地区城乡主要公共场所免费安装健身设施，建设一批便民利民中小型体育场馆和健身活动中心。在城乡社区建设小型多样、就近就便的青少年室外活动场所。以沙漠运动、水上运动、山地运动为重点，建设创新型体育产业区。

11.5.4　大力提高就业创业水平

西部地区存在劳动力供大于求的矛盾、劳动力供给结构与需求结构之间的矛盾、城镇失业人数呈增加趋势、真实失业率持续上升、农村富余劳动力向大中型城市大规模转移、新成长的劳动力就业问题。西部地区要提高城市化发展质量，在就业创业政策、就业服务水平、信息化建设等方面加大力度。

11.5.4.1　实施更加积极的就业政策

在西部地区推进全民创业计划，开展创业型城市建设，培育创业型企业、创业型员工，构建良好的创业生态系统。鼓励以创业带动就业，建立面向人人的创业服务平台。在西部地区积极发展劳动密集型产业，加大对中小微企业的扶持力度，创造出更多高质量的就业岗位。采用政府购买公共服务和提供公益性岗位、实行岗位补贴、社会保险补贴等方式促进就业。西部地区要更加重视以高校毕业生为重点的青年就业工作和农村转移劳动力、城镇就业困难人员、扶贫生态移民、退役军人就业工作。建立健全政府投资和重大项目建设带动就业机制。开展西部地区农民工返乡创业试点，创建返乡创业示范基地。

11.5.4.2　提升就业创业服务水平

西部地区要加大公共就业服务平台建设，完善公共就业服务设施和劳动力资源信息管理系统，实现就业服务工作的全程信息化，健全统一开放、竞争有序的人力资源市场。充分发挥公共就业服务、中小企业服务、高校毕业生就业指导等机构的作用，建立就业信息资源库。推进人力资源市场诚信体系建设和标准化建设，培育品牌人力资源服务机构和骨干劳务经纪人。要大力开展职业技能培训和创业培训，加快构建劳动者终身职业培训体系，提升劳动者就业创业能力，重点做好西部地区高校毕业生创业培训，推动实施新生代农民工职业技能提升计划，对农村青壮年劳动力实施规范化全员就业培训。进一步健全西部地区就业援助制度，为就业困难群体提供更有针对性的援助服务。

11.5.4.3 推动更高质量的就业

推动西部地区的就业水平得到进一步提高，提高就业的质量。要构建面向城乡全体劳动者，符合就业需要和职业生涯发展需要的终身职业技能培训制度体系。加强对紧缺型技能人才、城乡劳动者岗前、职业技能提升和失业人员转业转岗的培训。要依托行业、企业和职业院校，建设一批具有公共实训功能的就业培训基地，开展多种形式校企合作。在西部地区要实施新生代农民工职业技能提升计划，开展贫困家庭子女、失学青少年、失业人员、退役军人等免费接受职业培训行动。推进职业资格管理改革，探索建立适应西部地区经济社会发展需要的职业能力评价体系。

11.5.4.4 加大就业创业体系信息化建设

西部地区要加快公共就业信息服务平台建设，实施就业管理和就业服务全程信息化。积极预防和有效调控失业风险，完善失业监测预警和就业应急预案机制。大力培育创业平台，发展众创空间，在西部地区打造一批创业孵化示范基地，加快发展“互联网＋”创业服务和第三方专业化服务。要完善就业业务应用系统，实现管理服务格局的转变，要更加强调各级就业服务机构之间、就业服务机构与服务对象之间扁平的沟通与交流，为“精准就业服务”和政府决策调控提供科学的数据支撑。根据西部地区各省的经济发展水平和就业状况，要因地制宜地开发适合本省的就业决策分析信息系统，实时掌握劳动力资源状况、实时监控各地业务开展情况、实时评估就业政策执行效果，提高西部地区就业管理服务水平。

11.5.5 加大社会保障建设力度

西部地区在提高城市化质量的进程中，社会保障是其重要支撑。要在养老、医疗、住房、保险、社会救助体系等方面加大建设的力度。

11.5.5.1 健全养老服务体系

西部地区要建立以居家为基础、社区为依托、机构为补充的多层次养老服务体系。要强化政府提供基本养老服务的责任，在西部地区实施基本养老服务体系建设工程，大力推进居家和社区日间照料服务设施、养老护理机构、农村

“五保”供养机构建设，确保西部地区广大老年人特别是特殊困难老年群体人人享有基本养老服务。支持社会力量建设和运营养老服务机构，提供交通方便、价格合理的各类养老服务和产品。在西部地区统筹规划建设公益性养老服务设施，支持面向失能老年人的老年养护院、社区日间照料中心等设施建设。支持医养结合型养老机构发展，实施乡村敬老院提档升级，加强社区养老服务设施建设。在西部地区积极创新探索“公建民营”“民办公助”养老服务模式。完善对经济困难的高龄失能老年人养老服务补贴制度。大力实施养老护理人员培训计划，加强专业化养老服务护理人员和管理人才队伍建设。全面放开养老服务市场，通过购买服务、股权合作等方式支持各类市场主体增加养老服务和产品供给。加强老年人权益保护，弘扬敬老、养老、助老社会风尚。建成功能完善、规模适度、覆盖城乡、医养结合的养老服务体系，基本满足西部地区日益增长的养老服务需求。

11.5.5.2　完善社会保险体系

要在西部地区推进养老、医疗保险从制度全覆盖向适龄人员全覆盖。完善统一的城乡居民基本医疗保险制度，实现职工基本医疗保险与城乡居民基本医疗保险转移接续。西部地区要根据各省的经济发展水平和基金承受能力，全面实施城乡居民大病保险制度，推进居民基本医疗保险制度城乡统筹，逐步提高城乡居民大病保险报销比例，推进基本医保与商业健康保险相互补充和衔接发展，提高失业、工伤、生育保险统筹层次。要在西部地区加快完善医疗救助保障体系，积极推进跨省异地就医即时结算。推进生育与医疗保险合并实施。完善失业和工伤保险制度，稳步提高覆盖范围。完善西部地区城镇职工基本养老保险制度，加快发展企业年金和职业年金，发挥商业养老保险补充性作用，进一步构建多层次养老保险体系。创新和加强社会保障管理和经办服务，实现社会保险“五险合一”经办管理，优化服务流程，推进社会保障卡综合应用，为西部地区参保单位和群众提供方便快捷无差别的服务。

11.5.5.3　完善社会救助体系

西部地区要合理提高农村低保标准，适度提高城市低保标准。要建立西部地区城乡统筹的特困人员供养制度，大幅提高特困人员供养标准。完善西部地区医疗救助制度，有效帮助困难群众减轻医疗费用负担。落实临时救助制度，加强西部地区城市生活无着落的流浪乞讨人员救助管理，充分发挥临时救助兜底作用。加大对未成年人救助保护力度，做好西部地区困境儿童、农村留守儿童的福利和保护工作。统筹推进西部地区扶老、助残、救孤、济困等福利事业发展，进一步提高优抚安置保障水平，推进西部地区社会福利由补缺型向适度普惠型转变。完善西部地区残疾人福利补贴制度，改善残疾人康复托养设施条件，保障残疾人享有基本公共服务。创新发展慈善事业，鼓励社会各界参与公益慈善，加强慈善监管，更好发挥慈善事业扶贫济困作用。着力健全完善“救急难”工作机制，有效帮助急难家庭摆脱困境。完善特殊困难群众的救助与法律援助制度。

11.5.5.4　构建多层次住房保障和供应体系

西部地区要建立健全城镇住房保障和供应体系。强化政府住房保障责任，加大政府投入，构建多层次住房保障体系。在西部地区建立以公共租赁住房为主体，实物保障和租金补贴相结合的城镇住房保障和供应体系。采取政府购买、改造、租赁存量商品住房等形式，把存量商品住房转为公共租赁住房，鼓励房地产开发企业将存量商品住房改造为公共租赁住房。统筹解决西部地区低收入住房困难家庭、新就业职工和各类人才等中等收入住房困难群体、外来务工人员的阶段性住房需求，进一步改善人民群众的居住条件和生活环境。西部地区要加大棚户区和危旧房改造力度。统筹改造城镇棚户区（危旧房）、国有工矿棚户区、国有林区（场）棚户区、国有垦区危旧房等各类棚户区以及城中村，加快配套基础设施建设，积极推进棚改货币化安置。创新融资体制机制，强化资金、土地等要素保障，推动政府购买棚改服务。在西部地区积极推广特许经营等各种政府与社会资本合作（PPP）模式，构建多元化棚改实施主体，鼓励多种所有制企业作为实施主体承接棚改任务。

11.6　创新西部地区城市管理，提升城市管理质量

城市管理是推进城市化发展质量的一个重要因素。城市是经济和社会发展的主要载体，城市环境本身就是一种价值极高的无形资产。加强城市管理，促进城市经济开拓新的发展空间，进一步推进城市化进程，不断提高市民生活质量。因此，提高城市管理水平，改善城市环境，把环境效益转化为社会生产力，是城市化高质量发展的客观要求。

11.6.1　大力推进西部地区以大数据为基础的数字化城市管理

为更好地提升城市内外的各个关键系统、参与者进行和谐高效的协作以及方便管理者的工作，西部地区应将大数据、云计算等技术逐步应用于城市的完善管理，推进电子政务、智能数据收集、公交系统的调度等。要融合西部各个省市区的智慧城市的管理特点，基于大数据的智慧化城市管理需求，将各部门服务、管理的基础信息资源编织到一个统一的大数据库，建立智能化城市管理业务平台，构建城市资源管理业务平台、城市应急指挥业务平台。通过信息采集进行数据比对核实，并以大数据交换平台进行资源共享和数据挖掘应用；实现信息资源的动态管理、互联互通、共建共享；提升公共服务效能和城市管理精细化程度，整合各政府部门所掌握的全市经济社会信息资源，满足政府业务对统一数据资源共享需要，对政府在发展规划、投资布局、资源环境、管理创新、科学决策等业务提供强有力支持。

11.6.2　积极推广以公共事业为对象的市场化城市管理

在对城市公共事业管理中，需认真把握政府在其中起到的作用，避免政府不当监管和过度干预的现象出现。需引入市场竞争机制，发挥市场的调节和优化配置的作用，也需注重政府的宏观调控作用，寻求有效措施将二者有机结合起来，目标是实现资源的有效配置和城市的高效管理。西部地区各级政府可采取合同外包、特许经营、租赁协议等多样化方式丰富竞争机制，所产生的成本可以通过税收、补贴加收费和价格的方式来补偿。

11.6.3　建立以可持续发展为目标的长效化城市管理机制

当前，西部地区城市管理中存在着不少问题，比如环境状况不佳、基础设施落后、市民素质不高以及运营效率低下等。成因在于西部地区城市管理方面尚未建立真正的长效管理机制，而且城市系统复杂，各部门间的协调难度大。要建立一个以可持续发展为目标的长效化城市管理机制。打通各部门间的信息障碍和执行障碍，采用高效的方式和有效的机制，不断改革创新。同时西部地区需要将自身情况和国外的成熟经验相结合，推进城市管理的法治化、科学化、现代化，切实提升城市管理水平。

11.7 深化西部地区改革开放，提升城市对外开放水平

围绕使市场在资源配置中起决定性作用，加快完善现代市场体系，深化行政管理、国有企业、非公有制经济、价格机制、资源要素配置、财税、投融资等重点领域改革，形成有利于创新的市场环境，激发市场活力和创造力。加强西部地区对外经济交流与合作，加大引进国际产业资本和金融资本力度，提高西部地区利用外资的质量和水平。

11.7.1 进一步深化改革

11.7.1.1 深入推进供给侧结构性改革

西部地区在实体经济经营环境、经营模式、企业创新等方面存在着很多的不足。把握国家宏观方针政策，积极推进供给侧改革，是西部地区提高城市化发展质量的必要路径。推进供给侧结构性改革，坚持把发展经济着力点放在实体经济上，继续抓好“三去一降一补”，大力简政减税减费，不断优化营商环境，进一步激发市场主体活力，提升经济发展质量。做大做强新兴产业集群，实施大数据发展行动，加强新一代人工智能研发应用，在医疗、养老、教育、文化、体育等多领域推进“互联网+”。发展智能产业，拓展智能生活。运用新技术、新业态、新模式，大力改造提升传统产业。加大网络提速降费力度，实现高速宽带城乡全覆盖，扩大公共场所免费上网范围。[1] 推动集成电路、第五代移动通信、飞机发动机、新能源汽车、新材料等产业发展，实施重大短板装备专项工程，发展工业互联网平台。大幅压减工业生产许可证，强化产品质量监管。全面开展质量提升行动，推进与国际先进水平对表达标。坚持用市场化法治化手段，严格执行环保、质量、安全等法规标准，化解过剩产能，淘汰落后产能。加大“僵尸企业”破产清算和重整力度，做好职工安置和债务处

---

[1] 2018 年政府工作报告 [N]. 人民日报，2018 (3).

置。加快消化粮食库存，减少无效供给要抓出新成效。❶

企业是市场经济活力的源泉，是产业发展的基石。优先发展支柱产业、支持重点行业、提高企业活力、改善企业经营环境、做好企业服务制度改革，是提升西部地区重大型企业活力，带动西部地区城市化发展质量的关键举措。深化“放管服”改革。全面实施市场准入负面清单制度。在西部地区推开“证照分离”改革，重点是照后减证，各类证能减尽减、能合则合，进一步压缩企业开办时间。大幅缩短商标注册周期。全面实施“双随机、一公开”监管。深入推进“互联网+政务服务”，大力推进综合执法机构机制改革，着力解决多头多层重复执法问题。加快政府信息系统互联互通，打通信息孤岛。优化营商环境，解放生产力，提高竞争力，为市场主体添活力，为人民群众增便利。进一步减轻企业税负。改革完善增值税，重点降低制造业、交通运输等行业税率，提高小规模纳税人年销售额标准。大幅扩展享受减半征收所得税优惠政策的小微企业范围。大幅提高企业新购入仪器设备税前扣除上限。实施企业境外所得综合抵免政策。扩大物流企业仓储用地税收优惠范围。继续实施企业重组土地增值税、契税等到期优惠政策。大幅降低企业非税负担。进一步清理规范行政事业性收费，调低部分政府性基金征收标准。继续阶段性降低企业“五险一金”缴费比例。深化收费公路制度改革，降低过路过桥费用。加大中介服务收费清理整顿力度。

11.7.1.2 重点领域改革

要全面深化各领域改革，深入推进关键性、基础性改革，增强内生发展动力。在行政体制改革、推荐政府职能转变、提高政府服务效率等方面，西部地区还存在着较大差距。这种差距既体现在服务意识转变方面，也体现在政府职能转变的效力方面。作为西部地区城市化发展质量的因素而言，行政体制改革是隐性的存在因素。这种隐性的因素既包括财税制度改革的推荐、金融制度改制，还包括国有资本的盘活、非公有制经济的引导及知识产权制度的建设等方面。从推进政府职能转变入手，提升隐形西部城市化发展质量的隐形决定因素，都是提升西部城市化发展质量的重要措施。❷ 持续推进政府职能转变，使市场在资源配置中起决定性作用和更好发挥政府作用，必须深化简政放权、放

❶ 李克强在十三届全国人大一次会议上的政府工作报告［N］. 今日要闻，2018.

❷ 李克强作的政府工作报告［N］. 人民日报，2017-03-06（002）.

管结合、优化服务改革。全面实行清单管理制度，扩大市场准入负面清单试点，减少政府的自由裁量权，增加市场的自主选择权。清理取消一批生产和服务许可证。深化商事制度改革，完善事中事后监管制度，推进综合行政执法。继续推进财税体制改革，落实和完善全面推开营改增试点政策。简化增值税税率结构，营造简洁透明、更加公平的税收环境，进一步减轻企业税收负担。推进中央与西部地区地方财政事权和支出责任划分改革，加快制订收入划分总体方案，健全西部地区各省地方税体系，规范西部地区地方政府举债行为。

深入推进政府预决算公开，倒逼沉淀资金盘活，提高资金使用效率，每一笔钱都要花在明处、用出实效。抓好金融体制改革，促进金融机构突出主业、下沉重心，增强服务实体经济能力，防止脱实向虚。鼓励大中型商业银行设立普惠金融事业部，实行差别化考核评价办法和支持政策，有效缓解中小微企业融资难、融资贵问题。发挥好政策性开发性金融作用，强化农村信用社服务“三农”功能。深化多层次资本市场改革，完善主板市场基础性制度，积极发展创业板、新三板，规范发展区域性股权市场。拓宽保险资金支持实体经济渠道。大力发展绿色金融。稳妥推进金融监管体制改革，有序化解处置突出风险点，整顿规范金融秩序，筑牢金融风险“防火墙”。加快推进国企国资改革，要以提高核心竞争力和资源配置效率为目标，形成有效制衡的公司法人治理结构、灵活高效的市场化经营机制。深化混合所有制改革，在电力、石油、天然气、铁路、民航、电信、军工等领域迈出实质性步伐。抓好电力和石油天然气体制改革，开放竞争性业务。持续推进国有企业瘦身健体、提质增效，抓紧剥离办社会职能，解决历史遗留问题。推进国有资本投资、运营公司改革试点。改善和加强国有资产监管，确保资产保值增值。更好激发非公有制经济活力，深入落实支持非公有制经济发展的政策措施。

加快构建新型政商关系。鼓励非公有制企业参与国有企业改革。坚持权利平等、机会平等、规则平等，进一步放宽非公有制经济市场准入。凡法律法规未明确禁入的行业和领域，都要允许各类市场主体平等进入；凡向外资开放的行业和领域，都要向民间资本开放；凡影响市场公平竞争的不合理行为，都要坚决制止。加强产权保护制度建设，要加快完善产权保护制度，依法保障各种所有制经济组织和公民财产权。

大力推进社会体制改革，深化收入分配制度配套改革。稳步推动养老保险制度改革，划转部分国有资本充实社保基金。深化医疗、医保、医药联动改革。全面推开公立医院综合改革，全部取消药品加成，协调推进医疗价格、人事薪酬、药品流通、医保支付方式等改革。深入推进教育、文化和事业单位等改革，把社会领域的巨大发展潜力充分释放出来。深化生态文明体制改革，完善主体功能区制度和生态补偿机制，建立资源环境监测预警机制，为生态文明建设提供有力制度保障。

11.7.2 加强开放平台建设

11.7.2.1 加快国家级对外开放平台建设

西部地区深处全国内陆，除广西等少数几个省份临海，其他大部分省份在对外开放方面所作出的成就仍然不尽理想。尽管与外国接壤的省份数量不少，但对外开放合作深度和广度依然欠缺。加快西部地区省份同外界的交流与合作，提升对外开放实力与能力，提升对外开放广度与深度，是提升西部地区经济社会综合实力的重要渠道，同时也是提高西部地区城市化发展水平与城市化发展质量的重要方式。加快国家级对外开放平台建设，打造西部地区开放创新、实现跨越发展的重要增长极。加快综保区建设，深度融入国家战略，积极参与“一带一路”倡议和长江经济带建设，打造内陆开放高地的重要平台。加快完善重庆江津综保区建设，打造重庆对外开放的新门户。❶ 加快广西钦州保税港区等多个国家级对外开放平台建设。加快推进西安、贵阳、成都临空经济示范区主动服务、积极融入“一带一路”。云南省推进沿边地区成为对外开放的平台。

11.7.2.2 提升经贸文化交流合作平台功能

在提升西部地区对外开放水平、对外交流合作深度的同时，积极搭建经贸合作交流平台、增强招商引资能力、提高吸引外资实力也是西部地区提升城市化发展质量的又一隐形措施。充分考虑到西部地区在重大科技行业、重要领域等方面经贸交流的不足，继续加大西部地区在经贸合作的人才交流、商贸交流与洽谈、对外开放试验等方面的力度。❷ 积极引进国际投资、商贸机构到西部

---

❶ 赵童，王琳琳，陈元媛．重庆江津综合保税区加快建设重庆对外开放重要平台［N］．重庆日报，2017-10-18.

❷ 王法．引进来：新平台提升竞争力［J］．当代贵州，2017（18）：18-19.

地区设立办事处，并到相关国家和地区设立招商平台。支持国外投资主体到西部地区建立国际技术转移中心、联合研发中心、人才培养基地等。充分发挥中国—东盟博览会、中国—亚欧博览会、欧亚经济论坛、中国—南亚博览会、中国—阿拉伯国家博览会、中国西部国际博览会、中国东西部合作与投资贸易洽谈会暨丝绸之路国际博览会、生态文明贵阳国际论坛、中国（重庆）国际投资暨全球采购会、中蒙博览会、中国西藏旅游文化国际博览会、中国兰州投资贸易洽谈会等现有国家级论坛和展会作用，优化现有论坛展会结构，形成各具特色的论坛和展会品牌。在"一带一路"建设重点合作领域打造一批有影响力的专业论坛展会。务实推进论坛实体化进程，支持欧亚经济综合园区核心区、中国—阿曼（杜库姆）产业园、中国—沙特吉赞产业集聚区等建设。支持开展丝绸之路国际艺术节等对外文化品牌活动，扩大精品节目品牌影响力，推动西部地区特色文化产品与服务"走出去"。

11.7.2.3 加快推进开放口岸建设

对外交流与合作、商贸交流与洽谈等都需要对外开放的地域选择。西部地区各省份对外开放水平低，口岸建设起步晚，除与外国接壤的几个省份的口岸建设时间长外，其他省份临空港口建设缓慢，积极推进西部地区口岸建设，是推进西部地区各省对外开放水平的重要举措。继续加大沿边陆路口岸建设力度，加强与毗邻国家口岸合作，共同提升口岸通关能力；研究在具备条件的地区新设若干航空口岸，建设一批进口肉类、冰鲜水产品指定口岸。培育壮大边境口岸城镇，建设国际贸易物流节点和加工基地，促进人员往来便利化。优化边民互市贸易检验检疫管理制度，强化口岸检疫，加强国际防控传染病疫情合作。支持沿边地区建设面向"一带一路"沿线国家的西部特色出口产品质量安全示范区。支持边境旅游试验区和跨境旅游合作区建设，研究制定边境地区自驾车出入境管理办法。在有条件的地区加快推进国际陆路港和无水港建设，加快航空口岸升级改造，完善口岸功能，争取国家支持在有条件的城市增设航空一类开放口岸、设立铁路一类开放口岸，完善扩大电子口岸功能，规划建设铁路陆港，实现直接报关，打造一批高水平的贸易支点。

11.7.3　加强国内区域合作

11.7.3.1　积极融入长江经济带建设

加紧同中西部地区的紧密合作，也是西部地区提升自己经济实力的关键环节。重庆、四川、云南、贵州、广西等省区，可依靠区位优势，着力加强同中西部各省在经济、文化、社会、科技、教育、医疗等方面的交流学习，全面提升城市发展实力。紧紧抓住国家依托黄金水道推动长江经济带发展的战略机遇，着力加强以连接长江中上游中心城市和主要港口、连接东西两头开放、连接长江经济带南北交通通道为重点的综合交通基础设施建设，形成与长江经济带各省（市）互联互通；进一步加强长三角等经济区在文化旅游、现代农业、资源深加工产业、战略性新兴产业、能源、现代服务业、科技教育等领域的合作，扩大合作发展空间，推动区域产业优势互补、分工协作，促进产业转型升级；深化生态建设、环境保护与沿江各省（市）之间的合作，推动形成流域生态环境污染联防联控、协同保护的治理格局，共同打造长江绿色生态走廊和生态安全屏障。

11.7.3.2　全面对接“一带一路”倡议

国家实施“一带一路”倡议对西部地区带来了重大机遇，新疆、西藏、甘肃、宁夏、陕西等西北各省可抓住机遇同中亚、西亚各国开展对外经贸往来；广西、云南、贵州等省，可利用新海上丝绸之路同东盟各国、南亚各国经贸、科技等方面的交流，整体提升西部各省的经济社会水平，为提高城市化发展质量提供对外交流环境条件。以推进“一带一路”建设为统领，充分发挥西部各省（区、市）比较优势，围绕政策沟通、设施联通、贸易畅通、资金融通、民心相通，加快推进中蒙俄、新亚欧大陆桥、中国—中亚—西亚、中国—中南半岛、中巴、孟中印缅等国际经济走廊境内段建设，提升对西部地区开发开放的支撑能力。加快构建联通内外、安全高效的跨境基础设施网络，稳步拓展内陆无水港体系。加强与长江经济带综合立体交通走廊等衔接，完善重庆等地中欧班列建设，统一规划建设通道路径和枢纽节点，打造具有国际竞争力和信誉度的知名物流品牌。加强现代产业基地建设，积极推进国际产能和装备制造合作，探索与相关国家合作建设高标准的产业集聚区。提升重点省会城市国际化水平和辐射带动能力，打造西部地区对外开放重要门户和枢纽。结合外方意愿，稳步推进外国在西部地区设领事馆事宜。支持“一带一路”重点旅游城市间增开国际航线，拓展国内段业务。完善多层次对外交流合作平台体系，夯实“一带一路”沿线国家和地区民心相通、共同发展的民意基础。争取西部地区机场增开国际客货运航班航线，加密国际航线，积极开拓到东南亚、中亚、欧洲等国际航线；深化与沿海港口合作，积极参与“一带一路”建设，坚持“引进来”和“走出去”并重，与沿线国家和地区广泛开展产业合作。[1]

11.7.4 培育多层次开放合作机制

深入推进西部各省内部交流，积极提倡民族交流发展，大力建设有西部地区特色的经济、社会、文化环境，搭建有民俗风情特色的西部地区共赢平台，为西部地区城市化发展注入特色元素，提升西部地区城市化发展综合实力与多元能力。充分发挥公共外交、民间外交、地方交往等多种交流形式作用，完善西部地区对外交流合作体系。大力推进西部地区口岸建设，提升民族地区展会层次和水平。支持西部地区智库探索，加快开展智库联盟合作工作。推动以及拓展国际友好城市网络，全面构建中国——东盟港口城市合作网络。一般而言，界定经济区域意味着认为这一经济实体具有统一的空间结构，承认这一经济实体的各个地区之间在某些方面有某种程度上关联或相似性，可以成为一个统一的经济系统。因此，只有对区域内的各要素实现合理有效的整合，才能真正实现资源的优化配置，真正实现经济区域内部各地区间的资源优势互补，从而更加有利于区域整体的经济发展。优先考虑建立起政府间的协调机制和同政府牵头的区域经济合作组织。以开展城市间合作为基础，加快区域市场的发育，力争在促进要素流通、保护市场有序竞争规划建设、提高区域整体通达水平、加强基础设施建设等方面取得突破性进展。这样，通过地区之间的合作与协调，从而整合社会各方面资源和力量，促进区域经济结构和生产力布局优化，促进地区经济发展，进而促进西部地区城市化的质量。

---

[1] 贵州省人民政府办公厅. 关于印发贵州省贯彻落实《西部大开发“十三五”规划》实施方案的通知［R］. 贵州省人民政府公报，2017（6）.

第十二章　提升西部地区城市化发展质量的对策建议

根据第十一章提出的经济、社会、基础设施、生态、城市建设、改革开放等主要提升城市化发展质量的重点任务，本章将在资金、人才、产业、土地等方面提出提升西部地区城市化发展质量的相关政策建议。

12.1　完善西部地区投融资保障政策

12.1.1　完善分税制财政体制

继续深化分税制改革，建立更加完善的中央财政转移支付制度。目前，西部地区经济差异仍然存在，政府转移支付是国家帮扶落后区域的重要措施，但是存在资金分配不合理的问题，也没有起到直接促进国内区域经济协调发展的目的。就我国目前的情况来说，要使西部地区城市化进程取得长期稳定的成效，需对现行的财政分配制度进行调整。因此，建议按照市场经济的基本要求和公共财政的原理，继续深化分税制改革。建立更加完善的中央财政转移支付制度，逐步增加对西部各省份间相对公正的财政资金支持。与此同时，可以借鉴德国经验，建立行之有效的横向转移支付制度。我国 1994 年以来实行的分税制，对于规范各级财政收支责权发挥了重要作用，但现行的分税制对改变落后地区财政状况所起的作用还不够，因此，有必要加以完善。一是解决软预算约束和负向激励问题。在转移支付制度设计中硬化对地方政府的预算约束，促使其增强自身财政能力，降低对中央财政的依赖。二是提高专项转移支付资金分配的科学性。对于需要地方配套的专项转移支付项目，可根据西部地区的实际情况，适度减少西部地区配套要求。三是加大对西部的转移支付力度，特别是基础设施建设项目的投入。

12.1.2 完善国家投资引导政策

根据有关测算，一般来说，城市的建设费大约是城市人口每人 9 万元左右。如此算来，西部地区要达到全国城市化的平均水平，即便城市化率每年增加 1 个百分点，一年也需要巨额的投入。由于国家通过财政转移支付等方式加大对西部地区的投资毕竟是有限的，因此，西部地区有必要借鉴国外发达市场经济国家的经验，采取减免税收、投资补贴、财政贴息等方式，广泛吸引国内外民间资本参与西部地区的发展。此外，为保障西部地区城市化发展所需资金的投入，结合国家正在实施的西部大开发战略，充分利用好西部开发促进基金和西部专项开发基金。

西部地区城市化发展过程中需要按照城市经营的理念，通过投融资的改革，加大社会民间资本的投入来实现。因此，建议建立民间资本进入的政策诱导机制。国家主要应当发挥三个方面的作用：一是做好区域发展规划，实行统一规划，分类管理，分类指导；二是通过转移支付等手段，加大对西部地区基础设施、生态环境建设和基础教育等方面的投入力度，为西部地区创造良好的投资环境；三是进行政策配套，帮助西部地区政府改善投资软环境，创造强大投资诱因，最大限度让国际资本和国内民间资本参与西部经济社会发展。

为支持和鼓励国际资本和国内民间资本大力投资到西部地区，建议国家三大政策性银行继续加大对西部地区的贷款力度，重点支持西部地区的农业开发、基础设施、生态保护等。研究探索西部城市开发银行的成立，为西部地区信誉高的企业和个人投资者提供优惠的贷款政策。对于西部地区实施的公路、铁路、机场等大型基础设施项目，建议在积极发展项目融资的同时，可进一步进行资产支持的证券化（Asset Backed Securitization，ABS）试点和探索。中央政府加大对西部地区利用国外资金的政策倾向，适当放宽西部地区吸引投资资金的自主权，制定优惠的引资政策，借鉴国外先进经验，设立内陆开发区，促进西部地区利用外资，也可以在条件比较成熟的地区建立自由贸易区、工业园区、保税区和特色旅游区等。重点加大对西部地区基础设施建设的投入、对高新技术产业的支持，以及具有前途的资源利用和深加工产业，更多地吸引外资到重点发展技术和资本密集型产业。在西部地区设立西部地区研发中心，带动以知识为基础的第三产业发展。

强化规划引领作用，实现多样性发展，加大投资引导力度。西部地区地域辽阔，跨越的气候、地理、经济、社会类型多样，因此，建议在总体规划的目标、原则下，根据总体规划的开发思路，研究提出适应西部不同地区的次区域发展规划。应当根据西部地区不同的资源、经济、生态和区位等条件，将西部地区划分为几类次区域经济区，构筑西部“政策洼地”，加大投资引导力度。

12.1.3　完善税收优惠政策

12.1.3.1　制定产业税收优惠政策

将税收优惠政策向西部地区产业倾斜。当前的税收优惠政策主要依据企业性质、地区的区域特性为方向。西部地区产业的发展是带动其区域经济发展的充分条件，税收优惠政策向产业倾斜，配合了国家产业政策，促进优化升级国家产业结构。基础设施、交通运输、邮电通信、能源和原材料工业等领域是西部地区相对薄弱的产业，而我国产业政策的重心在这些产业。由于税改后欠发达地区企业实际税负上升因素较多，煤炭、原油、有色金属、天然气等能源、基础产业税负上升，这些产业的发展是国家扶持的，应考虑给予其他税优惠如免征固定资产投资方向调节税等。允许各级政府运用财政返还办法实施优惠，把税收政策中心放到产业扶持上，加大西部地区的产业税收优惠力度，保证国家鼓励的产业能够快速发展，带动西部区域经济加快发展，促进区域经济平衡。

12.1.3.2　实行科技进步导向的税收优惠政策

科技是第一生产力，西部地区的科技水平和创新人才相对于全国来说是比较弱的，为了改变这种状况，财政政策应当加大对科技企业的支持力度，对地区的创新人才加大扶持，引导创新人才流动到西部。同时，基于创新人才和科技人才的成果，设定合理的奖励激励机制，提升西部地区科技发展的水平。

12.1.3.3　进一步提高税收优惠政策的吸引力度

目前，国家对西部实施的有些税收优惠对投资者的吸引力不是很强，中央政府对西部地区国家鼓励类产业内外资企业、新办企业、民族区域自治地方内外资企业所得税减免、西部公路国道等免征占用税、退耕还林中农业特产收入免征农业特产税等税收优惠政策，因此，建议国家加大对西部地区的政策倾斜，加强税收在吸引投资上的杠杆作用，吸引更多的资金向西部投资。对西部地区进口优质的种苗、种子等减免增值税和进口关税；对农产品、畜产品、奶制品进行投资的加工企业减免企业所得税，同时，免征农业特产税。

12.2 完善人才支撑体系

近年来，西部地区各省（直辖市、自治区）出于经济和社会发展的考虑，在人才引进方面进行了许多探索，但由于西部地区受到多方面条件的制约和限制，地方政府在人才引进方面成效不是很明显，急需制定和实施有效的人才保障政策，促进经济持续有效地发展。针对如何提高西部地区的人才保障能力，不断增大人才总量、优化人才结构、缩小区域间人才资源差距，进而推进西部地区城市化高质量发展，在加大西部地区人才保障政策方面提出如下政策建议。

12.2.1 强化人才资源开发

当前，西部地区的经济发展是在东部加速发展、中部迅速崛起和东北振兴的多种挑战中进行的，而以传统的物质资源为中心的西部发展战略已明显滞后。国内外的改革与发展实践充分证明，人才资源开发是人才保障政策中最活跃、最关键的部分。西部地区人才资源开发放在先行、首要的位置确保人才开发优先投入，建立以政府投入为先导、用人单位投入为主体、社会投入为辅助的多元化人才投入机制，发挥人才优先发展的引领和推动作用。人才的开发离不开资金的支持，建立人才专项资金是推动其发展的保障与基础。西部地区应借鉴成都市“高层次人才专项资金”的模式，积极争取国家财政转移支付，省、市财政每年安排一定数额的人才发展专项资金，专门用于高层次人才的引进、培育和奖励，并根据财力增长逐年有所增加。在此基础上，各省（直辖市、自治区）建立健全人才发展专项资金的发放管理长效机制，钻研人才投入资金绩效考核的有效机制，用于提高人才专项资金的使用效率，从而切实保证资金的激励、引导作用发挥到最大。同时，以国家重大科研项目为载体，发挥高校、科研院所、科技园区、企业研发中心等在集聚人才方面的作用，建立重大项目与人才对接平台，以项目引导人才开发，以人才开发促进项目推动，建成一批西部创新型人才开发和培养基地。除此之外，还应实施西部地区人才市场建设工程，扶持建设一批有竞争实力的人才服务机构，增强人才服务、人才开发的能力。❶

12.2.2　加强人才培训

以终身教育理念完善职前和职后相结合的现代职业教育体系，依托职业院校，发掘西部人口转变为技能人才的红利。在认识西部地区人才培训具体需要的基础上，通过利用区外丰富的人才培训资源，结合西部经济发展特点，有针对性地通过深入推动开展基础建设人才、特色人才、管理人才、特色专业人才到东中部培训、出国培训等方式，以此不断提升西部人才资源开发的可持续发展。针对不同地区、不同行业、不同群体、不同需求等开展新型短期培训，并通过送教上门、聘请行业专家授课等形式，有效实现按需培训、对口培训。支持自主学习培训。以学习者个人为主体，用人单位充分支持、政府必要资助，逐步形成人人自主、自愿、自觉学习的社会风气。❷

12.2.3　加大人才引进力度

长期以来，面对西部地区人才优势不明显的现状，各地政府积极出台措施引进优秀人才。虽然西部地区人才引进工作已经取得了一定成效，但由于人才需要量较大，当前引进人才所起到的作用远远不能够满足需要。针对人才引进工作方面的不足，西部地区可以从以下方面提升人才引进工作：一是政策应从引人向引智倾斜；二是加强农业方面的人才引进工作；三是要充分发挥西部地区的能动性，实施人才吸引政策；四是拓宽人才培训和选拔途径。面对难以留住人才的问题，西部应做好相关软环境建设，包括西部地区的城市建设、基础设施的建设、城市环境的美化、城市教育等。只有城市的经济、社会、政治、

❶ 吴德刚，曾天山，邓友超．我国西部地区人才资源开发战略研究［J］．教育研究，2015，36（4）：33－41，69．

❷ 吴德刚，曾天山，邓友超．我国西部地区人才资源开发战略研究［J］．教育研究，2015，36（4）：33－41，69．

教育等各项事业获得了发展，城市品牌打了出去，提升了城市魅力，人才引进才会有成效。

12.2.4 加快西部人才服务基地建设

我国正在稳步推进“3个1亿人”战略，引导大约1亿人在中西部就近城镇化。西部各省各级政府务必抓住这个重大机遇，促进人才开发服务基地建设，加快西部地区城镇化建设步伐。一是西部地区要着力于建设经济、政治、文化、艺术、教育的核心城市、中等城市，推动西部农村城镇化和工业化发展的经验。加快西部各省份以区域特色发展为基础加快工业化发展，发挥成都、重庆、西安、兰州等核心城市的辐射作用，以新型工业化为主导推进新型城镇化，促进农村人口向城镇转移，推动城镇化进程，以此为西部人才开发提供服务基地。[1] 二是西部地区要依据城镇化建设急需紧缺专门人才，采取开发、培养、引进和使用并重。重点围绕科技、教育、文化、卫生等领域，培养城镇化发展所需的专业化人才队伍和社会工作人才队伍，为西部加快城镇化发展提供人才支持。增强农村实用型人才培训，推动城镇化进程。组织实施人才对口扶贫计划和新型农民创业培训工程等人才开发项目，加大农村劳动力转移培训力度，实现城镇化建设对劳动力和专门人才的吸纳。三是要扩大农村劳动力转移培训阳光工程和农村实用人才培训工程在西部地区的实施规模，组织实施人才对口扶贫计划和新型农民创业培训工程等人才开发项目，加大农村劳动力转移培训力度，实现城镇化建设对劳动力和专门人才的吸纳。

12.2.5 探索建立西部人才政策

西部地区一是要加大人才立法力度，完善人才法规和规章制度，紧紧围绕人才的培养、评价、激励、流动、使用、待遇等问题，健全人才工作政策法规体系。健全人才选拔和录用的法律法规，实现人才选择、任用、提拔的法治化，从根本上消除任人唯亲等人才管理弊端，采取积极合理措施调动人才的积极性。二是要制定有效的人才流入政策法规。使人才在流入中创新，在创新中

[1] 吴德刚，曾天山，邓友超. 我国西部地区人才资源开发战略研究［J］. 教育研究，2015（4）.

流入，实现人才的优化配置。❶ 三是要健全保护人才作品的合法权益法律法规，保护人才的正当权益，强化对知识产权的保护，切实保护科技成果创造者的合法权益。同时，坚持依法管理人才，不断增强人才工作的制度化、规范化、程序化。进一步把人才作为创新的第一资源，更加注重培养好、用好、做好区域经济的发展，以此增强对各类优秀人才的吸引力，充分激发西部地区的创新活力。

12.3　完善西部地区产业支持政策

12.3.1　实施多元化的产业发展政策

国家为促进西部地区的产业结构调整，给予了一定的优惠政策，但西部产业结构不合理的状况仍存在。为了加大结构调整的力度，建议摒弃以资源开发为主的产业发展模式，以市场需求为导向，实施多元化的产业发展战略。一是运用信贷杠杆支持经济结构及产业结构调整。支持电力、天然气、旅游和生物资源合理开发等西部优势产业发展，对贷款金额较大的重点项目，可以由商业银行总行直贷解决，贷款不纳入当地分行存贷比或限额考核范围。西部地区农村电网改造贷款，由国家商业银行总行统一安排贷款计划和资金。同时，对西部地区企业技术改造、高新技术企业和中小企业发展，也要给予信贷支持。二是国家设立的各项科技基金、科技计划经费等专项经费向西部地区倾斜。重点围绕西部生态环境和基础设施建设、产业结构调整等方面的关键共性技术攻关及产业化，加大倾斜支持力度。三是实施推进矿业发展的优惠政策。在国土资源调查计划中，优先安排西部地区的调查评价项目，工作经费向西部地区倾斜。四是西部地区应立足于各省际特色资源，大力发展优势特色经济。充分利用西部地区独特的旅游资源，制定和实施突出西部地区旅游特色、大力发展特色旅游业的政策，以此带动旅游相关产业的振兴。另外，还可以借鉴国外的经验，制定一些特殊的国家政策，如灵活多样的土地政策、引导人力资源流动的政策以及有关矿产资源开发和使用方面的政策等。

---

❶ 吴德刚，曾天山，邓友超．我国西部地区人才资源开发战略研究［J］．教育研究，2015（4）．

12.3.2 完善支持中小企业发展政策

中小企业是支撑地方经济的基础，在保证西部地区经济适度增长、缓解就业压力、满足市场需求、推动技术创新、保护生态环境、保持社会稳定等方面发挥了重要作用。西部地区中小企业面临的主要困难主要表现在融资难、担保难问题依然突出，部分扶持政策尚未落实到位，[1] 企业负担重，市场需求不足，产能过剩，经济效益大幅下降，亏损加大等。必须采取更加积极有效的政策措施，帮助西部地区中小企业克服困难，转变发展方式，实现又好又快发展。一是要进一步建设有利于西部地区中小企业发展的良好环境。完善政策法律体系对西部地区中小企业发展的支持和政策采购，健全支持西部地区中小企业的有关制度，加强对中小企业的权益保护。二是要全面落实支持中小企业发展的金融政策，缓解西部地区中小企业融资难的问题。例如西部地区要建立完善中小企业的信贷考核体系，提高其贷款呆账核销效率。鼓励建立中小企业贷款风险补偿基金，对金融机构发放中小企业贷款按增量给予适度补助，对中小企业不良贷款损失给予适度风险补偿等。进一步拓宽中小企业的融资渠道，加强和改善对中小企业的金融服务。鼓励西部地区地方政府设立创业投资引导基金，引导社会资金支持中小企业的创业投资，积极发展股权投资基金。发挥融资租赁、典当、信托等融资方式在中小企业融资中的作用。稳步扩大中小企业集合债券和短期融资券的发行规模，积极培育和规范发展产权交易市场，为中小企业产权和股权交易提供服务。三是加大对西部地区中小企业的财税扶持。国家要加大对西部地区中小企业的财政资金支持力度，逐步扩大中央财政预算扶持中小企业发展的专项资金规模，重点支持中小企业在技术创新、结构调整、节能减排、开拓市场、扩大就业等方面的发展。西部地区各省要加大对中小企业的支持力度。落实和完善国家税收优惠政策，中小企业投资国家鼓励类项目，除《国内投资项目不予免税的进口商品目录》所列商品外，所需的进口自用设备以及按照合同随设备进口的技术及配套件、备件，免征进口关税。中小企业缴纳城镇土地使用税确有困难的，可按有关规定向省级财税部门或省级人民政府提出减免税申请。中小企业因有特殊困难不能按期纳税的，可依法申请在三个月内延期缴纳。深化落实国家对设在西部地区国家鼓励类的内资企

[1] 刘旭路. 内蒙古产业结构存在的问题及调整思路［J］. 内蒙古科技与经济，2013（10）：11－12.

业和外商投资企业的税收优惠政策，中央企业所得税减免的审批权限和程序按现行有关规定执行。

12.3.3　调整符合西部地区实际的产业目录

由国家发展和改革委员会发布的《产业结构调整指导目录》（2011 年版，2013 年修订）涉及 20 多个行业，其中鼓励类 539 条。但是这一目录是从全国角度来加以考虑确定的。很明显，工业化水平落后的西部地区很难从这项优惠中取得更多的实惠，因此，建议尽快根据西部各省际的资源禀赋、财政扶持方向、人才环境等增加更符合西部地区实际情况的产业到《西部地区鼓励类产业目录》中，并设立专家组跟踪调整。

12.3.4　完善支持西部特色农业发展政策

特色农产品是西部农业未来发展之所在，建议国家层面在西部农业生产结构调整中，加大对西部地区特色农产品的科技开发和投入力度。以专项资金补助或贴片的方式，重点扶持科技型龙头企业，帮助这些企业克服农产品开发和研制过程中资金短缺的瓶颈。再有，为确保农业科技和技术推广队伍的稳定发展，建议增加西部农业科技三项事业费的使用规模。

12.3.5　细化国家对西部地区优惠政策

为促进西部地区的发展，国家应细化一系列的特殊优惠政策。一是完善税收优惠方式，以直接优惠与间接优惠相结合、区域优惠与产业优惠相结合，将西部地区减税、免税、退税、降低税率等方法逐渐转变为投资抵免、加速折旧、提取准备金、再投资退税等间接优惠方式。二是加大突出对民族地区特色产业的优惠力度，西部地区资源禀赋差异较大，民族特色显著，而以往的税收优惠政策所实行的产业范围过于广泛，并没有给当地的特色产业带来太多的优惠，使其优势并没有得到很好的发挥。所以，今后的税收优惠政策应该突出重点，加大对特色产业的优惠。三是突出对环境保护方面的优惠政策，要坚持实施可持续发展战略，重视西部环境保护，鼓励企业发展环保产业的专项政策，如优先安排土地政策、减免地方税费政策等。四是建立健全西部地区金融法律政策，加强对西部地区金融信贷支持政策，提高西部地区吸引、集聚资金的能力。建议国家有关职能部门尽快出台各项优惠政策的实施细则和规定，通过提高西部地区产业政策使用效率促进西部地区城市化发展质量的提升。

12.3.6 促进产业政策有机对接

从总体上来看，国家产业政策与西部经济发展的最终目标是一致的。由于东西部的经济发展水平差异较大，国家在制定全国产业时，往往对国家全局性和东部地区利益考虑较多，国家宏观管理部门在实际执行国家产业政策时也会出现在套用国家产业政策的过程中忽视地方实际利益的问题。自 2000 年以来，尤其是自西部大开发战略实施以来，虽然国家出台了许多加速西部经济发展的政策措施，但由于存在国家产业发展政策和西部地区产业发展政策相互协调上的偏差，国家对西部的支持没有达到预期的理想效果，而西部地区地方政府在选定产业发展项目时，或受制于国家产业政策而错过了发展机遇，或出现对国家产业政策的“逆向调节”，由此影响了产业政策在西部地区运行的效果。因此，建议今后在制定国家产业政策时，要充分考虑中东部地区与西部地区间的产业差异和发展程度差异，应当重点支持生态旅游产业、美丽乡村建设等，依托西部优势资源，大力扶持西部地区各省际打造自身的支柱性优势产业，使国家产业政策和西部地区产业政策有机衔接和相互协调，从而实现西部地区经济与国家整体发展的同步，使西部地区城市化质量的提高在产业政策上与国家政策相互协调。

12.4 完善西部地区土地保障政策

12.4.1 完善西部地区土地利用政策

12.4.1.1 加强土地利用规划

区域的土地规划、编制水平和管理过程直接影响到地区土地利用效率。建议西部地区认真做好土地利用总体规划编制的前期准备工作，建立健全建设用地审核监管机制，完善用地准入制度。强调有效的总体规划在土地整体利用中的关键作用，同时注重审查调整各类相关规划和用地标准，加强监督检查。西部地区要根据国家社会经济可持续发展的要求和当地自然、经济、社会条件，对土地开发、利用、治理、保护在空间上、时间上作出总体的战略性布局和统筹安排。要从全局和长远利益出发，以区域内全部土地为对象，合理调整土地利用结构和布局；以利用为中心，对土地开发、利用、整治、保护等方面做出统筹安排和长远规划。

12.4.1.2　盘活存量土地

西部地区可依据 2012 年 5 月 22 日国务院修订通过的《闲置土地处置办法》，增强对闲置土地处置力度。例如对一些处于景观区域内的闲置铁路线，通过规划后进行改造利用，以此提高城市利用水平等。通过市场运作和公开透明的方式强化市场配置土地资源，严格执行土地使用标准，提高土地利用强度和效率，实现节约集约用地。

12.4.1.3　创新承接产业转移体制机制

实施土地利用结构和产业结构调整，西部地区以此为契机，运用经济杠杆和行政措施相结合的方法，对外积极承接东部地区产业转移，对内积极实施土地利用结构和产业结构调整，提高土地集约利用水平。具体建议如下：一是建立东部和西部省域间产业转移协调合作机制，引导和鼓励我国东部地区产业向西部劳动力成本低、资源丰富、区位优势明显的地区转移，提高土地资源利用效率和土地资源利用水平。二是引导工业企业和转移产业向园区集中，推进园区建设，推动园区产业布局优化和集聚，促进土地集约利用。[1]

12.4.2　完善土地资源开发政策

西部地区土地资源开发利用程度较低，资源利用不太充分，但其土地资源利用的潜力巨大，搞好西部地区的土地开发整理，可以带动西部地区经济的发展。因此，对西部地区土地资源开发有如下政策建议：一是制定相关政策，保

[1] 马卫鹏. 基于土地集约利用视角的西部地区城市用地问题探讨［J］. 西部大开发（土地开发工程研究），2018，3（2）：54－58.

障西部地区建设用地的需要。实现建设用地审批工作的前移，改进和完善建设用地审批制度，简化用地报批程序和环节。加强征地管理工作，抓好征地批后的实施，及时提供建设用地，保证建设单位及时用地。二是规范土地资源保护政策。大力整理有利于改善生态环境的园地、林地、牧草地等，可以调整成耕地的可以视同为补充耕地，[1] 严格做好土地开发整理项目立项审批和土地开发审批。三是制定优惠政策，尽量增加西部土地开发整理项目资金投入，特别是对脆弱生态地区，更要加强土地整治的投入和力度，改善西部地区的农业生产条件，保护好生态环境。四是制定有效政策，利用信贷资金、引导内外投资资金到西部进行投资开发整理土地。引入市场机制，逐步形成土地开发整理的产业化、市场化。

12.4.3 加快推进土地制度改革

12.4.3.1 完善农村宅基地制度

（1）全面完善农村宅基地确权登记并颁证。西部地区要按照国家关于完善农村宅基地的有关政策，结合本地区的实际情况，将农民房屋纳入确权登记颁证范围，依法确认和保障农民的宅基地使用权。建立宅基地使用权确权颁证数据库，严格将确权登记颁证与地籍信息相结合，纳入全国土地登记信息动态监管查询系统。完善农村宅基地退出激励机制。要鼓励有资质的农户进城落户，政府或农村集体经济组织严格按照退出的宅基地面积给予相关补偿。农民退出宅基地后的土地承包经营权、集体收益分配权、农民身份享有的政策待遇保持不变，允许农民持股进城。

（2）加强宅基地规划管理。西部地区要优化城乡空间布局，加快引导农民向城镇和中心村靠拢。规范宅基地申请条件，结合城乡建设用地增减挂钩引导宅基地集中安排，土地增值收入全部用于支持农村经济发展、改善农民生产生活条件。[2] 依据村庄规划，严格控制村庄用地规模，科学规划用地布局，引导和落实农民建房充分利用现有宅基地、村内空闲地和低丘缓坡非耕地等土地资源。进一步建立西部地区农村宅基地统一规划、统一整治、统一使用、统一

---

[1] 潘明才. 在西部大开发中实施好土地开发整理［J］. 资源·产业，2000（1）：19－20.

[2] 贵州省人民政府办公厅. 关于印发《贵州山地特色新型城镇化示范区建设实施方案》的通知［R］. 贵州省人民政府公报，2016（8）.

管理的制度体系，促进土地集约利用和耕地保护落到实处。

12.4.3.2　推动农村产权制度改革

西部地区要按照“归属清晰、权责明确、保护严格、流转顺畅”的现代产权制度要求，从实际出发，进行农村集体产权股份合作制改革。对于土地等资源性资产，重点是抓紧抓实土地承包经营权确权登记颁证工作，稳定农村土地承包关系，在充分尊重承包农户意愿的前提下，探索发展土地股份合作等多种形式。对于经营性资产，重点是明晰集体产权归属，将资产折股量化到集体经济组织成员，探索发展农民股份合作。对于非经营性资产，重点是探索集体统一运营管理的有效机制，更好地为集体经济组织成员及社区居民提供公益性服务。西部各地区要鼓励在试点中从实际出发，探索发展股份合作的不同形式和途径。赋予农民对土地承包经营权、林权、房屋使用权等产权的自由处置权，允许农民以出租、转换、置换、赠与、继承、作价入股等方式流转，完善农民自愿有偿退出土地承包经营权、宅基地使用权以及集体收益分配权等办法，让进城农民从中受益。

12.4.3.3　创新城乡建设用地统筹利用模式

（1）创新土地利用机制。西部地区要完善土地收储和开发制度，参照“应收尽收、熟地出让”的原则实行统一收购、统一规划使用功能、统一开发、统一招投标，保证土地增值。严控土地一级市场，适度适量投放完善土地二级市场，控制扩大土地有偿使用范围出让额度，推进城市土地资源有序开发，确保土地增值。创新土地出让方式，在设市城市推行按楼面地价出让土地。建立土地抵押融资和增值收益偿债机制有条件的地区，[1] 逐步推行国有经营性用地按楼面地价竞价出让方式，指导推行的地区制定相关实施办法。

（2）充分发挥增减挂钩促进城乡统筹的功能。西部地区要充分发挥城乡建设用地增减挂钩对贫困山区扶贫开发的支持作用，推动城乡建设用地增减挂钩试点结余指标在省域范围内流转交易使用。在充分尊重农民意愿、切实维护农民权益的前提下，对自然条件较差和地质灾害易发区、采煤沉陷区、远离城镇、居住分散的村庄实行异地迁移，科学合理定点规划，建设农民集中安

[1] 贵州省人民政府．关于印发《贵州省山地特色新型城镇化规划（2016—2020年）》的通知［R］．贵州省人民政府公报，2016（7）．

置点。

（3）成立相关土地利用试点。西部地区要在做好现有低丘缓坡土地开发利用试点的基础上，保证工业和城镇建设用地。大力推进重大土地专项整治实施，必须将土地管理与新农村建设结合实施。实行差别化的土地政策，加大贫困山区倾斜力度，保障基础设施建设、社会民生、扶贫开发等必要用地，专项安排保障性住房用地计划。建立健全省级范围耕地占补平衡制度。

12.5 完善西部地区基本公共服务政策

西部地区经济发展水平和城市化发展质量与基本公共服务是否均等化及其水平有直接关系，因此推进西部地区城市化发展水平和质量重点是提高其基本公共服务供给水平。建议：一是在积极争取国家支持的基础上，大力发展以民族手工业、畜牧业、民族医药产业及旅游业为主体的经济，强化税源建设，增强西部地区财政收入筹集能力，完善转移支付制度，横向转移支付与纵向转移支付合理结合发挥最大效果。二是优化财政支出结构，加大基础教育、公共医疗卫生、社会保障、基础设施建设等投入，提升财政支出效率，以保障和改善民生为最终目标。三是建立健全覆盖所有政府性资金和财政运行全过程的监督机制，尤其加强国家对西部相关民生项目的专项资金的监管力度，做到资金的拨付使用有规划有监管，强化西部提高基本公共服务水平的资金保障。[1] 四是调整西部各省份财政支出结构，完善财政转移支付制度。加快推进税制改革，提升西部地区地方财政自给能力。可通过提高西部地区资源产品税负，把资源产品的稀缺性和环境成本充分体现到税收中。西部地区各省份应根据自身的财政转移支付能力调整财政支出的结构，尤其是在公共服务水平上有优势的省份应将基本公共服务支出在一般公共预算支出中的比例提高。五是加快建立基本公共服务标准体系。公共服务的范围、目标和标准的不明确，很大程度上影响了基本公共服务均等化的进一步推进。国家应加强指导，根据现实情况，制定国家公共服务均等化规划，明确基本公共服务范围、标准、投入重点和具体推进的时间表。既增强地方政府推进辖区内基本公共服务的责任意识和积极性，

[1] 秦君玲，吕翠苹，郑家兴．西部地区基本公共服务均等化实证分析——基于西部视角的分析［J］．西藏科技，2017（8）．

确保公共服务领域投入不断增加，民生不断改善；也有利于稳定社会对政府提供基本公共服务的预期，避免欠发达地区与发达地区公共服务差距拉大，维护社会和谐稳定。❶ 六是以基数法为特征的税收返还作为转移支付形式，有利于中央管理调控能力和经济发达地区积极性的提高，而对于经济落后地区而言，❷ 税收返还会导致财政收入降低，如此的恶性循环，最终与财政转移支付的目标背道而驰，因此，以“因素法”取代“基数法”。加强对西部落后地区的转移支付力度，可以缩小区域差距，也缩小落后地区与发达地区在公共基础设施、医疗、教育等方面的距离，促进财政资金的平衡性，保障实现西部地区基本公共服务均等化。要向西部各地区提供倾斜性的政策，解决西部经济发展的一些深层问题，如重点解决西部地区环境污染、生态破坏、经济发展能耗大、经济结构单一等问题。

---

❶ 弯海川．加快推进西部地区基本公共服务均等化的思考［J］．经济研究参考，2010（6）．

❷ 李振海，任宗哲．西部地区基本公共服务均等化：现状、制度设计和路径选择［J］．西北大学学报（哲学社会科学版），2011（1）．

第十三章　结论与展望

13.1　主要结论

（1）西部地区城市化发展质量主要受六个因素的影响。西部地区省际城市化发展质量地域差异影响因素按照贡献率大小分为重要影响因素、较重要影响因素和一般重要影响因素。省际城市化发展质量差异的原因是复杂的，人口、经济、社会、空间、城乡协调、生态环境质量六个子系统都是影响因素，正是这六个子系统的综合作用才导致了西部地区省际城市化发展质量的显著差异。在这些影响因素中，重要因素主要是空间、社会和城乡协调子系统中的指标，这些指标都与基础设施建设、城市生活质量和人民生活基本保障密切相关，因此，重视城市化发展和人民生活质量是促进城市化发展质量建设的重点。同时还要注重第三产业的发展，增加第三产业就业人口比重，提高第三产业占 GDP 的比重，进一步优化产业结构，加快产业转型升级；提高资源配置效率，推动经济跨越式发展；注重城乡协调发展质量，缩小城乡收入差距，促进农业剩余劳动力转移，提高非农业人口比重。影响省际城市化发展质量的较重要因素也是复杂的，提高人口素质、提高经济发展水平和动力、降低经济发展代价是城市化质量提升的关键路径；从社会和生态角度，进一步完善社会保障，提高城市居住水平、环境和设施水平对各地区城市化质量提高具有重大意义。从各级影响因素来看，重要影响因素是城市化发展质量最基本因素，比较重要因素是城市化发展质量提升的动力因素，一般重要因素则是保证城市化发展质量可持续提高的因素。因此，不但要注重城市化建设的步伐，还要重视城市化发展质量的提升与可持续发展。

（2）西部地区城市化质量总体处于优化提升阶段，分省城市化发展质量具有明显空间差异性。总体上来看，西部地区城市化发展质量不高，年均提升速度仅1.86个百分点。2000—2007年，西部地区城市化发展质量年均增长速度小于城市化率年均提升速度，提“质”速度小于提“速”速度。2007—2016年，西部地区城市化发展质量年均增长速度高于城市化率年均提升速度，提“质”速度略大于提“速”速度。

城市化发展质量并不像城市化水平一样呈现稳定增长态势，西部地区城市化发展质量的阶段演变，共经历了两个发展阶段，即2000—2008年的初步发展阶段和2009—2016年的优化提升阶段。

将西部12省（直辖市、自治区）划分为两个区域空间分布：西北地区，包括新疆、内蒙古、陕西、宁夏、甘肃和青海；西南地区，包括云南、贵州、四川、广西、重庆和西藏。研究发现西北地区的城市化发展质量高于西南地区的城市化发展质量。

西部地区分类城市化发展质量在三个时间发展阶段呈现出不同的态势。第一阶段为2000年至2005年，在这一阶段社会城市化发展质量>空间城市化发展质量>经济城市化发展质量>人口城市化发展质量>城市生态环境质量发展>城乡协调发展质量。其中城市生态环境质量在2003—2005年三年间有较大的提升，人口城市化发展质量提高得也较快。第二阶段为2006年至2010年。在这一阶段社会城市化发展质量、空间城市化发展质量、经济城市化发展质量、人口城市化发展质量、城市生态环境质量发展五个子系统的城市化发展质量均保持增长趋势，其中社会城市化发展质量和经济城市化发展质量增长较快。第三阶段为2011年至2016年。在这一阶段，社会城市化发展质量和经济城市化发展质量继续保持较快增长，到2016年社会城市化发展质量和经济城市化发展质量远远高于其他子系统的发展质量。

西部地区部分省份的城市化发展质量子系统有明显的空间分异特征。人口城市化发展质量、社会城市化发展质量和空间城市化发展质量表现为西北六省（直辖市、自治区）高于西南六省（直辖市、自治区），其中社会城市化发展质量和空间城市化发展质量西北六省（直辖市、自治区）是远高于西南六省（直辖市、自治区）的发展水平；城市生态环境发展质量表现为西北地区略低于西南地区；经济城市化发展质量和城乡协调发展质量西北地区与西南地区相差不大。

城市化发展质量与城市规模不存在对应关系，人口城市化水平并不能反映城市化发展质量的高低，人口城市化水平高并不能说明城市化发展质量高。

（3）西部地区省际城市化发展质量总体上都发生了σ趋同、β趋同和“俱乐部趋同”。这说明西部地区各个省份的城市化发展质量在向好的方向发展，西部地区城市化发展质量较低的省份城市化发展质量增长速度快于城市化发展质量较高的省份，各省城市化发展质量差异随时间的推移而趋于缩小。西部地区12个省份从2000年的低水平类别到2016年的三个中下水平类别。其中重庆、新疆、内蒙古、宁夏表现的城市化发展质量最高，广西、西藏、四川、青海、陕西次之，甘肃、云南、贵州最低。贵州、云南、甘肃的城市化发展质量指标体系指数发展较其他省份相对缓慢，总体上为上升趋势。甘肃省的城市化发展质量综合指标体系指数发展相对于其他省份较慢，呈现出相对下降的发展趋势。西南地区的重庆和四川，由于国家大开发政策，将重庆设为直辖市，是西部地区的聚集中心城市，所以表现出较强的城市化发展质量上升趋势。新疆、内蒙古、宁夏三个省份的综合评价指标体系指数是相对最高的，但是，一般都觉得西南的省份会更加发达一点，城市化发展质量也会好一些，但是新疆、内蒙古、宁夏三个省份的综合指标数据给出了相反的结论。西北省份人口相对稀少，地大物博，因此其地区的城市化发展质量较高，并随着时间的推移显示出其资源优势。

（4）西部地区城市化“质”“量”的协调性较差，人口城市化水平高于城市化发展质量，土地城市化与城市化发展质量基本协调。

2000—2016年西部地区城镇建设用地面积大约以438.97平方公里/年的速度呈直线增长；到2016年人均城镇建设用地面积为62.45平方米/人，但与中国城市规划标准规定的100～120平方米/人还有一定的差距；人口城市化发展水平与城镇建设用地面积总量和人均城镇建设用地面积呈现显著线性相关关系；西部地区城镇建设用地弹性系数呈现降低的趋势，西部地区人口城市化发展速度高于土地城市化速度，并且具有增大趋势；2016年城镇建设用地可以承载的当年人口城市化水平为31.35%，而实际人口城市化水平为50.19%，人口城市化出现快速增长态势。

2000—2016年西部地区城市化发展质量滞后于人口城市化发展水平，2000—2006年西部地区城市化为城市化发展质量过度滞后型，2007—2016年城市化发展质量稍有提升，改善为城市化发展质量滞后型。需要说明的是，西部地区城市化发展质量相对于人口城市化发展水平的滞后性具有逐渐缩小的趋势。

西部地区土地城市化水平与城市化发展质量属于基本协调型。但是最近几年土地城市化水平正在逐渐低于城市化发展质量的提高速度，表明有关调整西部地区城市化发展质量和土地城市化水平的政策效果已经开始显现。

由于西部地区城市化发展水平与质量的不协调问题，西部地区城市化发展并未严格按照城市化发展水平在城市化发展质量与城市化发展速度象限分析图中的理想轨迹演变，城市化发展质量与城市化发展速度具有一定的波动性。2000—2010 年西部地区为低质量低速度发展阶段，2011—2016 为中下速度中下发展质量阶段。

分省人口城市化发展水平与城市建设用地面积总量呈现显著线性相关关系，多数省份人口城市化发展水平与人均城市建设用地面积相关性很小；西部地区 12 个省（直辖市、自治区）的城市建设用地弹性系数差异性较小；西部地区分省人口城市化发展水平与土地城市化水平表现为内蒙古、广西、重庆、四川、陕西、甘肃、青海为土地城市化滞后型，贵州、云南为过度土地城市化滞后型，西藏为人口城市化滞后型，仅宁夏、新疆为基本协调型区域。

分省人口城市化水平与城市化发展质量的协调性表现为 2000 年西部地区 12 个省（直辖市、自治区）中没有城市化水平与城市化发展质量的协调型区域，内蒙古、广西等 7 个省份为过度城市化发展质量滞后型，云南、西藏等 5 个省份为城市化发展质量滞后型；2005 年，云南城市化发展质量由滞后型下降为过度滞后型；2010 年，西部地区各省城市化发展质量等级有所提升，西藏城市化发展质量改善为基本协调型，其余省份除重庆仍为过度城市化发展质量滞后型外，其他省份均为城市化发展质量滞后型；2016 年，重庆由过度城市化发展质量滞后型改善为城市化发展质量滞后型，其余各省城市化发展质量均为滞后型。

土地城市化水平与城市化发展质量的协调性表现为各省土地城市化发展水平与城市化发展质量的空间协调差异性较大，其中 4 个省份属于土地城市化水平基本协调型，5 个省份为城市化发展质量滞后型，3 个省份为土地城市化滞后型。

西部地区大部分省（直辖市、自治区）经历了城市化的高速发展阶段，随着城市化发展速度逐渐降低，城市化发展质量也开始逐渐提升。但由于存在城市化发展水平和发展质量的不协调性、城市化提升速度的非稳定性以及研究时间段较短，城市化发展速度与发展质量的拟合曲线并非所有的出现倒“U”形演变趋势。其中，贵州、云南、四川城市化发展速度继续提高，处于倒“U”形曲线的上升阶段，内蒙古、青海、陕西、广西近几年城市化发展速度出现不同程度的降低，城市化发展质量不断提升，出现倒“U”形的转折点，处于倒“U”形曲线的下降阶段。

（5）西部地区及各省（直辖市、自治区）总体上城市化发展质量呈增长态势。西部地区和12省（直辖市、自治区）都通过了光滑比条件，也通过了三个模型的检验，结果表明2017—2022年西部地区和12个省（直辖市、自治区）呈增长趋势。

13.2 不足和展望

在西部地区城市化发展质量研究过程中，虽然初步建立了西部地区城市化发展质量研究的基本框架，但理论和方法研究体系仍需进一步完善。

一是由于西部地区城市化发展质量的影响因素、影响机制、变化规律都非常复杂，在不同阶段和不同区域都可能有不同的表现形式，所以只是阐述了理想状态下西部地区城市化发展质量的主导影响因素、影响机制、变化规律，而且只以西部地区为例进行了实证研究，未来还需要在全国和世界城市化发展质量的研究中，如同城市化发展水平的基础理论一样达成学术界共识。

二是尽管城市化发展质量已经不是一个新生的概念，但对城市化发展质量的综合测度研究、城市化发展水平、速度及质量的协调性研究还没有一个公认的模型体系。

三是文章基于西部地区城市化发展质量判定西部地区城市化发展速度的快慢是基于适度状态下城市化发展水平与城市化发展质量同步性越高其协调性越好的理念基础上的，但关于西部地区城市化发展水平、速度及质量的互动演变模式及演变规律还需要进一步深入研究。

四是鉴于城市化发展质量的理论和实践意义以及本课题研究的不足，认为下一步应继续完善城市化发展质量研究的理论和方法体系，并优先进行以下内容研究。

（1）对城市化发展质量理论的进一步深入研究。在本课题开展西部地区城市化发展质量影响因素及调控机理研究的基础上，进一步研究不同区域、不同经济类型、不同体制、不同发展模式及不同自然环境对城市化发展质量的影响机理，完善城市化发展质量的理论体系研究。

（2）对全国和世界城市化发展质量的演变规律研究。本课题仅仅研究了理想状态下西部地区城市化发展质量的理论演变规律，并没有就全国和世界城市化发展质量的演变曲线进行综合实证分析。未来应进一步加强全国和世界范围内的城市化发展质量的演变规律探讨，选择不同国家、东中部地区对其城市化发展质量的演变规律进行分析，挖掘规律，争取达成学术界共识。

（3）寻求完善的西部地区城市化发展质量综合测度指标体系及综合测度模型。建立比较完善、共识的西部地区城市化发展质量综合测度指标体系及综合测度模型，增强模型在不同区域的通用性和可普及性，开发西部地区城市化发展质量综合测度软件。

（4）针对西部地区城市化水平是否能够顺利由高速度发展阶段成功转变为高质量阶段、西部地区城市化质量是否能够顺利由高质量发展的中下水平向高水平跨越，即西部地区城市化发展由“提速”向“提质”、城市化发展质量由低水平向高水平跨越的过程是否存在“陷阱”、如何跨越这些“陷阱”等问题有待未来进一步开展研究。

五是西部地区城市化发展质量的预警分析。本课题仅对未来五年西部地区城市化发展质量进行了预测，并没有对西部地区及省份的城市化发展质量“低限”进行预警分析，未来可以利用大数据、人工智能探索开发界面友好的西部地区城市化发展质量的系统仿真预警模型，为保障西部地区城市化发展向高质量转变提供操作控制平台。

六是没有针对西部地区的各个省和城市提出发展思路、重点、对策建议。由于研究目标旨在提出提升西部地区城市化发展质量的对策建设，为了使研究报告更加服务于研究目标，没有进一步针对西部地区各个省和城市提出发展的思路、重点和对策建议。这些将是未来可以深入研究之处。

参考文献

[1] 晏玲菊. 城镇化质量提升的理论逻辑与路径选择［J］. 学习与实践，2014（2）：17－26.

[2] 张春梅，张小林，吴启焰等. 城镇化质量与城镇化规模的协调性研究——以江苏省为例［J］. 地理科学，2013（1）：16－22.

[3] 陆大道，姚士谋，李国平等. 基于我国国情的城镇化过程综合分析［J］. 经济地理，2007（06）：883－887.

[4] 曹文莉，张小林，潘义勇等. 发达地区人口、土地与经济城镇化协调发展度研究［J］. 中国人口·资源与环境，2012，22（2）：141－146.

[5] 高云虹，曾菊新. 西部地区城市化进程及其动力机制［J］. 经济地理，2006（6）.

[6] 靳润成. 中国城市化之路［M］. 上海：学林出版社，1999.

[7] 中国统计年鉴［M］. 北京：中国统计出版社，2016.

[8] 刘勇. 中国城镇化战略研究［M］. 北京：经济科学出版社，2004（10）.

[9] 顾基发，唐锡晋，朱正祥. 物理－事理－人理系统方法论综述［J］. 交通运输系统工程与信息，2007（6）：51－60.

[10] 付允，刘怡君. 指标体系有效性的 RST 评价方法及应用［J］. 管理评论，2009，21（07）：91－95.

[11] 方创琳，刘晓丽，蔺雪芹. 中国城市化发展阶段的修正及规律性分析［J］. 干旱区地理，2008（4）.

[12] 王国霞. 我国农村剩余劳动力转移问题研究——我国农村剩余劳动力的数量估算与转移规模预测［J］. 山西大学学报（哲学社会科学版），2007（4）.

[13] 罗志刚. 对城市化速度及相关研究的讨论［J］. 城市规划学刊，2007（6）.

[14] 刘利科，黄辉等. 湖南省工业园区土地集约利用与区域经济发展的关联性分析［J］. 经济师，2015（7）.

[15] 陈敬武，雷升. 基于熵值赋权的上市公司投资价值灰关联评判［J］. 河北工业大学学报，2008（1）.

[16] 郑群峰. 我国经济增长“俱乐部趋同”现象的实证分析［J］. 海南金融，2009（11）.

[17] 张毅，曹娟等．安徽省城市化发展质量时空演变及差异分析［J］．安徽师范大学学报（自然科学版），2015（4）．
[18] 陕振沛，陈玲．贵州省区域经济增长趋同的实证研究［J］．重庆文理学院学报（社会科学版），2016（2）．
[19] 王廷惠．知识经济背景下全球利益分配态势及我国政府的新角色［J］．上海经济研究，2001（12）．
[20] 彭朱刚．新型城镇化建设的宁波实践［J］．中国经贸导刊，2018（1）．
[21] 丛琳．和谐绿色的历史文化生态城市——大阪［J］．城市管理与科技，2017（12）．
[22] 黄锟．中国城镇化的最新进展和目标模式［J］．武汉大学学报（哲学社会科学版），2014（3）．
[23] 推进以人为核心的新型城镇化［N］．人民网，2017（2）．
[24] 张占斌．走中国特色的新型城镇化道路［J］．经济研究参考，2014（2）．
[25] 张占斌．推进我国城镇化的基本思路和体制机制［J］．中国经济时报，2012（11）．
[26] 张占斌，黄锟．叠加期城镇化速度与质量协调发展研究［J］．理论研究，2013（10）．
[27] 国务院．西部大开发“十三五”规划［R］．2017（6）．
[28] 中共中央，国务院．关于加快美丽特色小（城）镇建设的指导意见［R］．2016．
[29] 邝俊．关于如何承接东部沿海地区产业转移推动地区工业经济发展问题探讨——以贵州省黔南州为例［J］．湖南农机，2010，37（11）：136－138．
[30] 袁航，朱承亮．西部大开发推动产业结构转型升级了吗？基于 PSM－DID 方法的检验［J］．中国软科学，2018（6）：67－81．
[31] 贵州省人民政府．国民经济和社会发展第十三个五年规划纲要［R］．2016（2）．
[32] 宁蒙陕甘毗邻地区 12 城市关于进一步加强旅游合作联合打造特色旅游线路合作协议［N］．宁夏日报，2010．
[33] 国家发展和改革委员会．国家公路网规划（2013—2030）［R］．2013．
[34] 贵州省人民政府．贵州省高速公路网规划（2008—2030）［R］．2008．
[35] 重庆市人民政府．重庆市高速公路网规划（2013—2030）［R］．2013．
[36] 四川省人民政府．四川省高速公路网规划（2014—2030）［R］．2014．
[37] 新疆维吾尔自治区人民政府．新疆综合交通运输“十三五”发展规划［R］．2016．
[38] 广西壮族自治区人民政府．广西水利发展十三五规划［R］．2016．
[39] 宁夏回族自治区人民政府．宁夏水利发展十三五规划［R］．2016．
[40] 董勇刚．大气污染及其防治措施探讨［J］．环境与发展，2018（9）．
[41] 宁夏回族自治区党委 人民政府．关于推进生态立区战略的实施意见［R］．2018（2）．
[42] 中共中央，国务院．关于全面加强生态环境保护坚决打好污染防治攻坚战的意见［R］．2018（6）．

［43］许昌市人民政府. 关于印发许昌市清洁土壤行动计划的通知［R］. 许昌市人民政府公报，2017（5）.

［44］李瑞峰. 我国西部地区农业经济发展与生态产业重构［J］. 农业经济，2018（10）.

［45］中共中央，国务院. 乡村振兴战略规划（2018—2022 年）［R］. 2018.

［46］柳云飞. 中国就业问题的现状、特点和原因分析［J］. 前沿，2009（10）.

［47］贵州省人民政府办公厅. 关于转发省民政厅等部门《贵州省城乡低保减量提标方案》的通知［R］. 贵州省人民政府公报，2015（6）.

［48］2018 年政府工作报告［N］. 人民日报，2018（3）.

［49］李克强在十三届全国人大一次会议上的政府工作报告（摘登）［N］. 今日要闻，2018.

［50］李克强作的政府工作报告［N］. 人民日报，2017－03－06（002）.

［51］赵童，王琳琳，陈元媛. 重庆江津综合保税区加快建设重庆对外开放重要平台［N］. 重庆日报，2017－10－18.

［52］王法. 引进来：新平台提升竞争力［J］. 当代贵州，2017（5）.

［53］贵州省人民政府办公厅.《关于印发贵州省贯彻落实〈西部大开发“十三五”规划〉实施方案的通知》［R］. 贵州省人民政府公报，2017（6）.

［54］贵州省人民政府办公厅.《关于印发〈贵州山地特色新型城镇化示范区建设实施方案〉的通知》［R］. 贵州省人民政府公报，2016（8）.

［55］贵州省人民政府. 关于印发《贵州省山地特色新型城镇化规划（2016—2020 年）》的通知［R］. 贵州省人民政府公报，2016（7）.

［56］吴德刚，曾天山，邓友超. 我国西部地区人才资源开发战略研究［J］. 教育研究，2015（4）.

［57］顾华详. 民族地区教育实现科学发展的思考［J］. 贵州民族研究，2008（6）.

［58］刘旭路. 内蒙古产业结构存在的问题及调整思路［J］. 内蒙古科技与经济，2013（10）：11－12.

［59］潘明才. 在西部大开发中实施好土地开发整理［J］. 资源·产业，2000（1）：19－20.

［60］马卫鹏. 基于土地集约利用视角的西部地区城市用地问题探讨［J］. 西部大开发（土地开发工程研究），2018，3（2）：54－58.

［61］秦君玲，吕翠苹，郑家兴. 西部地区基本公共服务均等化实证分析——基于西藏视角的分析［J］. 西藏科技，2017（8）.

［62］弯海川. 加快推进西部地区基本公共服务均等化的思考［J］. 经济研究参考，2010（6）.

［63］李振海，任宗哲. 西部地区基本公共服务均等化：现状、制度设计和路径选择［J］. 西北大学学报（哲学社会科学版），2011（1）.

[64] 魏后凯，陈耀，石碧华，孙承平．对“十五”后期和“十一五”西部开发的建议［J］．经济研究参考，2003（3）．
[65] 樊纲、余晖．长江和珠江三角洲城市化质量研究［M］．中国经济出版社，2010（7）．
[66] 李林．中国城市化质量差异与其影响因素研究［M］．中国农业出版社，2008（11）．
[67] 孔凡文、许世卫．中国城镇化发展速度与质量问题研究［M］．东北大学出版社，2006（10）．
[68] 罗栋．中国城乡居民生活质量统计研究［M］．经济管理出版社，2012（7）．
[69] 李变花．中国经济增长质量研究［M］．中国财政经济出版社，2008（7）．
[70] 张海东、李友梅．社会质量研究：理论、方法与经验［M］．社会科学文献出版社，2011（7）．
[71] 叶裕民．中国城市化质量研究［J］．中国软科学，2001 年第 7 期．
[72] 王德利、方创琳．城市化发展质量研究进展及展望［J］．现代城市研究，2012（7）．
[73] 方创琳、王德利．中国城市化发展质量的综合测度与提升路径［J］．地理研究，2011（11）．
[74] 李明秋、郎学彬．城市化质量的内涵及其评价指标体系的构建［J］．中国软科学，2010（12）．
[75] 韩增林、刘天宝．中国地级以上城市城市化质量特征及空间差异［J］．地理研究，2009（6）．
[76] 郝华勇．城镇化质量的差异评价与提升对策——以东部 10 省市为例［J］．唯实·经济探讨，2012，（6）．
[77] 赵雪雁．西北地区城市化质量评价［J］．干旱区资源与环境，2004（5）．
[78] 李江苏，王晓蕊，苗长虹，等．城镇化水平与城镇化质量协调度分析——以河南省为例［J］．经济地理，2014（10）．
[79] 马伟．运用插值法进行利率计算公式的解析［J］．郑州铁路职业技术学院学报，2014（4）．
[80] 丰霞，宋丹，何宏．基于多目标优化与层次分析法的高校信息化教学评估指标体系研究［J］．科教导刊（下旬），2018（8）．
[81] 闫泽涛，张根文．现代商业银行业绩效评价方法设计——基于主成分赋权的多层次递级集成思想［J］．中国管理科学，2008（S1）．
[82] 陆伟，王玉琦．西藏文化产业指标体系构建研究——基于层次分析法和熵权法的对比实证分析［J］．西藏民族大学学报（哲学社会科学版），2020（1）．
[83] 刘修岩，杜聪，李松林．自然地理约束、土地利用规制与中国住房供给弹性［J］．经济研究，2019（4）．
[84] 谭灵芝，马长发，孙奎立．东中西部土地要素产出弹性与土地资源配置策略研究［J］．干旱区资源与环境，2017（5）．

[85] 张友祥，金兆怀. 城市土地要素的产出弹性及其对经济增长贡献 [J]. 经济理论与经济管理，2012 (9).

[86] 吴红霞，李荆荆，等. 安徽省城镇化水平与质量耦合协调的时空演变特征 [J]. 湖北大学学报（自然科学版），2017，39 (4).

[87] 罗腾飞，邓宏兵，李小帆. 长江经济带城镇化发展水平与发展质量协调度研究 [J]. 西北人口，2016，37 (5).

[88] 杨梅. 城镇化质量与数量关系实证研究——以中部六省为例 [J]. 湖北社会科学，2013 (11).

[89] 吴京龙. 基于灰色关联度的 GM (1，1) - BP 神经网络组合模型研究 [J]. 重庆理工大学学报（自然科学），2019 (11).

[90] 张军芳，张利民，安达. 基于灰色关联度和 BP 神经网络的全国人口预测研究 [J]. 农村经济与科技，2019 (22).

[91] 胡斌，游新彩. 地市经济增长的 α 趋同评价分析 [J]. 吉首大学学报（自然科学版），2015 (05).

[92] 周腰华，王振华，张广胜. 基于八大经济区视角的中国县域经济增长差异与趋同分析 [J]. 当代经济管理，2017 (2).

[93] 文余源. 中国区域经济增长的 β 趋同分析 [J]. 区域经济评论，2015 (2).

[94] 程松涛. 关于我国生态文明发展水平的空间差异分析与趋同性探索 [J]. 改革与开发，2016 (24).

[95] 赵威，李政旸，杨慧. 区域经济增长空间俱乐部趋同检验及影响因子研究 [J]. 河南大学学报（自然科学版），2018 (5).

[96] 张伟丽. 区域经济增长俱乐部趋同：假说检验及解释 [J]. 地理科学，2018 (2).

[97] 何素琴，雷彩霞，葛和平. 江苏市域投入 - 产出增长空间俱乐部趋同性研究 [J]. 江苏社会科学，2015 (2).

[98] 解瑯桌，张庆艳. 东北三省区域经济增长的“俱乐部”趋同研究 [J]. 黑河学刊，2015 (1).

[99] 候丽敏，马国峰. 地区生产总值灰色关联预测模型群的研究 [J]. 计算机与现代化，2010 (4).

[100] 张林海，曾从盛. 福建水产业生产的灰色关联预测分析 [J]. 河北渔业，2006 (9).

[101] 门玉琢，于海波，李显生. 城市道路交通事故宏观影响因素灰色关联预测模型 [J]. 机械设计与制造，2012 (12).

[102] 方创琳、王德利. 中国城市化发展质量的综合测度与提升路径 [J]. 地理研究，2011 (11).

[103] 方梦园. 西部地区旅游经济差异及影响因素分析 [J]. 重庆交通大学学报（社会科学版），2013 (10).

[104] 王德利，赵弘，孙莉，等. 首都经济圈城市化质量测度 [J]. 城市问题，2011 (12).

[105] 王德利. 中国城市化发展质量的调控机理与提升对策研究 [D]. 北京：中国科学院地理科学与资源研究所，2011 (3).

[106] 王荣斌. 改革开放时期中国区域经济增长趋同研究 [D]. 开封：河南大学，2005 (5).

[107] 陈兰. 福建省区域经济增长趋同研究 [D]. 福州：福建师范大学，2007 (4).

[108] 黄晓峰，黄跃东. 福建省区域趋同时空演变的空间马尔可夫链分析 [J]. 福建地理，2006 (64).

[109] 谢洪，廖光萍，崔娜娜. 基于马尔可夫链的四川区域经济趋同实证分析 [J]. 阿坝师范高等专科学校学报，2010 (3).

[110] 胡坤. 灰色预测评价方法与应用研究 [D]. 南京：南京航空航天大学，2004 (3).

[111] 钞小静. 经济增长质量：一种理论解释及中国的实证分析 [D]. 西北大学. 2009.

[112] 李琪. 城市化质量研究：理论框架与中国经验 [D]. 西安：西北大学，2012.

[113] 侯学英. 中国城市化进程时空差异分析 [M]. 经济科学出版社，2008.

[114] 王德利. 城市化发展质量的影响因素与演化特征 [J]. 地域研究与开发，2013 (6).

[115] 马芳. 石河子市新型城镇化质量评价与路径选择研究 [D]. 乌鲁木齐：新疆农业大学，2017.

[116] 冯志峰，黄世贤. 生态文明考核评价制度建设：现状、体系与路径——以江西省生态文明建设为研究个案 [J]. 兰州商学院学报，2013 (4).

[117] 杨佩卿. 西部地区新型城镇化发展目标、动力机制与绩效评价研究 [D]. 西安：西北大学，2017.

[118] 白永秀，严汉平. 西部地区基础设施滞后的现状及建设思路 [J]. 福建论坛（经济社会版），2002 (7).

[119] 王沛栋. 基于新型城镇化的产业集聚区优化升级研究 [J]. 南阳师范学院学报，2015 (5).

[120] 赵常兴. 西部地区城镇化研究 [D]. 西安：西北农林科技大学，2007 (6).

[121] 中西部城镇供水普及率仍然偏低 [EB/OL]. 法制日报，2012-06-27.

[122] 王春秋. 西部地区城镇化动力机制研究 [D]. 西安：西安电子科技大学，2011 (1).

[123] 国家发展和改革委员会. 西部大开发“十三五”规划：到2020年城镇化率达54%以上 [R]. 2017.

[124] 袁斌. 加快西部地区新型城镇化发展研究 [D]. 南充：西华师范大学，2015.

[125] 宋冬林，姚常成. 经济区发展规划的实施促进了城市群的包容性增长吗？——来自

我国六大国家级城市群的经验证据［J］. 求是学刊，2018，45（2）：27－38＋173.
［126］关于依托黄金水道推动长江经济带发展的指导意见［J］. 综合运输，2014（11）：4－13.
［127］国家新型城镇化规划（2014—2020年）［J］. 农村工作通讯，2014（6）：32－48.
［128］邵明，董宇翔，林辰松. 基于GWR模型的成渝城市群生态系统服务时空演变及驱动因素研究［J/OL］. 北京林业大学学报：1－12［2020－12－29］. http://kns.cnki.net/kcms/detail/11.1932.S.20201202.1324.001.html.
［129］娜仁图雅，李文豪. 城市群与物流产业集群协同发展的实证研究［J］. 中国乡镇企业会计，2013（5）：16－19.
［130］张韦萍，石培基，赵武生，冯涛，付春雨. 西北区域城镇化与资源环境承载力协调发展的时空特征——以兰西城市群为例［J］. 生态学杂志，2020，39（7）：2337－2347.
［131］国务院关于兰州—西宁城市群发展规划的批复［J］. 中华人民共和国国务院公报，2018（8）：8－9.
［132］陈书荣，陈宇. 浅析多中心发展的理论及实施路径［J］. 南方国土资源，2020（9）：17－21.
［133］张美涛. 贵州融入长江经济带经贸合作路径的思考［J］. 贵州社会科学，2016（8）：134－141.
［134］杨达，林子. "一带一路"战略下贵州发展路径探析［J］. 贵州大学学报（社会科学版），2017，35（1）：61－69.
［135］王焕龙. 对新疆天山北坡经济带水土流失防治的对策［J］. 甘肃农业，2013（7）：24－25.
［136］黄亚玲. 基于产业转型升级的宁夏沿黄经济区发展现代农业的战略选择［J］. 安徽农业科学，2011，39（30）：18838－18839＋18842.
［137］李靖. 青铜峡"出乎意料"的西部投资沃土［J］. 中外管理，2012（11）：38－41.
［138］国家新型城镇化规划（2014—2020年）［J］. 农村工作通讯，2014（6）：32－48.
［139］郑庆玲. 我国绿色城镇化发展研究［D］. 西安：西安电子科技大学，2019.
［140］四川省人民政府办公厅关于印发实施《西部大开发"十三五"规划》责任分工方案的通知［J］. 四川省人民政府公报，2017（12）：31－40.
［141］康庄，吕红. 重庆建设西部大开发重要战略支点的思考［J］. 新西部，2019（34）：41－47.
［142］赵朋飞. 西部现代农业发展面临的基本制约与路径选择［D］. 成都：西南财经大学，2012.
［143］徐淑红. 农村基础设施投资贡献度模型构建研究［J］. 工程管理学报，2011，25（3）：288－291.

[144] 雷玲，高慕瑾．陕西省农业信息化水平的实证分析［J］．北方园艺，2011（20）：205－208.

[145] 罗其友，刘子萱，高明杰，刘洋，杨亚东．现代农业园区发展机制探析［J］．中国农业资源与区划，2020，41（7）：14－20.

[146] 国务院．国务院关于中西部地区承接产业转移的指导意见［J］．楚雄彝族自治州人民政府公报，2010（18）：1－4.

[147] 杨永靖．我国乡村旅游电商存在的问题及对策［J］．投资与合作，2020，353（4）：88－91.

[148] 刘琪．高校众创空间与“互联网＋旅游”结合模式新探［J］．对外经贸，2020（1）：74－77.

[149] 贵州省国民经济和社会发展第十一个五年规划纲要［J］．当代贵州，2006（5）：10－27.

[150] 黄丹．我国西部地区城市化与房地产业互动关系研究［D］．重庆：重庆大学，2012.

[151] 张世俊．西部地区发展的宏观经济政策体系研究［D］．杭州：浙江大学，2018.

[152] 长江经济带综合立体交通走廊规划（2014—2020年）［J］．中国水运，2014（10）：21－25.

[153] 第十二届全国人民代表大会第四次会议关于国民经济和社会发展第十三个五年规划纲要的决议［J］．中华人民共和国全国人民代表大会常务委员会公报，2016（2）：242－322.

[154] 熊朝，关羽．关于全国民用机场布局规划调整的思考［J］．中国民用航空，2012（6）：24－27.

[155] 颜佳．我国民航客运市场运营效率评价分析［J］．港口经济，2017（3）：48－52.

[156] 交通资讯［J］．城市交通，2020，18（5）：130－134.

[157] 赵星．新型城镇化进程中政府角色定位与职能转型的制度分析［J］．中共四川省委党校学报，2016（3）：27－31.

[158] 中华人民共和国国民经济和社会发展第十三个五年规划纲要［N］．人民日报，2016－03－18（001）.

[159] 中国能源行业未来五年发展风向标——《中华人民共和国国民经济和社会发展第十三个五年规划纲要》能源发展摘编［J］．石油石化绿色低碳，2016，1（2）：1－3.

[160] 贵州省国民经济和社会发展第十三个五年规划纲要［N］．贵州日报，2016－02－17（001）.

[161] 省人民政府关于印发《贵州省山地特色新型城镇化规划（2016—2020年）》的通知［J］．贵州省人民政府公报，2016（7）：11－56.

[162] 潘自平，刘京，夏伟，程彦林，冯艳斐，潘昌滨，陈红珊．服务地方经济和区域产业发展的资源循环科学与工程专业课程体系的构建与探索［J］．云南化工，2020，

47（5）：181－183.

［163］甘肃省人民政府关于印发甘肃省推进绿色生态产业发展规划的通知［J］. 甘肃省人民政府公报，2018（S1）：11－36.

［164］王玲珊. 甘肃省生态产业发展的税收政策研究［D］. 兰州：西北师范大学，2019.

［165］甘肃省人民政府关于印发甘肃省推进绿色生态产业发展规划的通知［J］. 甘肃省人民政府公报，2018（S1）：11－36.

［166］甘肃省人民政府办公厅关于印发甘肃省职业技能提升行动实施方案（2019—2021年）的通知［J］. 甘肃省人民政府公报，2019（12）：20－24.

［167］王玲珊. 甘肃省生态产业发展的税收政策研究［D］. 兰州：西北师范大学，2019.

［168］田成川，柴麒敏. 日本建设低碳社会的经验及借鉴［J］. 宏观经济管理，2016（1）：89－92.

［169］朱焕焕. "十三五"西部地区生态建设与环境保护的思路研究［J］. 未来与发展，2015，39（8）：94－98＋83.

［170］马智远. 鄱阳湖生态经济区建设的思考［J］. 环境经济，2012（3）：58－59.

［171］郝栋. 我国生态补偿法治化路径探究［J］. 行政与法，2020（5）：30－35.

［172］秦冲. 扎实推进国家公园示范省建设 为生态脱贫贡献林草智慧力量［J］. 国土绿化，2020（4）：53－55.

［173］王媛媛，陆发利，令狐荣钢，班誉峰，陈雪. 沂河湿地规划设计初探［J］. 湿地科学与管理，2011，7（2）：17－21.

［174］杨帅，罗士轩，温铁军. 空间资源再定价与重构新型集体经济［J］. 中共中央党校（国家行政学院）学报，2020，24（3）：110－118.

［175］郝栋. 我国生态补偿法治化路径探究［J］. 行政与法，2020（5）：30－35.

［176］朱焕焕. "十三五"西部地区生态建设与环境保护的思路研究［J］. 未来与发展，2015，39（8）：94－98＋83.

［177］"十三五"规划纲要关于教育有哪些新目标［J］. 中国民族教育，2016（4）：6.

［178］"十三五"规划纲要提出 提升全民教育水平 推进教育现代化［J］. 云南教育（视界综合版），2016（4）：8－9.

［179］中华人民共和国国民经济和社会发展第十三个五年规划纲要 第十四篇 提升全民教育和健康水平［J］. 领导决策信息，2016（12）：53－56.

［180］"十三五"规划纲要 全面贯彻党的教育方针 推进教育现代化［J］. 中国信息技术教育，2016（7）：2－3.

［181］"十三五"规划纲要提出"提升全民教育水平，推进教育现代化"［J］. 中国电力教育，2016（4）：5.

［182］宫磊，罗钦. 日本应用型人才培养体系研究［J］. 职教发展研究，2020（1）：100－107.

[183] 自治区人民政府关于印发宁夏回族自治区国民经济和社会发展第十三个五年规划纲要（修订本）的通知［J］. 宁夏回族自治区人民政府公报，2018（18）：6－44.

[184] 任保平. 时隔20年，中央为何再次布局西部大开发［J］. 人民论坛，2020（17）：40－43.

[185] 温勇. 积极应对人口老龄化 加快建设养老服务体系［J］. 人口与健康，2020（2）：34－36.

[186] 路倩，王士心. 河北省多层次养老保险体系建设及国外借鉴［J］. 中国市场，2020（4）：52－53＋55.

[187] 吴磊. 论我国城市管理的现状分析与对策研究［J］. 人口. 社会. 法制研究，2011，8：371－376.

[188] 李克强. 政府工作报告——2017年3月5日在第十二届全国人民代表大会第五次会议上［J］. 中国应急管理，2017（3）：3－11.

[189] 李克强作的政府工作报告（摘登）［N］. 人民日报，2020－05－23（003）.

[190] 胡伟，夏成，陈竹. 东北建设成为对外开放新前沿的现实基础与路径选择［J］. 经济纵横，2020（2）：81－90.

[191] 省人民政府办公厅关于印发贵州省贯彻落实《西部大开发“十三五”规划》实施方案的通知［J］. 贵州省人民政府公报，2017（7）：50－64＋79.

[192] 康庄，吕红. 重庆建设西部大开发重要战略支点的思考［J］. 新西部，2019（34）：41－47.

[193] 郭世芹. 基于新型城镇化质量的财政转移支付研究［D］. 成都：西南交通大学，2018.

[194] 宫娟娟. 西部地区利用外资研究［J］. 合作经济与科技，2017（13）：50－51.

[195] 国务院关于进一步促进中小企业发展的若干意见［J］. 辽宁省人民政府公报，2009（19）：34－40.

[196] 吴德刚，曾天山，邓友超. 我国西部地区人才资源开发战略研究［J］. 教育研究，2015，36（4）：33－41＋69.

[197] 郭凯. 西部大开发的制度创新研究［J］. 农村金融研究，2020（7）：10－15.

[198] 马卫鹏. 基于土地集约利用视角的西部地区城市用地问题探讨［J］. 西部大开发（土地开发工程研究），2018，3（2）：54－58.

[199] 潘明才. 在西部大开发中实施好土地开发整理［J］. 资源·产业，2000（1）：19－20.

[200] 孙文盛. 为实施西部大开发战略服务［J］. 国家行政学院学报，2000（6）：34－37.

[201] 包日李. 如何保障农民建房用地的落实［J］. 浙江国土资源，2015（11）：52－53.

[202] 师高康. 使农民真正成为集体的主人［J］. 农村工作通讯，2014（20）：1.

[203] 农村集体资产产权改革试点将全面展开［J］. 决策导刊，2014（10）：15-16.

[204] 乔金亮. 明晰农村集体资产产权 探索发展农民股份合作［N］. 经济日报，2014-10-19（003）.

[205] 宁启文. 明晰农村集体资产产权 维护农民合法权益［N］. 农民日报，2014-10-20（001）.

[206] 李春艳. 明晰农村集体资产产权 维护农民合法权益——访农业部副部长陈晓华［J］. 农村经营管理，2014（11）：10.

[207] 全综. 农民将获得更多财产权利［J］. 共产党员（河北），2014（24）：16.

[208] 桑锋. 亳州市谯城区农村集体经济发展现状、困境及对策［J］. 山西农经，2020（7）：61-63.

[209] 师高康. 使农民真正成为集体的主人［J］. 农村工作通讯，2014（20）：1.

[210] 秦君玲，吕翠苹，郑家兴. 西部地区基本公共服务均等化实证分析——基于西藏视角的分析［J］. 西藏科技，2017（8）：11-15+79.

[211] 王路云，王崇举，邓琳. 中国西部地区基本公共服务水平与空间格局研究［J］. 西部论坛，2016，26（5）：51-60.

[212] 李振海，任宗哲. 西部地区基本公共服务均等化：现状、制度设计和路径选择［J］. 西北大学学报（哲学社会科学版），2011，41（1）：5-9.

[213] 刘满芝，刘贤贤. 中国城镇居民生活能源消费影响因素及其效应分析——基于八区域的静态面板数据模型［J］. 资源科学，2016，38（12）：2295-2306.

[214] 孟晓军. 西部干旱区单体绿洲城市经济增长中的水资源约束研究［D］. 乌鲁木齐：新疆大学，2008.

后　记

本书在笔者主持的国家社会科学基金项目“西部地区城市化发展质量研究”成果的基础上进一步修改、完善而成。

在课题研究过程中，得到了贵州省社会科学院领导的关心和同事的大力支持；得到了云南财经大学校友和同学李阳、张东华、张莅黎的帮助；得到了贵州大学周冲、郝美竹、敖熹辰的帮助。知识产权出版社的石红华编辑为本书的出版付出了辛勤劳动。笔者在课题研究和本书写作过程中参考了国内外许多专家的研究成果，吸收了他们的观点，在此一并谨致谢忱！

在笔者的人生历程中，父母和妻子在学业、工作和生活上给予的关爱和支持将不断激励我前行。

由于笔者研究水平的不足，本书难免有不尽如人意之处，敬请读者谅解。

王　彬

2020 年 6 月